财务会计学习指导与案例实训

姚 晖 张 巍 编

科学出版社

北 京

内 容 简 介

本书内容根据《中级财务会计》教学大纲的要求进行安排,并严格遵循2006年财政部发布的《企业会计准则》的相关规定。本书主要包括学习指导和实训两大部分。在学习指导方面,本书提出学习目的与要求,归纳重点、难点与关键问题。实训部分包括真题实训和案例实训。真题实训主要是从各年注册会计师考试和会计职称考试试题中精选一些真题进行实训,并提供答案与解析,从而帮助读者巩固所学知识,提高应试能力。案例实训中提供的案例大都来源于资本市场公开发布的信息及网络、媒体的报道,具有综合性和实战性。通过案例实训,读者的职业判断能力能够进一步增强。

本书可以作为高等院校会计学专业、财务管理专业的实训教材,也可以作为会计从业人员学习财务会计和备考会计职称考试、CPA资格考试的自学教材。

图书在版编目(CIP)数据

财务会计学习指导与案例实训/姚晖,张巍编.—北京:科学出版社,2012.12

ISBN 978-7-03-036248-3

Ⅰ.①财… Ⅱ.①姚…②张… Ⅲ.①财务会计-教学参考资料 Ⅳ.①F234.4

中国版本图书馆 CIP 数据核字(2012)第 310389 号

责任编辑:伍宏发 刘婷婷 / 责任校对:宋玲玲
责任印制:徐晓晨 / 封面设计:许 瑞

斜 学 出 版 社 出版
北京东黄城根北街 16 号
邮政编码:100717
http://www.sciencep.com

北京京华虎彩印刷有限公司 印刷
科学出版社发行 各地新华书店经销

*

2012 年 12 月第 一 版 开本:B5(720×1000)
2015 年 7 月第二次印刷 印张:17
字数:330 000

定价:35.00 元
(如有印装质量问题,我社负责调换)

前　　言

　　为适应会计学专业和财务管理专业本科教学及会计从业人员学习财务会计和备考会计职称考试、CPA 资格考试的需要，我们编写了这本《财务会计学习指导与案例实训》。

　　本书根据中华人民共和国财政部 2006 年颁布的《企业会计准则》和《中级财务会计》教学大纲的要求，共设置十五章，每章的内容包括：学习目的与要求；重点与难点；关键问题；真题实训与解析；案例实训；阅读材料。其中，真题实训与解析中的题目选自各年注册会计师考试和会计职称考试试题，并配有参考答案和解析；真题实训能够帮助学生巩固所学的知识，提高应试能力。案例实训中提供的案例大都来源于资本市场公开发布的信息及网络、媒体的报道，具有综合性和实战性；案例实训能够使学生更多的接触会计实务，提高分析问题和解决问题的能力。

　　本书由姚晖、张巍编，负责全书的统筹。参加者包括姚晖、张巍、丁江贤、王南、戴悦、孙薇等，具体分工如下：各章的学习目的与要求、重点与难点、关键问题及第十章至第十五章的内容由张巍编写；各章的案例实训、阅读材料、综合实训及第一章至第九章的内容由姚晖、丁江贤编写；各章的真题实训与解析由王南、戴悦、孙薇编写。硕士生顾鑫鑫、高仙在真题和案例的搜集、整理过程中做了大量的工作。

　　在本书的编写过程中，我们引用了大量的注册会计师考试、会计职称考试的试题和会计网校的相关资料，并参考了媒体、网络对资本市场有关案例的报道，在此一并对这些作者表示感谢。

　　由于编者的理论水平和时间、精力的制约，本教材不可避免地会出现一定的疏漏和不足，恳请各位读者不吝指出，以使我们能够在下次修订时及时改正。我们真诚欢迎任何有益于提高本教材质量的建议与批评。

姚　晖

2012 年 9 月 24 日于南京

目　　录

第一章 总　　论

学习目的与要求

通过本章学习，了解财务会计的特征和财务会计的目标；熟练掌握会计核算的基础工作和会计计量属性；重点掌握会计核算的基本前提和会计信息质量要求。

第一节　财务会计及其特点

一、财务会计的特点

财务会计是运用簿记系统的专门方法，以通用的会计原则为指导，对企业资金运动进行反映和控制，旨在为所有者、债权人提供会计信息的对外报告会计。

和管理会计相比，财务会计有如下几方面的特征。

（1）以计量和传送信息为主要目标。

（2）以会计报告为工作核心。

（3）以传统会计模式作为数据处理和信息加工的基本方法。传统会计模式的特点有：①会计反映依据复式簿记系统；②收入与费用的确认，以权责发生制为基础；③会计计量遵循历史成本原则。

（4）财务会计以公认会计原则和行业会计制度为指导。

二、财务报告的目标

财务会计的目标是向财务会计报告使用者提供与企业财务状况、经营成果和现金流量等有关的会计信息，反映企业管理层受托责任履行情况，有助于财务会计报告使用者作出经济决策。

三、财务会计信息的使用者

会计信息需求来自企业外部和内部两个方面。

（1）会计信息的外部使用者是与企业具有利益关系的个人和其他企业，但他们不参与该企业的日常管理，具体包括：股东、债权人、政府机关、职工、供应商和顾客。向企业外部使用者所提供的信息，绝大部分属于"强制性的"或"必需的"。

（2）会计信息内部使用者包括董事长、首席执行官（CEO）、首席财务官（CFO）、副董事长（主管信息系统、人力资源、财务等）、经营部门经理、分厂经理、分部经理、生产线主管等。与外部的信息需要对比，向内部报送的会计信息显然具有较多的"自由性"。

四、财务会计信息的质量特征

会计信息应具备可靠性、相关性、可理解性、可比性、实质重于形式、重要性、谨慎性、及时性八个质量特征。

（一）可靠性

可靠性是指企业应当以实际发生的交易或者事项为依据进行会计确认、计量和报告，如实反映符合确认和计量要求的各项会计要素及其他相关信息，保证会计信息真实可靠、内容完整。

（二）相关性

相关性是指企业提供的会计信息应当与财务会计报告使用者的经济决策需要相关，有助于财务会计报告使用者对企业过去、现在或者未来的情况作出评价或者预测。

（三）可理解性

可理解性是指企业提供的会计信息应当清晰明了，便于财务会计报告使用者理解和使用。

（四）可比性

可比性是指同一企业不同时期发生的相同或相似的交易或者事项，应当采用一致的会计政策，不得随意变更。确需变更的，应当在附注中说明。不同企业发生的相同或相似的交易或者事项，应当采用规定的会计政策，确保会计信息口径一致、相互可比。

（五）实质重于形式

实质重于形式是指企业应当按照交易或者事项的经济实质进行会计确认、计量和报告，不应仅以交易或者事项的法律形式为依据。

（六）重要性

重要性是指企业提供的会计信息应当反映与企业财务状况、经营成果和现金流量等有关的所有重要交易或者事项。

（七）谨慎性

谨慎性是指企业对交易或者事项进行会计确认、计量和报告时应当保持应有的谨慎，不应高估资产或者收益、低估负债或者费用。

（八）及时性

及时性是指企业对于已经发生的交易或者事项，应当及时进行会计确认、计量和报告，不得提前或者延后。

五、社会环境对会计的影响

会计环境是指会计赖以存在的政治环境、经济环境、法律环境、文化环境等客观环境。

政治环境包括政治体制、政治路线、政治思想和政治领导。经济环境包括物质资料的生产及相应的经济制度和经济管理体制。法律环境包括立法、司法和监督制度以及国家对法制的方针等。文化环境是指特定国家与地区在社会历史发展过程中形成的价值观和人生观等。

一方面，客观环境决定会计的发展，会计只有适应其所处的社会环境，并为其服务，才能得以存在和发展；另一方面，会计不是完全消极被动的，它可以反作用于客观环境。

第二节 会计的基本假设和会计确认、计量的基础

一、会计的基本假设

会计假设，即会计核算的基本前提，是对会计核算的对象及环境作出的一些基本规定。

会计的基本假设包括四个方面。

（1）会计主体假设，又称会计实体，是会计工作为之服务的特定单位。会计主体和法律主体是有区别的。

（2）持续经营假设是指企业或会计主体的生产经营活动将无限期地延续下去，即假设在可预见的未来不会进行清算。

（3）会计分期假设是指将企业持续不断的生产经营活动分割为一定的时期，据以结算账目和编制财务报表，从而及时地提供有关财务状况和经营成果的会计信息。

（4）货币计量假设是指企业在会计核算过程中采用货币为计量单位，记录、反映企业的经营情况。

二、权责发生制

权责发生制是指凡是当期已经实现的收入和已经发生或应负担的费用，不论款项是否收付，都应作为当期收入和费用处理；凡是不属于当期的收入和费用，即使款项已经在当期收付，也不应作为当期的收入和费用。

第三节　财务会计确认、计量的基本原则

一、权责发生制原则

权责发生制原则既是一种会计基础，也是财务会计确认、计量的基本原则。企业应当以权责发生制为基础进行会计确认、计量和报告，而不应以收付实现制为基础。权责发生制同时也是企业确认收益的基本原则。根据权责发生制进行收入与成本费用的核算，能够更加准确地反映特定会计期间实际的财务状况及经营成果。

二、配比原则

企业在进行会计确认、计量时，收入与其成本、费用应当相互配比，同一期间内的各项收入和与其相关的成本、费用，应当在该会计期间内确认。

三、历史成本原则

企业的各项财产在取得时应该按实际成本计量。其后，各项财产如果发生减值，应当按照规定提取相应的减值准备。除法律、行政法规和国家统一的会计制度另有规定外，企业一律不得自行调整其账面价值。

四、划分收益性支出与资本性支出原则

企业的确认、计量应当合理划分收益性支出与资本性支出的界限。凡支出的效益仅及于本年度（或一个营业周期）的，应当作为收益性支出；凡支出的效益及于几个会计年度（或几个营业周期）的，应当作为资本性支出。

第四节 会计确认与计量

会计确认与计量是财务会计的核心内容。

一、会计确认

会计确认是指把一个事项作为资产、负债、收入和费用等加以记录并列入财务报表的过程，具体包括初始确认和再确认。

会计确认的标准：可定义性、可计量性、相关性、可靠性。

会计确认的基础：收付实现制和权责发生制。企业应当以权责发生制为基础进行会计确认、计量和报告，而不应以收付实现制为基础。

二、会计计量

会计计量是指将符合确认条件的会计要素登记入账并列报于财务报表而确定其金额的过程。

会计计量属性反映的是会计要素金额的确定基础，主要包括：历史成本、重置成本、可变现净值、现值和公允价值等。

（一）历史成本

历史成本又称实际成本，是取得或制造某项财产物资时所实际支付的现金或其他等价物。在历史成本计量下，资产按照购置时支付的现金或者现金等价物的金额，或者按照购置资产时所付出的对价的公允价值计量；负债按照因承担现时义务而实际收到的款项或者资产的金额，或者承担现时义务的合同金额，或者按照日常活动中为偿还负债预期需要支付的现金或者现金等价物的金额计量。

（二）重置成本

重置成本又称现行成本是指按照当前市场条件，重新取得同样一项资产所需支付的现金或现金等价物的金额。在重置成本计量下，资产按照现在购买相同或者相似资产所需支付的现金或者现金等价物的金额计量。负债按照现在偿付该项债务所需支付的现金或者现金等价物的金额计量。

（三）可变现净值

可变现净值是指在正常生产经营过程中，以预计售价减去进一步加工的成本和销售时所必需的预计税金、费用后的净值。在可变现净值计量下，资产按照其正常对外销售所能收到现金或者现金等价物的金额扣减该资产至完工时估计将要发生的成本、估计的销售费用及相关税费后的金额计量。

（四）现值

现值是对未来的现金流量以恰当的折现率进行折现后的价值，是考虑货币时间价值因素的一种计量属性。在现值计量下，资产按照预计从其持续使用和最终处置中所产生的未来净现金流入量的折现金额计量。负债按照预计期限内需要偿还的未来净现金流出量的折现金额计量。

（五）公允价值

公允价值是指在公平交易中，熟悉情况的交易双方自愿进行资产交换或者债务清偿的金额。在公允价值计量下，资产和负债按照在公平交易中，熟悉情况的交易双方自愿进行资产交换或者债务清偿的金额计量。

《企业会计准则——基本准则》第九章会计计量第四十三条规定：企业在对会计要素进行计量时，一般应当采用历史成本，采用重置成本、可变现净值、现值、公允价值计量的，应当保证所确定的会计要素金额能够取得并可靠计量。

第五节　财务报告要素

会计要素是会计具体工作的对象，是会计用以反映财务状况、确定经营成果的因素。会计要素分为反映财务状况的要素和反映经营成果的要素。

一、反映财务状况的要素

财务状况要素是反映企业在某一日期经营资金的来源和分布情况的各项要素，一般通过资产负债表反映。财务状况要素由资产、负债和所有者权益三个要素构成。

（一）资产

资产是指企业过去的交易或者事项形成的、由企业拥有或者控制的、预期会给企业带来经济利益的资源。资产按其流动性一般分为流动资产和非流动资产。

（二）负债

负债是指企业过去的交易或者事项形成的、预期会导致经济利益流出企业的现时义务。负债按偿还期长短可分为流动负债和非流动负债。

（三）所有者权益

所有者权益是指企业资产扣除负债后由所有者享有的剩余权益。所有者权益的来源包括所有者投入的资本、直接计入所有者权益的利得和损失、留存收益等。

二、反映经营成果的要素

经营成果是指企业在一定时期内生产经营活动的结果，具体地说，它是指企业生产经营过程中取得的收入和耗费相比较的差额。经营成果要素一般通过利润表来反映，由收入、费用和利润三个要素构成。

（一）收入

收入是指企业在日常活动中形成的、会导致所有者权益增加的、与所有者投入资本无关的经济利益的总流入。

（二）费用

费用是指企业在日常活动中发生的、会导致所有者权益减少的、与向所有者分配利润无关的经济利益的总流出。

（三）利润

利润是指企业在一定会计期间的经营成果，利润包括收入减去费用后的净额、直接计入当期利润的利得和损失等。

以上六大会计要素互相影响，密切联系，全面综合地反映了企业的经济活动。

重点与难点

重点：财务会计及其特点，财务会计的目标和会计信息的使用者，会计核算的基本前提，会计核算的基本原则（权责发生制和配比原则），会计信息质量要求，会计计量属性。

难点：会计核算的基本前提，权责发生制和配比原则，会计信息质量要求，会计计量属性。

关键问题

1. 财务会计与管理会计相比有哪些特征？
2. 什么是财务会计的目标？

3. 财务会计信息的使用者来自哪些方面?

4. 会计核算的基本前提有哪些?

5. 财务会计信息应具备哪些质量特征?

6. 举例说明谨慎性原则、可比性原则、实质重于形式原则在实际工作中的具体应用。

真题实训及解析

（本书中标★的题目选自历年 CPA 考试试题，标▲的题目选自历年会计职称考试试题）

一、真题实训（第 1、2 题为单项选择题，第 3 题为多项选择题）

★1. 根据资产定义，下列各项中不属于资产特征的是（　　）。

　　A. 资产是企业拥有或控制的经济资源

　　B. 资产预期会给企业带来未来经济利益

　　C. 资产是由企业过去交易或事项形成的

　　D. 资产能够可靠计量

▲2. 下列关于会计要素的表述中，正确的是（　　）。

　　A. 负债的特征之一是企业承担潜在义务

　　B. 资产的特征之一是预期能给企业带来经济利益

　　C. 利润是企业一定期间内收入减去费用后的净额

　　D. 收入是所有导致所有者权益增加的经济利益的总流入

★3. 下列各项中，属于利得的有（　　）。

　　A. 出租无形资产取得的收益

　　B. 投资者的出资额大于其在被投资单位注册资本中所占份额的金额

　　C. 处置固定资产产生的净收益

　　D. 非货币性资产交换换出资产的账面价值低于其公允价值的差额

　　E. 以现金清偿债务形成的债务重组收益

二、参考答案及解析

1. D

　　【解析】资产是指企业过去的交易或者事项形成的、由企业拥有或者控制的、预期会给企业带来经济利益的资源。根据资产的定义，资产具有以下几个方面的特征：①资产预期会给企业带来经济利益；②资产应为企业拥有或者控制的资源；③资产是由企业过去的交易或者事项形成的。资产能够可靠计量属于资产确认的条件，不是资产的特征。

2. B

【解析】选项 A，负债是指企业承担的现时义务；选项 C，利润是指企业在一定会计期间的经营成果，包括收入减去费用后的净额、直接计入当期利润的利得和损失等；选项 D，收入是指企业在日常活动中形成的、会导致所有者权益增加的、与所有者投入资本无关的经济利益的总流入。

3. CE

【解析】出租无形资产取得的收益，应计入其他业务收入，不属于利得；投资者的出资额大于其在被投资单位注册资本中所占份额的金额，应计入资本公积。非货币性资产交换换出资产的账面价值低于其公允价值的差额，可能是利得（如固定资产），可能是收入（如存货），故不能选入。

案例实训

案例 1

21 世纪美国三大会计舞弊案

21 世纪初，会计舞弊案件频频爆发。2001 年 11 月 18 日，美国能源巨头安然公司（Enron）被曝光超过 12 亿美元的假账；2002 年 6 月，美国第二大长途电话公司世通公司（WorldCom）公开承认在 2000 年 1 年中，通过将大量的收益性支出列为资本性支出，虚增了 38 亿美元的收入和 16 亿美元的利润，成为美国历史上最大的利润造假案件；2002 年 6 月 28 日，全球最大的复印机制造商，被认为是全美最可信赖的 50 家公司之一的施乐（Xerox），在 1997~2001 年 4 年内，共虚报收入 60 亿美元，虚增利润 14 亿美元。作为世界五大会计师事务所之一的安达信会计公司，由于涉及安然和世通的财务报表审计而宣告破产。

（资料来源：葛家澍. 2003. 财务会计的本质、特点及其边界. 会计研究，(3)：3-7.)

案例 2

华源制药会计造假

华源制药（600656.SH）公开承认公司存在财务数据失真、会计处理不当、收入不实、虚增利润等问题，并称 2005 年年报披露后，公司将可能成为 *ST 公司。这家上市公司 2006 年下半年被证监会立案调查，2007 年年初被财政部行政处罚。如今，华源制药因三年连续亏损已暂停上市。

上海华源制药股份有限公司原名为"浙江省凤凰化工股份有限公司"，是 1990 年 12 月 19 日第一批在上海证券交易所挂牌上市的"老八股"之一。自 1997 年 11 月中国华源集团有限公司通过股权转让成为该公司第一大股东以来，公司完成了资产结构、产业结构及产品结构的调整,成功实现了由化工产业向制药产业转型的战略目标。公司于 2001 年 3 月 14 日将法定注册地由浙江迁至上海,同时将公司法定名称更改为上海华源制药股份有限公司。

华源制药历年年报显示,2001～2004 年,该公司分别实现净利润 1 747 万元、2 026 万元、4 725 万元、1 013 万元,照此计算,该公司 4 年间累计造假金额高达 7 786 万元,其造假手法之多、违规金额之大、持续时间之长、涉及面之广,令人触目惊心。根据财政部上海办的审计结果,2001～2004 年华源制药虚增收入 2.57 亿元(其中华源制药利用一宗土地交易就虚增了 1.9 亿元收入),虚增净利润 1.57 亿元,建议公司进行相应调减,调减的内容有:公司资产重组中置换出的不良资产冲回;资产和股权重组中交易对方差额返回公司做了其他业务利润。

对此,华源制药在上报的说明中分别就不良债权资产置换问题和股权交易中交易双方的差价返还作收入问题给出自己的理由。财政专项检查报告指出,华源制药的不良债权资产置换总额约 9 000 万元,这些不良资产在置换前均是 3 年甚至 5 年以上应收账款,应全额计提坏账准备,华源制药认为公司已经按相关会计准则和会计政策计提了坏账准备,置换回的资产是真实的。因此,上述资产重组和改制中处置的不良资产不应退回冲减公司净利润。股权交易中交易对方的差价返还做收入问题,主要是 2001 年 6 月北京星昊现代医药开发有限公司 30% 股权受让差额 400 万元,2003 年 9 月本溪三药 40% 股权受让差价款返回 1 640 万元。股权交易协议转让价和实际价差额返还给公司是受让方对本次交易的折让,公司做成了其他收益,并经中介审计机构确认。这是公司会计认定处理的水平问题,并非故意虚增收入。针对利用一宗土地交易就虚增了 1.9 亿收入问题,华源制药称,这宗土地的取得是根据金寨华源与当地政府签订的协议和当地政府会议纪要有偿出让的,土地出让金缴付采取了变通处理方式,即华源制药借款 2 500 万元给金寨华源,金寨华源用该笔 2 500 万元资金经过多次转账将 19 400 万元土地出让金缴纳完毕,当地国土局再将 19 200 万元“财政补贴”逐步返回金寨公司。公司当时没有要求当地政府部门出具土地出让金收据和财政补贴收据或批文,这些手续方面的缺漏,公司会与当地政府沟通,尽快完善相关手续。

2007 年 1 月 31 日,华源制药公司公布《上海华源制药股份有限公司关于收到财政部行政处罚事项告知书的公告》。财政部的行政处罚决定书中表明,华源制药通过虚假交易、虚缴土地出让金与财政补贴返还、虚增公司无形资产与资本公积、建立虚假债权、建立账外账户等手段,在财务报告中分别存在虚增长期投资、虚增利润、虚增投资收益和应收账款、少计坏账准备、多计长期投资、虚增其他业务收入等行为,由此,财政部给予华源制药公司通报及罚款 10 万元的行政处罚。故此,华源制药的虚假陈述行为成立。其后,2007 年 4 月 27 日,华源制药股票被暂停上市。

思考：会计造假直接侵犯了国家和有关方的利益，扰乱了社会经济秩序，是一种严重的违法、违纪行为，请结合案例1和案例2思考会计的本质及其对会计职业的要求。

（资料来源：赵红梅. 2006-04-11. 华源制药财务造假，重组前景迷雾重重. 中国经济时报.）

阅读材料

葛家澍，杜兴强. 2003. 财务会计概念框架与会计准则问题研究. 北京：中国财政经济出版社.

罗伯特 N. 安东尼. 2005. 美国财务会计准则的反思. 李勇，许辞寒，邹舢，译. 北京：机械工业出版社.

企业会计准则——基本准则

威廉 R. 斯科特. 2008. 财务会计理论. 陈汉文，夏文贤，陈靖，译. 北京：机械工业出版社.

中华人民共和国财政部. 2006. 企业会计准则——应用指南. 北京：中国财政经济出版社.

中华人民共和国财政部会计司编写组. 2007. 企业会计准则讲解. 北京：人民出版社

第二章 货币资金

通过本章学习，应明确货币资金的基本内容和有关的基本概念，如什么是现金、银行存款、其他货币资金等；了解货币资金在管理与核算过程中应遵循的各项有关规定；同时应熟练掌握货币资金各组成部分的核算方法，包括现金、银行存款的序时核算与总分类核算及其他货币资金的核算方法等。

第一节 现 金

一、库存现金的管理

（一）现金的定义

货币资金是指企业的生产经营资金在周转中处于货币形态的那部分资金，包括现金、银行存款和其他货币资金三个部分。

狭义的现金仅指库存现金；广义的现金包括库存现金、银行存款和其他可普遍接受的流通手段。

（二）现金的使用范围与库存现金限额

《现金管理暂行条例》规定了在银行开立账户的企业可以用现金办理结算的具体经济业务。这些经济业务包括以下几个方面。

（1）职工工资和津贴；

（2）个人劳动报酬；

（3）根据国家规定颁发给个人的科学技术、文化艺术、体育等各类奖金；

（4）各种劳保、福利费用及国家规定的对个人的其他支出；

（5）向个人收购农副产品和其他物资的价款；

（6）出差人员必须随身携带的差旅费；

（7）结算起点以下的零星支出（结算起点为 1 000 元）；

（8）中国人民银行确定需要支付现金的其他支出。

库存现金限额的管理：由企业根据 3～5 天的日常零星现金开支的需要确定，并报开户银行核准（边远地区和交通不发达地区最多不超过 15 天）。库存现金若超过限额，超过部分须在当天或次日上午解存银行；企业若需要补充库存现金，必须签发现金支票，向银行提取现金。

（三）现金的内部控制

企业必须强调现金内部控制，严格现金内部控制的措施和手段，建立健全的现金内部控制制度。其主要内容包括以下几个方面。

（1）实行职能分开原则；

（2）现金收付的交易必须要有合法的原始凭证；

（3）建立收据和发票的领用制度；

（4）加强监督与检查；

（5）企业的出纳人员应定期进行轮换，不得一人长期从事出纳工作。

二、现金的序时核算

现金的序时核算是指根据现金的收支业务逐日逐笔地记录现金的增减及结存情况。其方法是设置与登记现金日记账。现金日记账一般采用收、付、余三栏式。

三、现金的总分类核算

现金的总分类核算需要设置"库存现金"科目。该科目借方登记现金收入数，贷方登记现金的付出数，余额在借方，反映库存现金的实有数。现金总账科目的登记，可以根据现金收付款凭证和从银行提取现金时填制的银行存款付款凭证逐笔登记。在现金收付款业务较多的情况下，为避免加大工作量，在实务上一般是把现金收付款凭证按照对方科目进行归类，定期（10天或半个月）填制汇总收付款凭证，据以登记现金总账科目。

备用金的总分类核算应设置"其他应收款"科目，它是资产类科目，用来核算企业除应收票据、应收账款、预付账款以外的其他各种应收、暂付款项，包括各种赔款、罚款、存储保证金、备用金、应向职工收取的各种垫付款项等。在备用金数额较大或业务较多的企业中，可以将备用金业务从"其他应收款"科目中划分出来，单独设置"备用金"科目进行核算。

备用金的管理办法一般有两种，一是随借随用、用后报销制度，适用于不经常使用备用金的单位和个人；二是定额备用金制度，适用于经常使用备用金的单位和个人。定额备用金制度的特点是对经常使用备用金的部门或车间，分别规定一个备用金定额。按定额拨付现金时，记入"其他应收款"或"备用金"科目的借方和"库存现金"科目的贷方。报销时，财会部门根据报销单据付给现金，补足用掉数额，使备用金仍保持原有的定额数。报销的金额直接记入"库存现金"

科目的贷方和有关科目的借方，不需要通过"其他应收款"科目核算。

四、现金的清查

现金的清查基本方法是清点库存现金，并将现金实存数与现金日记账上的余额进行核对。实存数，是指企业金库内实有的现款额，清查时不能用借条等单据来抵充现金。每日终了应查对库存现金实存数与其账面余额是否相符。现金的溢缺情况，通过"待处理财产损益——待处理流动资产损益"科目进行核算。现金清查中发现短缺的现金，应按短缺的金额，借记"待处理财产损益——待处理流动资产损益"科目，贷记"库存现金"科目；现金清查中发现溢余的现金，应按溢余的金额，借记"库存现金"科目，贷记"待处理财产损益——待处理流动资产损益"科目。查明原因后处理方法分两种情况。

（一）现金短缺

属于应由责任人赔偿的部分，借记"其他应收款——应收现金短缺款"或"库存现金"等科目，贷记"待处理财产损益——待处理流动资产损益"科目；属于应由保险公司赔偿的部分，借记"其他应收款——应收保险赔款"科目，贷记"待处理财产损益——待处理流动资产损益"科目；属于无法查明的其他原因，根据管理权限，经批准后处理，借记"管理费用——现金短缺"科目，贷记"待处理财产损益——待处理流动资产损益"科目。

（二）现金溢余

属于应支付给有关人员或单位的，应借记"待处理财产损益——待处理流动资产损益"科目，贷记"其他应付款——应付现金溢余"科目；属于无法查明原因的现金溢余，经批准后，借记"待处理财产损益——待处理流动资产损益"科目，贷记"营业外收入"科目。

第二节　银　行　存　款

一、银行存款账户的管理

（一）银行存款账户开立的规定

一个企业可以根据需要在银行开立四种账户，包括基本存款账户、一般存款账户、临时存款账户和专用存款账户。

（1）基本存款账户是企业办理日常结算和现金收付业务的账户，企业的工资、奖金等现金的支取只能通过本账户办理。

（2）一般存款账户是企业在基本存款账户以外的银行借款转存及与基本存款账户的企业不在同一地点的附属非独立核算的单位的账户，企业可以通过本账户办理转账结算和现金缴存，但不能支取现金。

（3）临时存款账户是企业因临时经营活动需要而开立的账户，企业可以通过本账户办理转账结算和根据国家现金管理的规定办理现金收付。

（4）专用存款账户是企业因特殊用途需要而开立的账户。

一个企业只能在一家银行开立一个基本账户；不得在同一家银行的几个分支机构开立一般存款账户。

（二）银行结算纪律的基本内容

银行结算纪律基本内容包括：合法使用银行账户，不得转借给其他单位或个人使用；不得利用银行账户进行非法活动；不得签发没有资金保证的票据和远期支票，套取银行信用；不得签发、取得和转让没有真实交易和债权债务的票据，套取银行和他人的资金；不准无理拒绝付款、任意占用他人资金；不准违反规定开立和使用账户等。

二、银行存款的序时核算

设置、登记"银行存款日记账"，并按业务发生顺序逐日逐笔记录。银行存款日记账一般采用收、付、结存三栏式。

三、银行存款总分类核算

银行存款的总分类核算应设置"银行存款"科目。这是一个资产类科目，用来核算企业存入银行的各种存款。企业存入其他金融机构的存款也在本科目核算。企业的外埠存款、银行本票存款、银行汇票存款等在"其他货币资金"科目核算，不在本科目核算。"银行存款"科目可以根据银行存款的收付款凭证登记。为了减少登记的工作量，在实际工作中，一般都是把各自的收付款凭证按照对方科目进行归类，定期（10 天或半个月）填制汇总收付款凭证，据以登记银行存款总账科目。企业收到银行存款时，借记"银行存款"科目，贷记有关科目，如"库存现金"、"应收账款"等科目；企业提取现金或支出存款时，借记"库存现金"、"应付账款"等科目，贷记"银行存款"科目。

四、银行存款的核对

为正确掌握企业银行存款的实有数，需要定期将企业银行存款日记账与银行转来的对账单进行核对，每月至少核对一次。二者一般是能核对相符的，造成不符的原因有两个：①发生记账错误；②存在未达账项。

未达账项是指由于企业间的交易采用的结算方式涉及的收付款结算凭证在企业和银行之间的传递上存在着时间的先后差别，造成一方已收到凭证并入账，而另一方尚未接到凭证而仍未入账的款项。未达账项有四种情况：①企业已收款记账，而银行尚未收款记账；②企业已付款记账，而银行尚未付款记账；③银行已收款记账，而企业尚未收款记账；④银行已付款记账，而企业尚未付款记账。

银行存款余额调节表的编制方法有三种。

（1）根据错记金额和未达账项，同时将银行存款日记账余额和对账单余额调整到银行存款实有数。计算公式为

银行对账单余额＋企业已收银行未收款项－企业已付银行未付款项±银行错减或错增金额＝企业银行存款日记账余额＋银行已收企业未收款项－银行已付企业未付款项±企业错减或错增金额

（2）根据错记金额和未达账项，以银行存款日记账余额为准，将对账单余额调整到银行存款日记账余额。计算公式为

企业银行存款日记账余额＝银行对账单余额＋企业已收银行未收款项－企业已付银行未付款项±银行错减或错增金额－（银行已收企业未收款项－银行已付企业未付款项±企业错减或错增金额）

（3）根据错记金额和未达账项，以对账单余额为准，将银行存款日记账余额调整到对账单余额。计算公式为

银行对账单余额＝企业银行存款日记账余额＋银行已收企业未收款项－银行已付企业未付款项±企业错减或错增金额－（企业已收银行未收款项－企业已付银行未付款项±银行错减或错增金额）

五、银行转账结算方式

其他货币资金的总分类核算应设置"其他货币资金"科目。

企业因临时或零星采购而将款项委托当地银行汇往采购地银行开立采购专户形成外埠存款时，借记"其他货币资金"科目，贷记"银行存款"科目；会计部门在收到采购员交来的供应单位的材料账单、货物运单等报销凭证时，借记"材料采购"、"应交税费"等科目，贷记"其他货币资金"科目；采购员在离开采购地时，采购专户如有余额款项，应将剩余的外埠存款转回企业当地银行结算户，会计部门根据银行的收账通知，借记"银行存款"科目，贷记"其他货币资金"科目。

企业的银行汇票存款、银行本票存款（如果用于材料采购业务）及信用证存款，在账务处理方法上与外埠存款都是相同的，只是涉及的明细科目不同而已。

企业的信用卡存款，一般适用于企业的办公、福利等一些消耗性的支出上面，企业申请使用信用卡时，应按规定填制申请表，连同支票一并送交发卡银行，根据银行盖章退回的进账单第一联，借记"其他货币资金"科目，贷记"银

行存款"科目。企业用信用卡购物或支付有关费用，借记有关科目，如"管理费用"、"材料采购"等，贷记"其他货币资金"科目。企业信用卡在使用过程中，需要向其账户续存资金的，借记"其他货币资金"科目，贷记"银行存款"科目。

企业在向证券市场进行股票、债券投资时，应向证券公司申请资金账号并划出资金。会计部门应按实际划出的金额，借记"其他货币资金"科目，贷记"银行存款"科目；购买股票、债券时，应按实际支付的金额，借记"交易性金融资产"、"持有至到期投资"科目等，贷记"其他货币资金"科目。

重点与难点

重点：库存现金限额的管理，库存现金收支的管理，库存现金的内部控制，库存现金的总分类核算，库存现金的清查，备用金的核算，银行存款账户的管理，银行存款的总分类核算，银行存款的核对，银行转账结算方式，其他货币资金的构成内容及其核算。

难点：库存现金清查的核算，备用金的核算，未达账项及银行存款余额调节表的编制，银行转账结算方式，其他货币资金的核算。

关键问题

1. 现金控制的基本内容包括哪些？
2. 什么是备用金制度？如何进行定额备用金的管理和核算？
3. 企业在银行可以开立哪些账户？每个账户的用途是什么？结合实际工作说明银行对企业开户有哪些规定。
4. 银行存款日记账余额与银行对账单余额不相等的原因是什么？
5. 银行转账结算方法有几种？分别予以说明。

真题实训及解析

一、真题实训（第1题为单项选择题，第2题为多项选择题）

★1. 下列情形中，不违背《内部会计控制规范——货币资金（试行）》规定的"确保办理货币资金业务的不相容岗位相互分离、制约和监督"原则的是（　　）。

　　A. 由出纳人员兼任会计档案保管工作

　　B. 由出纳人员保管签发支票所需全部印章

　　C. 由出纳人员兼任收入总账和明细账的登记工作

　　D. 由出纳人员兼任固定资产明细账及总账的登记工作

★2. 下列各项中，违背有关货币资金内部控制要求的有（　　）。

　　A. 采购人员超过授权限额采购原材料

B. 未经授权的机构或人员直接接触企业资金

C. 出纳人员长期保管办理付款业务所使用的全部印章

D. 出纳人员兼任会计档案保管工作和债权债务登记工作

E. 主管财务的副总经理授权财务部经理办理资金支付业务

二、参考答案及解析

1. D

【解析】本题的考核点是内部控制。出纳人员不得兼任稽核、会计档案保管和收入、支出、费用、债权债务等账目的登记工作，单位不得由一人办理货币资金业务的全过程。出纳人员可以兼任固定资产明细账及总账的登记工作。

2. ABCD

【解析】E选项主管财务的副总经理授权财务部经理办理资金支付业务，不违背货币资金内部控制要求，是正确的。

案例实训

案例1

小出纳　大问题

资料1　2000年7月，原北京某区教委出纳员周某三次挪用、贪污公款达211万元，被法院以挪用公款罪和贪污罪两罪并罚判处有期徒刑20年。1985年，周某到北京某区教育局财务科做出纳，15年的工作经历使周某对单位的财务状况了如指掌，其中的漏洞也心中有数。周某交代说："我可以决定提取现金的数量，支票也由我处理，可以随时加盖支票印鉴。在每月同会计对账时，也只是核对总额，而不进行明细账的核对。此外，我挪用公款，银行账上有反映，但我们的银行对账单由我保管，单位也不易察觉。"

资料2　2008年，宁夏某大药房（国有企业）出纳员刘某利用职务便利，分246次从单位银行账户上提现共计239.9多万元据为己有，被检察机关以涉嫌贪污立案并逮捕。根据银川市检察院指控，2004年10月20日至2008年9月2日，刘某在担任宁夏某大药房出纳员期间，利用管理单位现金支票的便利，将部分空白现金支票私自留存，并偷盖了单位财务专用章和法定代表人印章。随后，刘某分246次从药房银行账户上提取现金239.9多万元据为己有。庭审中，据刘某向检察机关交代，这些款项中，150万元用于炒股，40多万元用于个人消费，其余用于吸食毒品等方面的挥霍。检察机关认为，应以贪污罪追究刘某的刑事责任。

思考：请结合资料1和资料2，谈谈应如何加强现金控制。

（资料来源：中国新闻网 www.chinanews.com.cn. 2012-09-19.）

案例 2

"多管齐下"，私设"小金库"

1986 年 M 调任某局局长，1988 年起又开始担任该局党委书记。同年 4 月份，该局财务部开始私设"小金库"。最早的"小金库"历时 12 年之久，随后又陆续形成了 6 个"小金库"。该局"小金库"资金来源主要有以下几个方面。

（1）截留预算外收入 1 360 多万元。12 年来，经 M 局长批示，将报废车辆变价款、设备折旧款、旧办公用品等物资处理款和其他调拨款直接存入"小金库"；将消防、交通违章罚款，码头、房屋、车辆等的出租收入，三产企业上交承包金和利润，机动车辆、保险代理费等收入以及"小金库"资金的利息，一并揽进"小金库"。

（2）虚设经费支出 690 万元。财务部门通过虚列工资、奖金、补贴的方式套取现金 100 多万元；以发放上下班交通补贴名义购入公交预售票，而后交该局下属企业出售，套现 49 万元；此外，财务部门还通过虚列通信费、材料费、修理费等项目套现现金，充实"小金库"。

（3）截留所谓的"补贴费"等收入 930 万元。前后八九年的时间里，该局收到案件主办单位拨付的"补贴费"800 万元也全部装入"小金库"中，罚没款 130 万元也统统流入"小金库"。

思考：什么是小金库？该案例中小金库的来源主要有哪些？小金库有哪些危害？

（资料来源：中国新闻网 www.chinanews.com.cn. 2012-09-19.）

阅读材料

企业会计准则——基本准则
企业会计准则第 22 号——金融工具确认与计量
企业内部控制规范——货币资金
人民币银行结算账户管理办法
现金管理暂行条例
支付结算办法
中华人民共和国财政部. 2006. 企业会计准则——应用指南. 北京：中国财政经济出版社.
中华人民共和国财政部会计司编写组. 2007. 企业会计准则讲解. 北京：人民出版社.

第三章　存　　货

通过本章学习，应了解存货的概念、特征、确认条件和分类，存货估计法，存货可变现净值的确定方法，存货清查的方法；掌握存货初始计量的基本要求及通过自制、投资者投入、接受捐赠、债务重组、非货币性资产交换等方式取得存货的会计处理，周转材料的摊销方法，发出库存商品的会计处理，存货盘盈与盘亏的会计处理；重点掌握外购存货和委托加工存货的会计处理，发出存货的计价方法，发出原材料的会计处理，计划成本法，存货跌价准备的计提方法。

第一节　存货及其分类

一、存货的概念与特征

存货是指企业在日常活动中持有以备出售的产成品或商品、处在生产过程中的在产品、在生产过程或提供劳务过程中耗用的材料和物料等。存货具有如下特征。

(1) 存货是一种具有物质实体的有形资产；

(2) 存货属于流动资产，具有较强的流动性；

(3) 存货以在正常生产经营过程中被销售或耗用为目的而取得；

(4) 存货属于非货币性资产，存在价值减损的可能性。

二、存货的确认条件

存货的确认条件包括：①与该存货有关的经济利益很可能流入企业；②该存货的成本能够可靠计量。

三、存货的分类

按经济用途，可以分为原材料、在产品、自制半成品、产成品、商品、周转材料。

按存放地点，可以分为在库存货、在途存货、在制存货、在售存货。

按取得方式，可以分为外购存货、自制存货、委托加工存货、投资者投入的存货、接受捐赠取得的存货、通过债务重组取得的存货、非货币性资产交换取得的存货、盘盈的存货等。

第二节　存货的初始计量

存货的初始计量应以取得存货的实际成本为基础，实际成本包括采购成本、加工成本和其他成本。存货的实际成本应结合存货的具体取得方式分别确定，作为存货入账的依据。

一、外购存货的成本

外购存货的成本是指采购成本，一般包括购买价款、相关税费、运输费、装卸费、保险费及其他可归属于存货采购成本的费用。外购的存货应分别按下列情况进行会计处理。

（1）存货验收入库和货款结算同时完成；

（2）货款已结算但存货尚在运输途中；

（3）存货已验收入库但货款尚未结算；

（4）采用预付货款方式购入存货；

（5）采用赊购方式购入存货；

（6）外购存货短缺。

二、自制存货的成本

自制存货的成本由采购成本、加工成本和其他成本构成。其中，加工成本，是指存货制造过程中发生的直接人工费用及按照一定方法分配的制造费用；其他成本，是指除采购成本、加工成本以外的，使存货达到目前场所和状态所发生的其他支出。

三、委托加工存货的成本

委托加工存货的成本，一般包括加工过程中实际耗用的原材料或半成品的成本、加工费、运输费、装卸费等以及按规定应计入加工成本的税金。需要缴纳消费税的委托加工存货，由受托加工方代收代缴的消费税，应分别按以下情况处理。

（1）委托加工存货收回后直接用于销售，由受托加工方代收代缴的消费税应计入委托加工存货成本。

（2）委托加工存货收回后用于连续生产应税消费品，由受托加工方代收代缴的消费税按规定准予抵扣的，借记"应交税费——应交消费税"科目。

四、投资者投入存货的成本

投资者投入存货的成本应当按照投资合同或协议约定的价值确定，但合同或协议约定价值不公允的除外。

五、接受捐赠取得存货的成本

接受捐赠取得的存货应当分别按以下情况确定入账成本。

（1）捐赠方提供了有关凭据（如发票、报关单、有关协议）的，按凭据上标明的金额加上应支付的相关税费作为入账成本。

（2）捐赠方没有提供有关凭据的，按如下顺序确定入账成本：①同类或类似存货存在活跃市场的，按同类或类似存货的市场价格估计的金额，加上应支付的相关税费，作为入账成本；②同类或类似存货不存在活跃市场的，按该接受捐赠存货预计未来现金流量的现值，作为入账成本。

六、以非货币性资产交换取得存货的成本

以非货币性资产交换取得的存货，其入账价值应当分别以公允价值为基础进行计量或以历史成本为基础进行计量。

（一）换入的存货以公允价值为基础进行计量

在没有发生补价的情况下，企业应当以换出资产的公允价值加上应支付的相关税费，减去可抵扣的增值税进项税额，作为换入存货的入账成本；或以换入存货的公允价值加上应支付的相关税费，作为换入存货的入账成本。如果非货币性资产交换发生了补价，则应按下列方法确定换入存货的成本。

（1）支付补价方，应当以换出资产的公允价值加上支付的补价和应支付的相关税费，减去可抵扣的增值税进项税额，作为换入存货的入账成本；或者以换入存货的公允价值加上应支付的相关税费，作为换入存货的入账成本。

（2）收到补价方，应当以换出资产的公允价值减去收取的补价，加上应支付的相关税费，再减去可抵扣的增值税进项税额，作为换入存货的入账成本；或者以换入存货的公允价值加上应支付的相关税费，作为换入存货的入账成本。

（二）换入的存货以历史成本为基础进行计量

在没有发生补价的情况下，企业应当以换出资产的账面价值加上应支付的相关税费，减去可抵扣的增值税进项税额，作为换入存货的入账成本。如果还发生了补价，则应按下列方法确定换入存货的成本。

（1）支付补价方，应当以换出资产账面价值加上支付的补价和应支付的相关

税费，减去可抵扣的增值税进项税额，作为换入存货的入账成本。

（2）收到补价方，应当以换出资产的账面价值加上应支付的相关税费，减去收到的补价和可抵扣的增值税进项税额，作为换入存货的入账成本。

七、通过债务重组取得存货的成本

通过债务重组取得的存货应当按照受让存货的公允价值作为入账成本。重组债权的账面余额与受让存货的公允价值及可抵扣的增值税进项税额之间的差额，应当作为债务重组损失，计入营业外支出。

第三节　发出存货的计价

一、发出存货的计价方法

我国《企业会计准则》规定：企业应当采用先进先出法、加权平均法或者个别计价法确定发出存货的实际成本。对于性质和用途相似的存货，应当采用相同的成本计算方法确定发出存货的成本。存货计价方法一旦选定，前后各期应保持一致，并在报表附注中予以披露。

（一）个别计价法

个别计价法也称个别认定法或具体辨认法，是指本期发出存货和期末结存存货的成本，完全按照该存货所属购进批次或生产批次入账时的实际成本进行计价的一种方法。

（二）先进先出法

先进先出法是以先入库的存货先发出去这一存货实物流转假设为前提，对先发出的存货按先入库的存货单位成本计价，后发出的存货按后入库的存货单位成本计价，据以确定本期发出存货和期末结存存货成本的一种方法。

（三）加权平均法

加权平均法亦称全月一次加权平均法，是指以月初结存存货数量和本月各批收入存货数量作为权数，计算本月存货的加权平均单位成本，据以确定本期发出存货成本和期末结存存货成本的一种方法。加权平均单位成本的计算公式为

加权平均单位成本＝（月初结存存货成本＋本月购进存货成本）/（月初结存存货数量＋本月购进存货数量）

二、发出存货的会计核算

（一）原材料的会计处理

（1）生产经营领用的原材料，应根据领用部门和用途，分别计入生产成本、制造费用、委托加工物资、销售费用、管理费用等有关成本费用项目。

（2）出售的原材料，取得的销售收入作为其他业务收入，相应的原材料成本应计入其他业务成本。

（3）以原材料进行非货币性资产交换（在非货币性资产交换具有商业实质且公允价值能够可靠计量的情况下）、债务重组、作为非同一控制下企业合并支付的对价等，应作为材料销售处理，按该原材料的公允价值确认销售收入，同时，按原材料的账面价值结转销售成本。

（4）以原材料进行非货币性资产交换（在非货币性资产交换不具有商业实质或公允价值不能够可靠计量的情况下）、作为同一控制下企业合并支付的对价等，应视同销售，按原材料的计税价格计算增值税销项税额，连同原材料的账面价值一并作为相关资产的成本或合并对价。

（5）在建工程领用的原材料，相应的增值税进项税额不予抵扣，应当随同原材料成本一并作为有关工程项目支出。

（二）周转材料的会计处理

周转材料主要包括包装物、低值易耗品及企业（建造承包商）的钢模板、木模板、脚手架等。常用的周转材料摊销方法有一次转销法、五五摊销法、分次摊销法等。

1. 一次转销法

一次转销法是指在领用周转材料时，将其账面价值一次计入有关成本费用的一种方法。

2. 五五摊销法

五五摊销法是指在领用周转材料时，先摊销其账面价值的 50％，待报废时再摊销其账面价值的 50％的一种摊销方法。

3. 分次摊销法

分次摊销法是指根据周转材料可供使用的估计次数，将其成本分期计入有关成本费用的一种摊销方法。各期周转材料摊销额的计算公式为

$$某期周转材料摊销额＝周转材料账面价值×\frac{该期实际使用次数}{预计可使用次数}$$

（三）库存商品的会计处理

（1）对外销售的库存商品，应按从购货方已收或应收合同或协议价款的公允价值确认销售收入，同时，按库存商品的账面价值结转销售成本。

（2）以库存商品进行非货币性资产交换（在非货币性资产交换具有商业实质且公允价值能够可靠计量的情况下）、债务重组、作为非同一控制下企业合并支付的对价等，应作为商品销售处理，按该库存商品的公允价值确认销售收入，同时，按库存商品的账面价值结转销售成本。

（3）企业将库存商品用于在建工程、非货币性资产交换（在非货币性资产交换不具有商业实质或公允价值不能够可靠计量的情况下）、作为同一控制下企业合并支付的对价等，应视同销售，按库存商品的计税价格计算增值税销项税额，连同库存商品的账面价值一并作为相关资产的成本或合并对价。

第四节 计划成本法下存货的核算

一、计划成本法的含义

存货的收入、发出和结存都按计划成本计算，同时将实际成本与计划成本之间的差额，单独设置"材料成本差异"会计科目反映，期末将发出存货和期末存货，由计划成本调整为实际成本。

优点在于：①简化存货的日常核算手续；②有利于考核采购部门的工作业绩。

适用条件：①规模大、品种多、收发频繁的单位；②品种不多，但占产品成本比重较大的原材料。

二、计划成本法的基本核算程序

制定存货的计划成本目录，规定存货的分类及各类存货的名称、规格、编号、计量单位和单位计划成本。

设置"材料成本差异"科目，登记存货实际成本与计划成本之间的差异，并分为"原材料"、"周转材料"等，按照类别或品种进行明细核算。

设置"材料采购"科目，对购入存货的实际成本与计划成本进行计价对比。

存货的日常收入与发出均按计划成本计价，月末，通过存货成本差异的分摊，将本月发出存货的计划成本和月末结存存货的计划成本调整为实际成本反映。

取得存货时：超支差借记材料成本差异；节约差贷记材料成本差异。

发出存货分摊差异时：超支差贷方蓝字转出材料成本差异；节约差贷方红字转出材料成本差异。发出材料、库存材料应承担的成本差异＝材料计划成本×材料成本差异率。

实际工作中，通常在验收入库时记录材料成本差异；也可平时不登记存货增加和成本差异，在月末按实际成本和计划成本分别汇总，一次登记存货增加，并计算、结转成本差异。

三、计划成本法的会计核算

（一）存货取得时的核算

购进存货，收到发票账单

借：材料采购　　　　　　　　　（实际成本）

　　应交税费——应交增值税　　（进项税额）

　　　贷：银行存款／应付票据／应付账款／预付账款

若购进存货已入库，未收到发票账单，可暂不作会计处理，待本月收到发票账单再入账。如月末仍未收到发票账单，则按计划成本暂估入账。

借：原材料等

　　贷：应付账款——暂估应付账款

下月初，用红字编制相同会计分录予以冲回。待收到发票账单据实入账。

（二）存货验收入库的核算

按其计划成本

借：原材料等

　　贷：材料采购

按实际成本大于计划成本的超支差异

借：材料成本差异

　　贷：材料采购

按实际成本小于计划成本的节约差异

借：材料采购

　　贷：材料成本差异

（三）自制存货的核算

自制并已验收入库的原材料、包装物、低值易耗品等，按其计划成本

借：原材料／包装物／低值易耗品等
　　　贷：生产成本
按实际成本大于计划成本的超支差异
借：材料成本差异
　　　贷：生产成本
按实际成本小于计划成本的节约差异
借：生产成本
　　　贷：材料成本差异

（四）存货发出、结转材料成本差异的核算

应按照存货的类别或品种，对材料成本差异进行明细核算，不能使用一个综合差异率。

必须按月分摊材料成本差异，不得在季末或年末一次计算。

发出存货应负担的成本差异，除委托外部加工的发出材料可按月初的材料成本差异率计算外，都应使用当月的实际材料成本差异率。

成本差异率的计算方法一经确定，不得随意变更。如需变更，应在会计报表附注中予以说明。

结转成本差异后，属于期末库存存货应负担的成本差异仍留在"材料成本差异"科目，作为库存存货的调整项目，以确定其实际成本。

发出材料、库存材料应承担的成本差异＝材料计划成本×材料成本差异率

发出存货应负担的材料成本差异转出的核算，按发出存货时借记的有关科目

借：生产成本／制造费用／销售费用／管理费用／其他业务成本等
　　　贷：材料成本差异

其中，超支差贷方蓝字转出材料成本差异；节约差贷方红字转出材料成本差异。

第五节　存货估价法

一、毛利率法

毛利率法是指用前期实际（或本期计划、本期估计）毛利率乘本期销售净额，估算本期销售毛利，进而估算本期发出存货成本和期末结存存货成本的一种方法。毛利率法是商品批发企业普遍采用的一种存货估价方法。

二、零售价法

零售价法是指用成本占零售价的比率（及成本率）乘期末存货的售价总额，

估算期末存货成本，并据以计算本期发出存货成本的一种方法。零售价法是商品零售企业普遍采用的一种存货估价方法。

第六节　存货的期末计量

资产负债表日，存货应当按照成本与可变现净值孰低计量。成本，是指期末存货的实际成本；可变现净值，是指在日常活动中，存货的估计售价减去至完工时估计将要发生的成本、估计的销售费用及相关税费后的净额。

确定存货的可变现净值应以确凿的证据为基础，考虑持有存货的目的，并应考虑资产负债表日后事项的影响。

资产负债表日，企业计提存货跌价准备时，首先应确定本期存货可变现净值低于成本的差额，然后将本期存货的减值金额与"存货跌价准备"科目原有的余额进行比较，按下列公式计算确定本期应计提的存货跌价准备金额：

某期应计提的存货跌价准备＝当期可变现净值低于成本的差额－存货跌价准备科目原有余额

已经计提了跌价准备的存货,在生产经营领用时，一般可不结转相应的存货跌价准备，待期末计提存货跌价准备时一并调整；但在销售及债务重组、非货币性资产交换、支付合并对价等转出存货时应同时结转相应的存货跌价准备。

第七节　存货清查

在进行存货清查盘点时，如果发现存货盘盈或盘亏，应于期末前查明原因，并根据企业的管理权限，报经股东大会或董事会、经理（厂长）会议或类似机构批准后，在期末结账前处理完毕。

存货发生盘盈，待查明原因、报经批准处理后，冲减当期管理费用。

存货发生盘亏，待查明原因、报经批准处理后，根据造成盘亏的原因，分别按以下情况进行会计处理。

（1）属于定额内自然损耗造成的短缺，计入管理费用。

（2）属于收发计量差错和管理不善等原因造成的短缺或毁损，将扣除可收回的保险公司和过失人赔款及残料价值后的净损失，计入管理费用。

（3）属于自然灾害或意外事故等非常原因造成的毁损，将扣除可收回的保险公司和过失人赔款及残料价值后的净损失，计入营业外支出。

重点与难点

重点：存货的概念与特征，存货的确认条件，存货的分类，存货的采购成本、加工成本和其他成本，实际成本法下存货取得的核算（通过外购、自制、投资者投入、接受捐赠、非货币性资产交换、债务重组等方式取得存货的成本确定及账务处理），实际成本法下发出存货的计价方法（个别计价法、先进先出法、加权平均法），原材料、库存商品发出的账务处理，计划成本法下存货取得和发出的核算，毛利率法、零售价法下存货的核算，委托加工物资的核算，周转材料的核算，存货清查盘点的核算，存货的期末计价方法（成本与可变现净值孰低法），存货可变现净值的确定，计提存货跌价准备的方法。

难点：实际成本法下存货取得成本的确定及会计处理，实际成本法下发出存货的计价方法，计划成本法下存货取得和发出的核算，委托加工物资的核算，周转材料的摊销方法，存货的期末计价中成本与可变现净值孰低法的具体运用。

关键问题

1. 什么是存货？存货有何特征？存货如何分类？
2. 存货的确认条件是什么？
3. 存货的成本包括哪些内容？不同方式取得的存货，其成本如何确定？
4. 发出存货的计价方法有哪些？适用性如何？
5. 生产经营领用原材料与在建工程领用原材料的会计处理有何区别？
6. 什么是计划成本法？有哪些主要优点？
7. 什么是实地盘存制和永续盘存制？
8. 什么是存货盘盈和盘亏？如何进行会计处理？
9. 什么是成本与可变现净值孰低法？
10. 什么是存货的可变现净值？确定可变现净值应考虑哪些主要因素？
11. 材料存货的期末计量有何特点？
12. 存货减值的迹象主要有哪些？
13. 如何确定本期应计提的存货跌价准备金额？
14. 如何结转发出存货已计提的跌价准备？

真题实训及解析

一、**真题实训**（第 1～13 题为单项选择题，第 14～17 题为多项选择题，第 18～20 题为判断题）

★1. 某零售企业采用零售价法计算期末存货成本。该企业本月月初存货成本为 3 500 万元，售价总额为 5 000 万元；本月购货成本为 7 300 万元，售价总额为 10 000 万元；本月销售总额为 12 000 万元。该企业月末存货成本为（　　　）万元。

　　A. 2 100　　　　　B. 2 145　　　　　C. 2 160　　　　　D. 2 190

★2. 某股份有限公司对期末存货采用成本与可变现净值孰低计价。20×0 年 12 月 31 日库存自制半成品的实际成本为 40 万元，预计进一步加工所需费用为 16 万元，预计销售费用及税金为 8 万元。该半成品加工完成后的产品预计销售价格为 60 万元。假定该公司以前年度未计提存货跌价准备。20×0 年 12 月 31 日该项存货应计提的存货跌价准备为（　　　）万元。

　　A. 0　　　　　　　B. 4　　　　　　　C. 16　　　　　　D. 20

★3. 某股份有限公司从 20×1 年 1 月 1 日起对期末存货采用成本与可变现净值孰低计价，成本与可变现净值的比较采用单项比较法。该公司 20×1 年 6 月 30 日 A、B、C 三种存货的成本分别为 30 万元、21 万元、36 万元；A、B、C 三种存货的可变现净值分别为 28 万元、25 万元、36 万元。该公司当年 6 月 30 日资产负债表中反映的存货净额为（　　　）万元。

　　A. 85　　　　　　B. 87　　　　　　C. 88　　　　　　D. 91

★4. 甲公司期末原材料的账面余额为 100 万元，数量为 10 吨。该原材料专门用于生产与乙公司所签合同约定的 20 台 Y 产品。该合同约定：甲公司为乙公司提供 Y 产品 20 台，每台售价 10 万元（不含增值税）。将该原材料加工成 20 台 Y 产品尚需加工成本总额为 95 万元。估计销售每台 Y 产品尚需发生相关税费 1 万元（不含增值税）。本期期末市场上该原材料每吨售价为 9 万元（不含增值税），估计销售每吨原材料尚需发生相关税费 0.1 万元（不含增值税）。期末该原材料的可变现净值为（　　　）万元。

　　A. 85　　　　　　B. 89　　　　　　C. 100　　　　　D. 105

★5. 某商业批发企业采用毛利率法计算期末存货成本。20×2 年 5 月，甲类商品的月初成本总额为 2 400 万元，本月购货成本为 1 500 万元，本月销售收入为 4 550 万元。甲类商品 4 月份的毛利率为 24％。该企业甲类商品在 20×2 年 5 月末的成本为（　　　）万元。

　　A. 366　　　　　B. 392　　　　　C. 404　　　　　D. 442

★6. 某股份有限公司为商品流通企业，发出存货采用加权平均法结转成本，按单项存货计提存货跌价准备；存货跌价准备在结转成本时结转。该公司 20×2 年年初存货的账面余额中包含甲产品 1 200 件，其实际成本为 360 万元，已计提的存货跌价准备为 30 万元。20×2 年该公司未发生任何与甲产品有关的进货，甲产品当期售出 400 件。20×2 年 12 月 31 日，该公司对甲产品进行检查时发现，库存甲产品均无不可撤销合同，其市场销售价格为每件 0.26 万元，预计销售每件甲产品还将发生销售费用及相关税金 0.005 万元。假定不考虑其他因素的影响，该公司 20×2 年年末对甲产品计提的存货跌价准备为（　　　）万元。

　　A. 6　　　　　　　B. 16　　　　　　C. 26　　　　　　D. 36

★7. 甲公司为上市公司，20×3 年年末库存乙原材料、丁产成品的账面余额分别为 1 000 万元和 500 万元；年末计提跌价准备前库存乙原材料、丁产成品计提的跌价准备的账面余额分别为 0 万元和 100 万元。库存乙原材料将全部用于生产丙产品，预计丙产成品的市场价格总额为 1 100 万元，预计生产丙产成品还需发生除乙原材料以外的总成本为 300 万元，预计为销售丙产成品发生的相关税费总额为 55 万元。丙产成品销售中有固定销售合同的占 80%，合同价格总额为 900 万元。丁产成品的市场价格总额为 350 万元，预计销售丁产成品发生的相关税费总额为 18 万元。假定不考虑其他因素，甲公司 20×3 年 12 月 31 日应计提的存货跌价准备为（　　）万元。

A. 23　　　　　　B. 250　　　　　　C. 303　　　　　　D. 323

★8. 甲公司为增值税一般纳税人，适用的增值税税率为 17%。甲公司委托乙公司（增值税一般纳税人）代为加工一批属于应税消费品的原材料（非金银首饰），该批委托加工原材料收回后用于继续加工应税消费品。发出原材料实际成本为 620 万元，支付的不含增值税的加工费为 100 万元，增值税额为 17 万元，代收代缴的消费税额为 80 万元。该批委托加工原材料已验收入库，其实际成本为（　　）。

A. 720 万元　　　B. 737 万元　　　C. 800 万元　　　D. 817 万元

★9. 甲公司采用计划成本对材料进行日常核算。20×5 年 12 月，月初结存材料的计划成本为 200 万元，成本差异贷方余额为 3 万元；本月入库材料的计划成本为 1 000 万元，成本差异借方发生额为 6 万元；本月发出材料的计划成本为 800 万元。甲公司按本月材料成本差异率分配本月发出材料应负担的材料成本差异。甲公司 20×5 年 12 月 31 日结存材料的实际成本为（　　）。

A. 399 万元　　　B. 400 万元　　　C. 401 万元　　　D. 402 万元

★10. 甲公司 20×7 年 12 月 31 日库存配件 100 套，每套配件的账面成本为 12 万元，市场价格为 10 万元。该批配件可用于加工 100 件 A 产品，将每套配件加工成 A 产品尚需投入 17 万元。A 产品 20×7 年 12 月 31 日的市场价格为每件 28.7 万元，估计销售过程中每件将发生销售费用及相关税费 1.2 万元。该配件此前未计提存货跌价准备，甲公司 20×7 年 12 月 31 日该配件应计提的存货跌价准备为（　　）。

A. 0　　　　　　B. 30 万元　　　　C. 150 万元　　　D. 200 万元

▲11. 甲企业发出实际成本为 140 万元的原材料，委托乙企业加工成半成品，收回后用于连续生产应税消费品，甲企业和乙企业均为增值税一般纳税人，甲企业根据乙企业开具有增值税专用发票向其支付加工费 4 万元和增值税 0.68 万元，另支付消费税 16 万元，假定不考虑其他相关税费，甲企业收回该批半成品的入账价值为（　　）万元。

A. 144　　　　　　B. 144.68　　　　　C. 160　　　　　　D. 160.68

▲12. 下列关于存货可变现净值的表述中，正确的是（　　　）。

A. 可变现净值等于存货的市场销售价格

B. 可变现净值等于销售存货产生的现金流入

C. 可变现净值等于销售存货产生现金流入的现值

D. 可变现净值是确认存货跌价准备的重要依据之一

▲13. 甲公司为增值税一般纳税人。20×9 年 1 月 1 日，甲公司发出一批实际成本为 240 万元的原材料，委托乙公司加工应税消费品，收回后直接对外出售。20×9 年 5 月 30 日，甲公司收回乙公司加工的应税消费品并验收入库。甲公司根据乙公司开具的增值税专用发票向乙公司支付加工费 12 万元、增值税 2.04 万元，另支付消费税 28 万元。假定不考虑其他因素，甲公司收回该批应税消费品的入账价值为（　　　）万元。

A. 252　　　　　　B. 254.04　　　　　C. 280　　　　　　D. 282.04

★14. 企业对于下列已计入待处理财产损益的存货盘亏或毁损事项进行处理时，应当计入管理费用的有（　　　）。

A. 因收发计量原因造成的存货盘亏净损失

B. 因核算差错造成的存货盘亏净损失

C. 因定额内损耗造成的存货盘亏净损失

D. 因管理不善造成的存货盘亏净损失

E. 因自然灾害造成的存货毁损净损失

★15. 下列项目中，应计入工业企业存货成本的有（　　　）。

A. 进口原材料支付的关税

B. 生产过程中发生的制造费用

C. 原材料入库前的挑选整理费用

D. 自然灾害造成的原材料净损失

★16. 下列各项与存货相关的费用中，应计入存货成本的有（　　　）。

A. 材料采购过程中发生的保险费

B. 材料入库前发生的挑选整理费

C. 材料入库后发生的储存费用

D. 材料采购过程中发生的装卸费用

E. 材料采购过程中发生的运输费用

▲17. 下列关于存货会计处理的表述中，正确的有（　　　）。

A. 存货采购过程中发生的合理损耗计入存货采购成本

B. 存货跌价准备通常应当按照单个存货项目计提，也可分类计提

C. 债务人因债务重组转出存货时不结转已计提的相关存货跌价准备

D. 发出原材料采用计划成本核算的应于资产负债表日调整为实际成本

▲18. 商品流通企业在采购商品过程中发生的运输费、装卸费、保险费及其他可归属于存货采购成本的费用等，应当计入存货的采购成本，也可以先进行归集，期末再根据所购商品的存销情况进行分摊。（　　）

▲19. 以前期间导致减记存货价值的影响因素在本期已经消失的，应在原已计提的存货跌价准备金额内恢复减记的金额。（　　）

▲20. 持有存货的数量多于销售合同订购数量的，超出部分的存货可变现净值应当以产成品或商品的合同价格作为计算基础。（　　）

二、参考答案及解析

1. C

【解析】本题的考核点是零售价法。

月末存货成本＝（5 000＋10 000－12 000）×（3 500＋7 300）/（5 000＋10 000）

＝3 000×72%＝2 160（万元）。

2. B

【解析】本题的考核点是存货跌价准备的计提。预计可变现净值＝60－8－16＝36（万元），比成本 40 万元低 4 万元，需计提 4 万元存货跌价准备。

3. A

【解析】本题的考核点是存货跌价准备的计提。

存货净额＝（30＋21＋36）－（30－28）＝87－2 ＝ 85（万元）。

4. A

【解析】本题的考核点是可变现净值的计算。

原材料的可变现净值

＝产品的预计售价总额－将原材料加工成产品尚需投入的成本

－估计销售费用及税金

＝20×10－95－20×1＝200－95－20＝85（万元）。

5. D

【解析】本题的考核点是毛利率法。

期末存货成本＝期初存货成本＋本期购货成本－本期销售成本

＝2 400＋1 500－4 550×（1－24%）＝3 900－3 458＝442（万元）。

6. B

【解析】本题的考核点是存货跌价准备的计提。

20×2 年年末甲产品成本＝360－400×（360/1 200）＝240（万元）

20×2 年计提存货跌价准备前，存货跌价准备贷方余额＝30－400×（30/1 200）＝20（万元）

20×2 年年末甲产品可变现净额＝800×0.26－800×0.005＝208－4＝204（万元）

20×2 年年末应保留的存货跌价准备余额＝240－204＝36（万元）

20×2 年年末应补提的存货跌价准备＝36－20＝16（万元）。

7. C

【解析】本题的考核点是存货跌价准备的计提。

（1）丁产品可变现净值＝350－18＝332（万元），丁产品的账面余额为 500 万元，需保留跌价准备 168 万元，计提前跌价准备余额为 100 万元，故需补提 68 万元。

（2）乙材料生产的丙产品有固定合同部分的可变现净值＝900－55×80％＝856（万元）；丙产品有固定合同部分的成本＝（1 000＋300）×80％＝1 040（万元），乙材料需计提跌价准备，乙材料此部分的可变现净值＝900－300×80％－55×80％＝616（万元），乙材料此部分的成本＝1 000×80％＝800（万元），需计提存货跌价准备 184 万元。

（3）丙产品无合同部分的可变现净值＝1 100×20％－55×20％＝209（万元）；丙产品无固定合同部分的成本＝（1 000＋300）×20％＝260（万元），乙材料需计提跌价准备，乙材料此部分的可变现净值＝1 100×20％－300×20％－55×20％＝149（万元），乙材料此部分的成本＝1 000×20％＝200（万元），需计提存货跌价准备 51 万元。

故计提的存货跌价准备＝68＋184＋51＝303（万元）。

8. A

【解析】收回后用于继续加工的应税消费品，消费税是可以进行抵扣的不能计入成本，所以本题中的实际成本＝620＋100＝720（万元）。

会计分录为

借：委托加工物资 720

应交税金——应交消费税 80

应交税金——应交增值税（进项税额） 17

贷：原材料 620

银行存款 197

9. C

【解析】本月材料成本差异率＝（－3＋6)/(200＋1 000）＝0.25％；12 月 31 日计划成本＝（200＋1 000－800）＝400（万元）；实际成本＝400×（1＋0.25％）＝401（万元）。

10. C

【解析】A 产品可变现净值＝100×28.7－100×1.2＝2 870－120＝2 750（万

元）；A 产品成本＝100×12＋100×17＝2 900（万元），因可变现净值低于成本，配件应计提存货跌价准备。

配件成本＝100×12＝1 200（万元）；配件可变现净值＝2 870－1 700－120＝1 050（万元）；配件应计提存货跌价准备＝1 200－1 050＝150（万元）。

会计分录为

借：资产减值损失   150

  贷：存货跌价准备   150

11. A

【解析】本题考核的是存货成本的核算。由于委托加工物资收回后用于继续生产应税消费品，所以消费税不计入收回的委托加工物资成本。

收回该批半成品的入账价值＝140＋4＝144（万元）。

12. D

【解析】可变现净值是指在日常活动中，存货的估计售价减去完工时估计将要发生的成本、估计的销售费用及相关税费后的金额。所以 ABC 都不符合题意。

13. C

【解析】甲公司收回应税消费品的入账价值＝240＋12＋28＝280（万元）。

14. ABCD

【解析】本题的考核点是存货清查的账务处理。因自然灾害造成的存货毁损净损失，在扣除保险公司赔偿后，应当计入营业外支出。

15. ABC

【解析】本题的考核点是存货入账价值的确定。存货成本包括采购成本、加工成本和其他成本。本题中，进口原材料支付的关税、原材料入库前的挑选整理费用属于采购成本；生产过程中发生的制造费用，属于加工成本。而自然灾害造成的原材料净损失应列入营业外支出，不能作为存货的成本。

16. ABDE

【解析】材料入库后发生的储存费用，应计入管理费用（作为生产过程组成部分的除外）。

17. ABD

【解析】选项 A，存货采购过程中发生的合理损耗可以计入存货成本，但是非合理损耗不可以；选项 C，债务人因债务重组转出存货，视同销售存货，其持有期间对应的存货跌价准备要相应的结转；选项 C，企业对存货采用计划成本核算的，期末编制资产负债表需要将其调整为实际成本，以此为依据填制资产负债表。

18. √

【解析】考核的是商品流通企业购货过程中费用的核算问题。

19. √

　　【解析】《企业会计准则》规定：资产负债表日，以前减记存货价值的影响因素已经消失的，减记的金额应当予以恢复，并在原已计提的存货跌价准备金额内转回，转回的金额计入当期损益。

20. ×

　　【解析】企业持有的存货数量若超出销售合同约定的数量，则超出的部分存货的可变现净值应以市场价格为基础进行确定。

案例实训

案例 1

宇航存货管理

　　昊华宇航公司的前身是焦作市化工二厂，始建于 1966 年，2004 年 6 月改制为股份制企业，同年 11 月加入中国昊华化工（集团）总公司。昊华宇航公司现有资产总额 32 亿元，其中固定资产原值 27.8 亿元，职工 3 513 人。下设 7 个职能部室、3 个全资分公司、4 个控股子公司，托管 2 个公司，参股 2 个公司。去年 10 月份，"双二十"项目建成投产，使主导产品烧碱和聚氯乙烯的年生产规模分别达到了 40 万吨，在全省同行业均排第 1 位。烧碱在全国同行业排名第 8 位，聚氯乙烯在全国同行业排名第 4 位，在全国电石法聚氯乙烯生产企业中排名第 1位。产品出口印尼、土耳其、印度等 13 个国家。

　　近年来，公司以存货管理为基础，以提高综合效益为目的，从企业的生死存亡和战略高度切实抓好存货管理，不断转变存货管理理念，实现了提高存货周转效率、资金利用率、降低企业运行成本的目标。截至 2007 年年末，公司存货总额 4 652 万元，其中原材料 4 631 万元，其他 21 万元。与 2006 年年末比，在公司主业规模扩大的情况下，实现了存货负增长，同比降低 9.91%，存货周转率28.52 次，应收账款周转率 54 次，存货周转天数仅为 12 天，应收账款周转天数仅为 6.5 天，存货周转速度快、产品变现能力强、存货管理水平明显提升、经济效益大幅度提高。2007 年，实现销售收入 36.06 亿元，利税 2.57 亿元，利润1.36 亿元，同比分别增长 44%、27% 和 28%。2008 年前 4 个月实现销售收入16.02 亿元，利税 1.95 亿元，利润 1.07 亿元，同比分别增长 42.5%、138% 和143%，一季度，销售收入、利润在中国化工集团分别列居第 12 位和第 5 位。预计全年可实现销售收入 55 亿元，利税 6.5 亿元，利润 3 亿元。

　　思考：存货管理对于企业的重要性。

　　（资料来源：张辉，张朝阳. 2008. 宇航加强存货管理提高经济效益. http://www.chinahaohua.com.cn. 2008-05-15.）

案例 2

法尔莫公司的存货舞弊案

莫纳斯采取"强力购买"的策略，即通过提供大比例折扣来销售商品的途径，将一个小药店发展成一个庞大的药品帝国。首先，莫纳斯把实际上并不赢利且未经审计的药店报表，用自己的笔为其加上不存在的存货和利润；然后凭着空谈和夸大的报表，在一年内骗得了足够的投资收购了8家药店；之后很快发展到拥有300家连锁店的规模。

当这个精心设计的，至少引起5亿美元损失的财务舞弊事件暴露时，莫纳斯和他的公司炮制虚假利润已达10年之久。当时法尔莫公司的财务总监认为因公司以低于成本出售商品而招致了严重的损失，但莫纳斯认为通过"强力购买"完全可以支撑这种销售方式。在莫纳斯的强大压力下，法尔莫公司一直保持着两套账簿，一套用于应付注册会计师的审计，一套反映糟糕的现实。

他们先将所有的损失归入一个"水桶账户"，然后再将该账户的金额通过虚增存货的方式重新分配到公司的数百家成员药店中。他们仿造购货发票、制造增加存货并减少销售成本的虚假记账凭证、确认购货却不同时确认负债、多计或加倍计算存货的数量。注册会计师之所以未能发现存货短缺，是因为他们只对300家药店中的4家进行存货清查，而且他们会提前数月通知法尔莫公司他们将检查哪些药店。法尔莫公司随之将那4家药店堆满实物存货，而把那些虚增的部分分配到其余的药店。事实上，法尔莫公司已濒临破产。

在这次财务舞弊案件中，法尔莫公司的财务总监被判33个月的监禁，莫纳斯本人被判入狱5年，会计师事务所因审计失败在民事诉讼中损失了3亿美元。

思考：法尔莫公司通过哪些手段进行财务舞弊？注册会计师为何会审计失败？

（资料来源：彭国光. 2009. 美国上市公司典型舞弊案例分析. 财会学习，(3)：68-70.）

阅读材料

企业会计准则第12号——债务重组

企业会计准则第1号——存货

企业会计准则第7号——非货币性资产交换

中华人民共和国财政部. 2006. 企业会计准则——应用指南. 北京：中国财政经济出版社.

中华人民共和国财政部会计司编写组. 2007. 企业会计准则讲解. 北京：人民出版社.

第四章　金　融　资　产

通过本章学习，理解金融资产的含义及其分类；理解交易性金融资产的概念，掌握交易性金融资产入账价值的确定及其主要的账务处理，掌握交易性金融资产利息、股息的确认和账务处理，掌握其期末计价；理解持有至到期投资的取得，了解持有至到期投资确认投资收益的票面利率法和溢折价摊销的直线法，掌握持有至到期投资确认投资收益和溢折价摊销的实际利率法；了解应收票据、应收账款、其他应收款、预付账款和长期应收款等相关概念；掌握带息应收票据、商业折扣和现金折扣的账务处理，重点掌握坏账损失备抵法的核算；掌握可供出售金融资产的初始及后续计量，了解金融资产的重分类，了解金融资产的减值；掌握持有至到期投资及可供出售金融资产发生减值的账务处理。

第一节　金融资产及其分类

金融资产通常是指企业的库存现金、银行存款、应收票据、应收账款、贷款、其他应收款项、股权投资、债权投资等资产。

金融资产在初始确认时分为四类。

（1）以公允价值计量且其变动计入当期损益的金融资产（包括交易性金融资产和直接指定为以公允价值计量且其变动计入当期损益的金融资产）；

（2）持有至到期投资；

（3）贷款和应收款项；

（4）可供出售金融资产。

第二节　交易性金融资产

交易性金融资产主要是指企业为了近期内出售而持有的金融资产。

（1）交易性金融资产应当按照取得时的公允价值作为初始确认金额，相关的交易费用在发生时计入当期损益。如果实际支付的价款中包含已宣告但尚未发放的现金股利或已到付息期但尚未领取的债券利息，应当单独确认为应收项目，不计入交易性金融资产的初始确认金额。

（2）企业在持有交易性金融资产期间所获得的现金股利或债券利息，应当确认为投资收益。

（3）资产负债表日，交易性金融资产的价值应按公允价值反映，公允价值的变动计入当期损益。

（4）处置交易性金融资产，应将实际收到的处置价款，减去该交易性金融资产账面余额后的差额，确认为处置损益。

第三节　持有至到期投资

持有至到期投资是指到期日固定，回收金额固定或可确定，且企业有明确意图和能力持有至到期的非衍生金融资产。

（1）持有至到期投资应当按取得时的公允价值和相关交易费用之和作为初始确认金额。如果支付的价款中包含已到付息期但尚未领取的利息，应单独确认为应收项目。

（2）持有至到期投资在持有期间应当按照摊余成本和实际利率计算确认利息收入，计入投资收益。实际利率应当在取得持有至到期投资时确定，在该持有至到期投资预期存续期间或适用的更短期间内保持不变。实际利率与票面利率差别较小的，也可按票面利率计算利息收入，计入投资收益。

（3）在资产负债表中，持有至到期投资通常应按账面摊余成本列示其价值，但有客观证据表明其发生了减值的，应当根据其账面摊余成本与预计未来现金流量现值之间的差额计算确认减值损失；其后，如果持有至到期投资的价值又得以恢复，应在原计提的减值准备金额内，恢复其账面价值。

（4）企业因持有意图或能力发生改变，使某项投资不再适合划分为持有至到期投资的，应当将其重分类为可供出售金融资产，并以公允价值进行后续计量。重分类日，该投资的账面价值与公允价值之间的差额计入所有者权益，在该可供出售金融资产发生减值或终止确认时转出，计入当期损益。

（5）处置持有至到期投资时，应将所取得的价款与该投资账面价值之间的差额计入投资收益，其中，投资的账面价值是指投资的账面余额减除已经计提的减值准备后的差额。

第四节　贷款和应收款项

一、应收账款

应收账款是指企业在正常经营活动中，由于销售商品或提供劳务等产生的债权,应当按照实际发生额记账。其入账价值包括:销售货物或提供劳务的价款、增值税以及代购贷方垫付的包装费、运杂费等。

存在商业折扣的情况下,企业应收账款入账金额应按扣除商业折扣以后的实际售价确定。在存在现金折扣的情况下,应收账款入账价值的确定有两种方法:一种是总价法;另一种是净价法。总价法,是将未减去现金折扣前的金额作为应收账款的入账价值,现金折扣只有客户在折扣期内支付货款时,才予以确认。净价法,是将扣减最大现金折扣后的金额作为应收账款的入账价值。我国企业应收账款的入账价值应按总价法确定。

坏账是指企业无法收回或收回的可能性极小的应收款项。由于发生坏账而产生的损失,称为坏账损失。企业应当在期末分析各项应收款项的可收回性,并预计可能产生的坏账损失。对预计可能发生的坏账损失,计提坏账准备。企业计提坏账准备的方法由企业自行确定。企业应当制定计提坏账准备的政策,明确计提坏账准备的范围、提取方法、账龄的划分和提取比例,按照法律和行政法规的规定报有关各方备案,并备置于企业所在地。坏账准备计提方法一经确定,不得随意变更。

坏账损失的核算方法有两种:直接转销法和备抵法。我国企业只能采用备抵法核算坏账损失。备抵法是指按期估计坏账损失,形成坏账准备,当某一应收款项的全部或部分被确认为坏账时,应根据其金额冲减坏账准备,同时转销相应的应收款项金额的一种核算方法。企业采用备抵法进行坏账核算时,首先应按期估计坏账损失。估计坏账损失的方法有应收款项余额百分比法、账龄分析法和销货百分比法等。应收款项余额百分比法是根据会计期末应收款项的余额和估计的坏账率,估计坏账损失,计提坏账准备的方法。账龄分析法是根据应收款项账龄的长短来估计坏账的方法。销货百分比法,是以赊销金额的一定百分比来估计坏账的方法。

二、应收票据

应收票据是指企业持有的还没有到期、尚未兑现的商业票据。

按承兑人不同,商业汇票可分为商业承兑汇票和银行承兑汇票。商业承兑汇票,是指由付款人签发并承兑,或由收款人签发交由付款人承兑的汇票。银行承兑汇票,是指由在承兑银行开立存款账户的存款人(这里也是出票人)签发,由承兑银行承兑的票据。

按是否计息,商业汇票可分为不带息商业汇票和带息商业汇票。不带息商业汇票是指商业汇票到期时,承兑人只按票据面值向收款人或被背书人支付款项的票据,即票据到期值=票据面值。带息商业汇票是指商业汇票到期时,承兑人必须按票面金额加上应计利息向收款人或被背书人支付票款的票据,即票据到期值

＝票据面值＋票面利息。

票据期限按日表示时，应从出票日起按实际经历天数计算。通常出票日和到期日，只能计算其中的一天，即"算头不算尾"或"算尾不算头"。票据期限按月表示时，应以到期月份中与出票日相同的那一天为到期日，而不论各月实际日历天数为多少。如果票据签发日为某月份的最后一天，其到期日为若干月后的最后一天。

应收票据贴现是指持票人因急需资金，将未到期的商业汇票背书后转让给银行，银行受理后，从票面金额中扣除按银行贴现率计算确定的贴现息后，将余额付给贴现企业的业务活动。

三、预付账款和其他应收款

预付账款是指企业按照购货合同规定预付给供应单位的款项。为了反映和监督预付账款的增减变动情况，企业应设置"预付账款"科目。预付账款不多的企业，可以不设"预付账款"科目，而直接在"应付账款"科目核算，但在编制资产负债表时，应当将"预付账款"和"应付账款"项目的金额分别反映。

预付账款的核算包括预付款项和收回货物两个方面。

其他应收款是指除应收票据、应收账款、预付账款以外的其他各种应收、暂付款项，其主要内容包括：应收的各种赔款、罚款，如因企业财产等遭受意外损失而应向有关保险公司收取的赔款等；应收的出租包装物租金；应向职工收取的各种垫付款项，如为职工垫付的水电费；应由职工负担的医药费、房租费等；备用金，如向企业各有关部门拨出的备用金；存储保证金，如租入包装物支付的押金；其他各种应收、暂付款项。

企业应当定期或者至少于每年年度终了对其他应收款进行检查，预计其可能发生的坏账损失，并计提坏账准备。

四、长期应收款

长期应收款是指企业融资租赁产生的应收款项和采用递延方式分期收款，实质上具有融资性质的销售商品和提供劳务等经营活动产生的应收款项。

为了反映和监督长期应收款的增减变动情况，企业应设置"长期应收款"科目。

出租人融资租赁产生的应收租赁款，在租赁期开始日，应按租赁开始日最低租赁收款额与初始直接费用之和，借记"长期应收款"科目，按未担保余值，借记"未担保余值"科目，按最低租赁收款额和未担保余值的现值之和，贷记"融资租赁资产"等科目，按发生的初始直接费用，贷记"银行存款"等科目，按其差额，贷记"未实现融资收益"科目。

企业采用递延方式分期收款，实质上具有融资性质的销售商品或提供劳务等经营活动产生的长期应收款，满足收入确认条件的，按应收合同或协议价款，借记"长期应收款"科目，按应收合同或协议价款的公允价值，贷记"主营业务收入"等科目，按专用发票上注明的增值税额，贷记"应交税费——应交增值税（销项税额）"科目，按其差额，贷记"未实现融资收益"科目。

根据合同或协议每期收到承租人或购货单位（接受劳务单位）偿还的款项，借记"银行存款"科目，贷记"长期应收款"科目。

五、应收债权出售和融资

企业将其按照销售商品、提供劳务的销售合同所产生的应收债权出售给银行等金融机构，在进行会计核算时，应按照实质重于形式的原则，充分考虑交易的经济实质。

企业将其按照销售商品、提供劳务的销售合同所产生的应收债权提供给银行作为其向银行借款质押的，应将从银行等金融机构获得的款项确认为对银行等金融机构的一项负债，作为短期借款等核算。

企业将其按照销售商品、提供劳务的销售合同所产生的应收债权出售给银行等金融机构，根据企业、债务人及银行等金融机构之间的协议，在所售应收债权到期无法收回时，银行等金融机构不能够向出售应收债权的企业进行追偿的，企业应将所售应收债权予以转销，结转计提的相关坏账准备，确认按协议约定预计将发生的销售退回、销售折让、现金折扣等，确认出售损益。

企业在出售应收债权的过程中如附有追索权，即在有关应收债权到期无法从债务人处收回时，银行等金融机构有权向出售应收债权的企业追偿，或按照协议约定，企业有义务按照约定金额自银行等金融机构回购部分应收债权，应收债权的坏账风险由售出应收债权的企业负担，则企业应按照以应收债权为质押取得借款的核算原则进行会计处理。

第五节　可供出售金融资产

可供出售金融资产是指初始确认时即被指定为可供出售的非衍生金融资产以及除下列各类资产以外的金融资产：①贷款和应收款项；②持有至到期投资；③以公允价值计量且其变动计入当期损益的金融资产。

可供出售金融资产应当按取得该金融资产的公允价值和相关交易费用之和作为初始确认金额。如果支付的价款中包含已到付息期但尚未领取的债券利息或已宣告但尚未发放的现金股利，应单独确认为应收项目。

可供出售金融资产在持有期间取得的现金股利或债券利息，应当计入投资收益。

资产负债表日，可供出售金融资产应当以公允价值计量，公允价值变动计入资本公积（其他资本公积）。

可供出售金融资产发生减值的，在确认减值损失时，应当将原直接计入所有者权益的公允价值下降形成的累计损失一并转出，计入减值损失。

处置可供出售金融资产时，应将取得的价款与该金融资产账面余额之间的差额，计入投资收益，同时，将原直接计入所有者权益的公允价值变动累计额对应处置部分的金额转出，计入投资收益。

第六节　金融资产减值损失

一、金融资产减值损失的确认

资产负债表日，企业应当对以公允价值计量且其变动计入当期损益的金融资产以外的金融资产（含单项金融资产或一组金融资产）的账面价值进行检查，有客观证据表明该金融资产发生减值的，应当确认减值损失，计提减值准备。

表明金融资产发生减值的客观证据是指金融资产初始确认后实际发生的，对该金融资产的预计未来现金流量有影响，且企业能够对该影响进行可靠计量的事项。

二、金融资产减值损失的计量

（一）持有至到期投资减值损失的计量

在资产负债表中，持有至到期投资通常应按账面摊余成本列示其价值。但有客观证据表明其发生了减值的，应当将其账面价值与预计未来现金流量现值之间的差额确认为减值损失，计入当期损益。

企业对持有至到期投资进行减值测试时，应根据实际情况，将持有至到期投资分为单项金额重大和单项金额非重大两类。对前者应单独进行减值测试；对后者可以单独进行减值测试，也可以将其包含在具有类似信用风险特征的金融资产组合中进行减值测试。

（二）贷款和应收款项减值损失的计量

企业应当定期或至少于每年年度终了，对应收款项进行减值测试，分析各项应收款项的可收回性，预计可能产生的减值损失。对于有确凿证据表明确实无法收回或收回的可能性不大的应收款项，应根据企业管理权限，报经批准后作为坏账，转销应收款项。

应收款项单项金额为重大的，应单独进行减值测试，有客观证据表明其发生减值的，应当根据其未来现金流量低于账面价值的差额确定减值损失，计提坏账准备。应收款项单项金额为非重大的，可以单独进行减值测试，也可以与经单独测试后未减值的应收款项一起，按类似信用风险特征划分为若干组合，再按这些组合在资产负债表日余额的一定比例计算确定减值损失，计提坏账准备。

企业应当根据以前年度与之相同或类似的、具有类似信用风险特征的应收款项组合的实际损失率为基础，结合现实情况确定本期各项组合计提坏账准备的比例，据以计算本期应计提的坏账准备。常用的方法有应收账款余额百分比法和账龄分析法。

1. 应收账款余额百分比法

应收账款余额百分比法是按应收款项期末余额的一定百分比计算确定减值损失，计提坏账准备的一种方法。

当期实际计提坏账准备金额＝按期末应收账款余额计算的减值金额－坏账准备科目原贷方余额，或＝按期末应收账款余额计算的减值金额＋坏账准备科目原借方余额；其中，按期末应收账款余额计算的减值金额＝应收账款期末余额×计提坏账准备的百分比。

2. 账龄分析法

账龄分析法是对应收账款按账龄长短进行分类并分别确定计提坏账准备百分比，据以计提坏账准备的一种方法。这种方法计提坏账准备的会计处理与应收账款余额百分比法相同，但计算确定的坏账准备金额更精确、更合理。

（三）可供出售金融资产减值损失的计量

如果可供出售金融资产的公允价值发生较大幅度下降，或预期下降趋势属于非暂时性，可认定其发生减值。

在确认减值时，原直接计入所有者权益的因公允价值下降形成的累计损失，应当予以转出，计入减值损失。

对已确认减值损失的可供出售债务工具，在随后的会计期间公允价值已上升且客观上与确认原减值损失发生的事项有关的，原确认的减值损失应当予以转回，计入当期损益。可供出售权益工具投资发生的减值损失，不得通过损益转回，应计入所有者权益。

重点与难点

重点：交易性金融资产的初始计量、后续计量和处置；持有至到期投资的初始计量、后续计量、重分类、减值和处置；可供出售金融资产的初始计量、后续计量、减值和处置；应收票据取得、计息、转让、贴现、到期的核算；商业折扣和现金折扣的核算；备抵法下坏账损失的核算，预付账款的核算。

难点：交易性金融资产的期末计量和处置，实际利率法的应用，持有至到期投资的减值和处置，可供出售金融资产持有收益的确认，公允价值变动、减值和处置，带息应收票据利息的计算，应收票据贴现，应收账款的计价，备抵法下坏账损失的核算，预付账款账户设置及其在资产负债表中列报的方法，长期应收款的核算，应收债权出售和融资的核算。

关键问题

1. 什么是金融资产？如何对金融资产进行分类？

2. 如何确定各类金融资产的初始投资成本？

3. 交易性金融资产与可供出售金融资产公允价值变动分别如何进行会计处理？

4. 什么是实际利率法？如何确定实际利率？

5. 如何确认持有至到期投资的利息收益？

6. 带息票据计算利息时，票据期限如何确定？

7. 带息应收票据与不带息应收票据在会计处理上有哪些区别？

8. 什么是贴现？应收票据贴现时，如何计算贴现所得和贴现息并进行会计处理？

9. 应收账款的入账金额包括哪些内容？何时可以确认？

10. 什么是商业折扣和现金折扣？商业折扣和现金折扣对应收账款入账金额的确认有哪些影响？

11. 在总价法下，如何进行应收账款的会计处理？

12. 什么是坏账损失？确认坏账损失应符合哪些条件？

13. 在确定坏账准备的计提比例时，哪些情况不能全额计提坏账准备？

14. 企业采用备抵法进行坏账核算时，估计坏账损失的方法有哪些？

15. 不附追索权的应收债权出售的核算和附追索权的应收债权出售的核算有哪些区别？

真题实训及解析

一、真题实训（第 1～10 题为单项选择题，第 11～15 题为多项选择题，第 16～20 为判断题，第 21 题为计算分析题，第 22 题为综合题）

★1. 甲公司 20×7 年 10 月 10 日自证券市场购入乙公司发行的股票 100 万股，共支付价款 860 万元，其中包括交易费用 4 万元。购入时，乙公司已宣告但尚未发放的现金股利为每股 0.16 元。甲公司将购入的乙公司股票作为交易性金融资产核算。20×7 年 12 月 2 日，甲公司出售该交易性金融资产，收到价款 960 万元。甲公司 20×7 年利润表中因该交易性金融资产应确认的投资收益为（　　）。

    A. 100 万元　　　　B. 116 万元　　　　C. 120 万元　　　　D. 132 万元

★2. 下列各项资产减值准备中，在相应资产的持有期间内可以转回的是（　　）。

    A. 固定资产减值准备　　　　　　　　B. 持有至到期投资减值准备

    C. 商誉减值准备　　　　　　　　　　D. 长期股权投资减值准备

★3. 20×7 年 1 月 1 日，甲公司自证券市场购入面值总额为 2 000 万元的债券。购入时实际支付价款 2 078.98 万元，另外支付交易费用 10 万元。该债券发行日为 20×7 年 1 月 1 日，是分期付息、到期还本债券，期限为 5 年，票面年利率为 5%，年实际利率为 4%，每年 12 月 31 日支付当年利息。甲公司将该债券作为持有至到期投资核算。假定不考虑其他因素，该持有至到期投资 20×7 年 12 月 31 日的账面价值为（　　）。

    A. 2 062.14 万元　　　　　　　　　　B. 2 068.98 万元

    C. 2 072.54 万元　　　　　　　　　　D. 2 083.43 万元

▲4. 20×7 年 2 月 2 日，甲公司支付 830 万元取得一项股权投资作为交易性金融资产核算，支付价款中包括已宣告尚未领取的现金股利 20 万元，另支付交易费用 5 万元。甲公司该项交易性金融资产的入账价值为（　　）万元。

    A. 810　　　　　　B. 815　　　　　　C. 830　　　　　　D. 835

▲5. 甲公司 20×7 年 12 月 25 日支付价款 2 040 万元（含已宣告但尚未发放的现金股利 60 万元）取得一项股权投资，另支付交易费用 10 万元，划分为可供出售金融资产。20×7 年 12 月 28 日，收到现金股利 60 万元。20×7 年 12 月 31 日，该项股权投资的公允价值为 2 105 万元。假定不考虑所得税等其他因素。甲公司 20×7 年因该项股权投资应直接计入资本公积的金额为（　　）万元。

    A. 55　　　　　　B. 65　　　　　　C. 115　　　　　　D. 125

▲6. 20×8 年 7 月 1 日，甲公司从二级市场以 2 100 万元（含已到付息日但尚未领取的利息 100 万元）购入乙公司发行的债券，另发生交易费用 10 万元，划分为交易性金融资产。当年 12 月 31 日，该交易性金融资产的公允价值为 2 200 万元。假定不考虑其他因素，当日，甲公司就该资产确认的公允价值变动损益为（　　）万元。

    A. 90　　　　　　B. 100　　　　　　C. 190　　　　　　D. 200

▲7. 企业部分出售持有至到期投资使剩余部分不再适合划分为持有至到期投资的，应当将该剩余部分重分类为（　　）。

    A. 长期股权投资　　　　　　　　　　B. 货款和应收款项

    C. 交易性金融资产　　　　　　　　　D. 可供出售金融资产

▲8. 下列各项中,不应计入相关金融资产或金融负债初始入账价值的是 (   )。

A. 发行长期债券发生的交易费用

B. 取得交易性金融资产发生的交易费用

C. 取得有持有至到期投资发生的交易费用

D. 取得可供出售金融资产发生的交易费用

★9. 20×8 年 10 月 12 日,甲公司以每股 10 元的价格从二级市场购入乙公司股票 10 万股,支付价款 100 万元,另支付相关交易费用 2 万元。甲公司将购入的乙公司股票作为可供出售金融资产核算。20×8 年 12 月 31 日,乙公司股票市场价格为每股 18 元。

20×9 年 3 月 15 日,甲公司收到乙公司分派的现金股利 4 万元。20×9 年 4 月 4 日,甲公司将所持有乙公司股票以每股 16 元的价格全部出售,在支付相关交易费用 2.5 万元后实际取得款项 157.5 万元。

要求:根据上述资料,不考虑其他因素,回答下列问题。

(1) 甲公司持有乙公司股票 20×8 年 12 月 31 日的账面价值是 (   )。

A. 100 万元　　　B. 102 万元　　　C. 180 万元　　　D. 182 万元

(2) 甲公司 20×9 年度因投资乙公司股票确认的投资收益是 (   )。

A. 55.50 万元　　B. 58.00 万元　　C. 59.50 万元　　D. 62.00 万元

★10. 20×7 年 1 月 1 日,甲公司从二级市场购入乙公司分期付息、到期还本的债券 12 万张,以银行存款支付价款 1 050 万元,另支付相关交易费用 12 万元。该债券是乙公司于 20×6 年 1 月 1 日发行,每张债券面值为 100 元,期限为 3 年,票面年利率为 5%,每年年末支付当年度利息。甲公司拟持有该债券至到期。

要求:根据上述资料,不考虑其他因素,回答下列问题。

(1) 甲公司购入乙公司债券的入账价值是 (   )。

A. 1 050 万元　　B. 1 062 万元　　C. 1 200 万元　　D. 1 212 万元

(2) 甲公司持有乙公司债券至到期累计应确认的投资收益是 (   )。

A. 120 万元　　　B. 258 万元　　　C. 270 万元　　　D. 318 万元

▲11. 下列可供出售金融资产的表述中,正确的有 (   )。

A. 可供出售的金融资产发生的减值损失应计入当期损益

B. 可供出售金融资产的公允价值变动应计入当期损益

C. 取得可供出售金融资产发生的交易费用应直接计入资本公积

D. 处置可供出售金融资产时,以前期间因公允价值变动计入资本公积的金额应转入当期损益

▲12. 下列各项中,影响持有至到期投资摊余成本因素的有 (   )。

A. 确认的减值准备　　　　　　　B. 分期收回的本金

    C. 利息调整的累计摊销额　　　　　D. 对到期一次付息债券确认的票面利息

▲13. 下列关于金融资产重分类的表述中，正确的有（　　　）。

    A. 初始确认为持有至到期投资的，不得重分类为交易性金融资产

    B. 初始确认为交易性金融资产的，不得重分类为可供出售金融资产

    C. 初始确认为可供出售金融资产的，不得重分类为持有至到期投资

    D. 初始确认为贷款和应收款项的，不得重分类为可供出售金融资产

★14. 下列有关可供出售金融资产会计处理的表述中，正确的有（　　　）。

    A. 可供出售金融资产发生的减值损失应计入当期损益

    B. 取得可供出售金融资产发生的交易费用应计入资产成本

    C. 可供出售金融资产期末应采用摊余成本计量

    D. 可供出售金融资产持有期间取得的现金股利应冲减资产成本

    E. 以外币计价的可供出售货币性金融资产发生的汇兑差额应计入当期损益

▲15. 20×7 年 3 月 31 日，甲公司应收乙公司的一笔贷款 500 万元到期，由于乙公司发生财务困难，该笔贷款预计短期内无法收回。该公司已为该项债权计提坏账准备 100 万元。当日，甲公司就该债权与乙公司进行协商。下列协商方案中，属于甲公司债务重组的有（　　　）。

    A. 减免 100 万元债务，其余部分立即以现金偿还

    B. 减免 50 万元债务，其余部分延期两年偿还

    C. 以公允价值为 500 万元的固定资产偿还

    D. 以现金 100 万元和公允价值为 400 万元的无形资产偿还

▲16. 企业在初始确认时将某项金融资产划分为以公允价值计量且其变动计入当期损益的金融资产后，视情况变化可以将其重分类为其他类金融资产。（　　　）

▲17. 企业为取得持有至到期投资发生的交易费用应计入当期损益，不应计入其初始确认金额。（　　　）

▲18. 企业持有的证券投资基金通常划分为交易性金融资产，不应划分为贷款和应收款项。（　　　）

▲19. 计算持有至到期投资利息收入所采用的实际利率，应当在取得该项投资时确定，且在该项投资预期存续签期间或适用的更短期间内保持不变。（　　　）

▲20. 企业持有的可供出售金融资产公允价值发生的增减变动额应当确认为直接计入所有者权益的利得和损失。（　　　）

▲21. 甲公司为上市公司，20×9～20×0 年对乙公司股票投资有关的材料如下。

    (1) 20×9 年 5 月 20 日，甲公司以银行存款 300 万元（其中包含乙公司已宣告但尚未发放的现金股利 6 万元）从二级市场购入乙公司 10 万股普通股股票，另支付相关交易费用 1.8 万元。甲公司将该股票投资划分为可供出售金融资产。

    (2) 20×9 年 5 月 27 日，甲公司收到乙公司发放的现金股利 6 万元。

(3) 20×9年6月30日，乙公司股票收盘价跌至每股26元，甲公司预计乙公司股价下跌是暂时性的。

(4) 20×9年7月起，乙公司股票价格持续下跌；至12月31日，乙公司股票收盘价跌至每股20元，甲公司判断该股票投资已发生减值。

(5) 20×0年4月26日，乙公司宣告发放现金股利每股0.1元。

(6) 20×0年5月10日，甲公司收到乙公司发放的现金股利1万元。

(7) 20×0年1月起，乙公司股票价格持续上升；至6月30日，乙公司股票收盘价升至每股25元。

(8) 20×0年12月24日，甲公司以每股28元的价格在二级市场售出所持乙公司的全部股票，同时支付相关交易费用1.68万元。

假定甲公司在每年6月30日和12月31日确认公允价值变动并进行减值测试，不考虑所得税因素，所有款项均以银行存款收付。

要求：

(1) 根据上述资料，逐笔编制甲公司相关业务的会计分录。

(2) 分别计算甲公司该项投资对20×9年度和20×0年度营业利润的影响额（"可供金融资产"科目要求写出明细科目，金额单位用万元表示）。

★22. 为提高闲置资金的使用率，甲公司20×8年度进行了以下投资。

(1) 1月1日，购入乙公司于当日发行且可上市交易的债券100万张，支付价款9 500万元，另支付手续费90.12万元。该债券期限为5年，每张面值为100元，票面年利率为6%，于每年12月31日支付当年度利息。甲公司有充裕的现金，管理层拟持有该债券至到期。

12月31日，甲公司收到20×8年度利息600万元。根据乙公司公开披露的信息，甲公司估计所持有乙公司债券的本金能够收回，未来年度每年能够自乙公司取得利息收入400万元。当日市场年利率为5%。

(2) 4月10日，购买丙公司首次发行的股票100万股，共支付价款800万元。甲公司取得丙公司股票后，对丙公司不具有控制、共同控制或重大影响，丙公司股票的限售期为1年，甲公司取得丙公司股票时没有将其直接指定为以公允价值计量且变动计入当期损益的金融资产，也没有随时出售丙公司股票的计划。

12月31日，丙公司股票公允价值为每股12元。

(3) 5月15日，从二级市场购入丁公司股票200万股，共支付价款920万元，取得丁公司股票时，丁公司已宣告发放现金股利，每10股派发现金股利0.6元。甲公司取得丁公司股票后，对丁公司不具有控制、共同控制或重大影响。甲公司管理层拟随时出售丁公司股票。

12月31日，丁公司股票公允价值为每股4.2元。

相关年金现金系数如下

$(P/A,5\%,5)=4.329\ 5$ $(P/A,6\%,5)=4.212\ 4$ $(P/A,7\%,5)=4.100\ 2$

$(P/A,5\%,4)=3.546\ 0$ $(P/A,6\%,4)=3.465\ 1$ $(P/A,7\%,4)=3.387\ 5$

相关复利现值系数如下

$(P/S,5\%,5)=0.783\ 5$ $(P/S,6\%,5)=0.747\ 3$ $(P/S,7\%,5)=0.713\ 0$

$(P/S,5\%,4)=0.822\ 7$ $(P/S,6\%,4)=0.792\ 1$ $(P/S,7\%,4)=0.762\ 9$

要求：

(1) 判断甲公司取得乙公司债券时应划分的金融资产类别，说明理由，并编制甲公司取得乙公司债券时的会计分录。

(2) 计算甲公司 20×8 年度因持有乙公司债券应确认的收益，并编制相关会计分录。

(3) 判断甲公司持有乙公司债券 20×8 年 12 月 31 日是否应当计提减值准备，并说明理由。如果计提减值准备，计算减值准备金额并编制相关会计分录。

(4) 判断甲公司取得丙公司股票时应划分的金融资产类别，说明理由，并编制甲公司 20×8 年 12 月 31 日确认所持有丙公司股票公允价值变动的会计分录。

(5) 判断甲公司取得丁公司股票时应划分的金融资产类别，说明理由，并计算甲公司 20×8 年度因持有丁公司股票确认的损益。

二、参考答案及解析

1. B

【解析】应确认的投资收益＝－4＋[960－(860－4－100×0.16)]＝116 (万元)。

说明：此处存在分歧，如果已宣告但尚未发放的现金股利到出售时没有收回，则应确认的投资收益为 100 万元，也应该视同正确。

2. B

【解析】持有至到期投资减值准备可以转回；固定资产减值准备、商誉减值准备、长期股权投资减值准备不得转回。

3. C

【解析】20×7 年 1 月 1 日购入时

借：持有至到期投资——成本	2 000
——利息调整	88.98
贷：银行存款 (2 078.98＋10)	2 088.98

20×7 年 12 月 31 日，计算利息

应收利息＝2 000×5%×1＝100 (万元)

利息收入＝2 088.98×4%×1＝83.56 (万元)

借：银行存款	100

　　　贷：投资收益　　　　　　　　　　　　　　　　　　　　　83.56

　　　　持有至到期投资——利息调整　　　　　　　　　　　　　16.44

　　20×7年年末持有至到期投资的账面价值＝2 088.98－16.44＝2 072.54（万元）

4．A

　　【解析】支付价款中包含的已宣告尚未领取的现金股利应计入应收股利，支付的交易费用计入投资收益，所以答案是830－20＝810（万元）。

5．C

　　【解析】甲公司20×7年因该项股权投资应直接计入资本公积的金额＝（2 040＋10）－2 050＝115（万元）

　　20×7年12月25日

　　借：可供出售金融资产——成本　　　　　　　　　　　　　1 990

　　　　应收股利　　　　　　　　　　　　　　　　　　　　　　60

　　　　贷：银行存款（2 040＋10）　　　　　　　　　　　　2 050

　　20×7年12月28日

　　借：银行存款　　　　　　　　　　　　　　　　　　　　　　60

　　　　贷：应收股利　　　　　　　　　　　　　　　　　　　　60

　　20×7年12月31日

　　借：可供出售金融资产——公允价值变动（2 105－1 990）　115

　　　　贷：资本公积——其他资本公积　　　　　　　　　　　　115

6．D

　　【解析】甲公司应就该资产确认的公允价值变动损益＝2 200－（2 100－100）＝200（万元）。注意交易性金融资产发生的交易费用直接计入投资收益。

7．D

　　【解析】企业因持有意图或能力发生改变，是某项投资不再适合划分为持有至到期投资，应当将其重分类为可供出售金融资产，所以选项D是正确的。

8．B

　　【解析】发行长期债券发生的交易费用计入长期债券的初始入账价值；取得交易性金融资产发生的交易费用计入投资收益；取得持有至到期投资发生的交易费用计入其初始入账价值；取得可供出售金融资产发生的交易费用计入其初始入账价值。

9．（1）C

　　【解析】甲公司所持乙公司股票20×8年12月31日的账面价值＝18×10＝180（万元）。

　　（2）C

　　【解析】甲公司20×9年度因投资乙公司股票确认的投资收益＝4＋（157.5－

102)＝59.5（万元）；初始投资成本＝100＋2＝102（万元）。

10.（1）B

【解析】甲公司购入乙公司债券的入账价值＝1 050＋12＝1 062（万元）

（2）B

【解析】甲公司持有乙公司债券至到期累计应确认的投资收益＝12×100×5‰×2＋（12×100－1 062）＝258（万元）

注意：12×100－1 062＝138（万元）为初始购入时计入利息调整的金额，期末计提利息的分录为

借：应收利息

　　持有至到期投资——利息调整

　　贷：投资收益

可以得知，累计确认的投资收益＝两年确认的应收利息金额＋初始购入时确认的利息调整金额（持有至到期时利息调整的金额摊销完毕），故本题无需自己计算实际利率。

11. AD

【解析】本题考核的是可供出售金融资产的核算问题。选项 B 应计入资本公积；选项 C 取得可供出售金融资产时发生的交易费用应直接计入可供出售金融资产成本。

12. ABCD

【解析】持有至到期投资的摊余成本与其账面价值相同，上述四项都会影响持有至到期投资的账面价值（摊余成本），所以都应选择。

13. AB

【解析】可供出售金融资产在符合一定条件时可以重分类为持有至到期投资，选项 C 错误。

14. ABE

【解析】可供出售金融资产期末应采用公允价值计量；可供出售金融资产持有期间取得的现金股利应计入投资收益。

15. AB

【解析】债务重组是指在债务人发生财务困难的情况下，债权人按照其与债务人达成的协议或者法院裁定作出的让步的事项。此题选项 CD 均没有作出让步，所以不属于债务重组。所以应该选择 AB.

16. ×

【解析】本题考核的是金融资产的分类。划分为以公允价值计量且其变动计入当期损益的金融资产按照准则规定不能再划分为其他的金融资产。

17. ×

【解析】应是计入持有至到期投资成本。

18. √

【解析】企业所持证券投资基金或类似基金，不应当划分为贷款和应收款项。应收款项是在企业经营活动中产生的，主要是指企业在经营活动中因商品、产品已经交付或劳务已经提供，义务已尽，从而取得的向其他单位或个人收取货币、财物或得到劳务补偿的请求权，包括应收账款、应收票据和预付账款等项目。

19. √

【解析】企业在初始确认以摊余成本计量的金融资产或金融负债时，就应当计算确定实际利率，并在相关金融资产或金融负债预期存续期间或适用的更短期间内保持不变。

20. ×

【解析】公允价值严重下跌的时候，要确认资产减值损失，不计入资本公积。

21. 参考答案

（1）20×9 年 5 月 20 日

借：可供出售金融资产——成本　　　　　　　　　295.8

　　应收股利　　　　　　　　　　　　　　　　　6

　　　贷：银行存款　　　　　　　　　　　　　　　　　301.8

20×9 年 5 月 27 日

借：银行存款　　　　　　　　　　　　　　　　　6

　　　贷：应收股利　　　　　　　　　　　　　　　　　6

20×9 年 6 月 30 日

借：资本公积——其他资本公积　　　　　　　　　35.8

　　　贷：可供出售金融资产——公允价值变动　　　　　35.8

20×9 年 12 月 31 日

借：资产减值损失　　　　　　　　　　　　　　　95.8

　　　贷：资本公积——其他资本公积　　　　　　　　　35.8

　　　　可供出售金融资产——减值准备　　　　　　　　60

20×0 年 4 月 26 日

借：应收股利　　　　　　　　　　　　　　　　　1

　　　贷：投资收益　　　　　　　　　　　　　　　　　1

20×0 年 5 月 10 日

借：银行存款　　　　　　　　　　　　　　　　　1

　　　贷：应收股利　　　　　　　　　　　　　　　　　1

20×1 年 6 月 30 日

借：可供出售金融资产——减值准备　　　　　　　50

贷：资本公积——其他资本公积   50

20×0 年 12 月 24 日

借：银行存款   278.32

    可供出售金融资产——减值准备   10

             ——公允价值变动   35.8

      贷：可供出售金融资产——成本   295.8

          投资收益   28.32

借：资本公积——其他资本公积   50

    贷：投资收益   50

（2）甲公司该项投资对 20×9 年度营业利润的影响额＝资产减值损失 95.8 万元，即减少营业利润 95.8 万元。

甲公司该项投资对 20×0 年度营业利润的影响额＝1＋28.32＋50＝79.32（万元），即增加营业利润 79.32 万元。

22. 参考答案

（1）甲公司取得乙公司债券时应该划分为持有至到期投资，因为"管理层拟持有该债券至到期"。

甲公司取得乙公司债券时的账务处理是

借：持有至到期投资——成本（100×100）   10 000

    贷：银行存款   9 590.12

      持有至到期投资——利息调整   409.88

（2）本题需要重新计算实际利率，计算过程如下

$$600 \times (P/A, r, 5) + 10\ 000 \times (P/S, r, 5) = 9\ 590.12$$

利率	6%	r	7%
现值	10 000.44	9 590.12	9 590.12

根据上面的结果可以看出 $r=7\%$

甲公司 20×8 年度因持有乙公司债券应确认的收益＝9 590.12×7%＝671.31（万元）。

相关的会计分录应该是

借：应收利息（10 000×6%）   600

    持有至到期投资——利息调整   71.31

    贷：投资收益   671.31

借：银行存款   600

    贷：应收利息   600

（3）20×8 年 12 月 31 日持有至到期投资的预计未来现金流量的现值＝

$400×(P/A,7\%,4)+10\,000×(P/S,7\%,4)=400×3.387\,2+10\,000×0.762\,9=$
$8\,983.88$（万元），此时的摊余成本是 $9\,590.12+71.31=9\,661.43$（万元）

因为 $9\,661.43>8\,983.88$，所以发生了减值，计提的减值准备的金额 $=$
$9\,661.43-8\,983.88=677.55$（万元），账务处理为

借：资产减值损失　　　　　　　　　　　　　　　　　　677.55
　　贷：持有至到期投资减值准备　　　　　　　　　　　　　677.55

（4）甲公司取得丙公司股票时应该划分为可供出售金融资产，因为持有丙公司限售股权且对丙公司不具有控制、共同控制或重大影响，应当按金融工具确认和计量准则规定，将该限售股权划分为可供出售金融资产。相关的会计分录应该是

借：可供出售金融资产——公允价值变动（12×100−800）400
　　贷：资本公积——其他资本公积　　　　　　　　　　　400

（5）甲公司取得丁公司股票时应该划分为交易性金融资产，因为"管理层拟随时出售丁公司股票"。

甲公司 20×8 年度因持有丁公司股票应确认的损失 $=(920-200×0.6/10)-$
$4.2×200=68$（万元）。

案例实训

案例 1

四川长虹的应收账款危机

2005 年 4 月 16 日，四川长虹公布 2004 年年度报告。年报显示，2004 年四川长虹出现上市以来首次年度亏损，全年共亏损 36.81 亿元人民币。据四川长虹披露，报告期内大额计提应收账款坏账准备是四川长虹出现亏损的重要原因。

自 1996 年以来，四川长虹的应收账款迅速增加，从 1995 年的 1 900 万元增长到 2003 年的近 50 亿元，应收账款占资产总额的比例从 1995 年的 0.3% 上升到 2003 年的 23.3%。2004 年，长虹计提坏账准备 3.1 亿美元，截至 2005 年第一季度，四川长虹的应收账款为 27.75 亿元，占资产总额的 18.6%。

四川长虹不仅应收账款大幅度增加，而且应收账款周转率逐年下降，从 1999 年的 4.67 下降到 2005 年一季度的 1.09，明显低于其他三家彩电业上市公司的同期应收账款周转率。巨额应收账款大幅度减少了经营活动产生的现金流量净额，从 1999 年的 30 亿元急剧下降到 2002 年的−30 亿元。截至 2004 年年底，其经营活动产生的现金流量净额为 7.6 亿元。2004 年 12 月底，长虹发布公告称，由于计提大额坏账准备，该公司今年将面临重大亏损，其原因是，由于受专利费、美国对中国彩电反倾销等因素的影响，长虹的主要客户——美国进口商 APEX 公司出现了较大亏损，全额支付公司欠款存在较大困难。APEX 是四川长

虹的最大债务人，应收账款欠款金额达到 38.38 亿元，占应收账款总额的 96.4%。据此，公司决定对该项应收账款计提坏账准备，当时预计最大计提坏账准备金额为 3.1 亿美元左右。

根据长虹 2003 年年报、2004 年半年报资料，APEX 拖欠长虹应收账款近 40 亿元。2004 年 3 月 23 日，长虹发表的 2003 年年度报告披露，截至 2003 年年末，公司应收账款 49.85 亿元，其中 APEX 的应收账款为 44.46 亿元。2003 年 3 月 25 日，长虹公布的 2002 年年报显示，长虹实现收入 125.9 亿元，实现净利 1.76 亿元，但经营性现金流量为 -29.7 亿元，截至 2002 年底，长虹应收账款仍高达 42.2 亿元，其中未收回的 APEX 的应收账款数额为 38.3 亿元（4.6 亿美元）。两相比较，应收账款不降反升。

事实上，长虹已对 APEX 超过 1 年期的应收账款提取了 9 000 多万元的坏账准备。2003 年，长虹公司主营业务利润 3.02 亿元，9 000 万元的坏账准备计提无疑大大侵蚀了公司的盈利能力。应收账款和存货总额共计 119.9 亿元，占总资产的 56% 和净资产的 91%，这将影响到公司的资产质量。2005 年 9 月，长虹董事会公告显示，在对 APEX4.675 亿美元的欠款中，长虹可能从 APEX 收回的欠款只有 1.5 亿美元，这意味着还有 3.175 亿美元（近 26 亿元人民币）的欠款面临无法收回的境地。

思考：根据案例资料思考应收账款的管理不善对四川长虹产生了怎样的影响？《企业会计准则》对坏账准备的确认和计提是如何规定的？

（资料来源：王棣华，刘建丽 . 2008. 四川长虹应收账款管理 . 航天工业管理，（2）：38-41.）

案例 2

健康元投资失利，公允价值损失巨大

在网易财经"2007 年最会炒股上市公司排行榜"上，健康元炒股盈利 6.55 亿元，占当年净利润的 63.84%，炒股为业绩添加不少亮色，当时一度被股民盛赞为"炒股高手"，不过也有市场人士指责其不务正业。2008 年股市单边下跌，跌幅达到 65%，两市总市值损失 20 万亿元。健康元终于尝到了恶果，年报显示，健康元 2008 年一共投资了 10 多只股票，共计投入 5.19 亿元，报告期末金融资产公允价值变动损失 6.32 亿元，净利润亏损幅度达到 94%。

健康元公司的前身为"深圳爱迷尔食品有限公司"，是经深圳市工商行政管理局核准，于 1992 年设立的中外合资经营企业，主要从事太太口服液的生产和销售。1994 年 1 月，公司更名为"深圳太太保健食品有限公司"。1995 年 7 月，又更名为"深圳太太药业有限公司"。1999 年 9 月 16 日和 11 月 10 日，经公司股东会决议和深圳市人民政府深府（1999）197号文批准，公司整体改组为股份有限公司，并更名为"深圳太太药业股份有限公司"。2001年中国证券监督管理委员会同意公司向社会公众发行境内上市内资股（A股）股票。2001年6月，公司股票在上海证券交易所上市交易。2005年12月，经商务部批准，变更为外商投资股份有限公司（外资比例低于25%），公司控股股东为深圳市百业源投资有限公司，最终实际控制人为朱保国。公司经营范围为：中药材（收购）、中成药、抗生素原料药及其制剂、化学药制剂、食品、保健食品、化妆品的研发、批发（不含国家保护资源的中药材、中成药秘方产品的研发）、中药饮片的批发、进出口及相关配套服务。

由于证券市场较2007年度相比的大幅度下挫，公允价值变动损失令券商年报黯然失色。统计显示，80%的券商2008年公允价值变动收益为负值，合计亏损142亿元，同比骤降超过200%。

思考：什么是公允价值？哪些金融资产的价格变动会通过公允价值影响到当期损益？

（资料来源：陈彬. 2009. 2008投资失利榜：健康元炒股亏损94%. 网易财经 http://money.163.com.2009-04-24.）

阅读材料

企业会计准则第22号——金融工具确认与计量

企业会计准则第23号——金融资产转移

企业会计准则第37号——金融工具列报

中华人民共和国财政部. 2006. 企业会计准则——应用指南. 北京：中国财政经济出版社.

中华人民共和国财政部会计司编写组. 2007. 企业会计准则讲解. 北京：人民出版社.

第五章 长期股权投资

通过本章学习，了解长期股权投资的不同取得方式；掌握不同类别下长期股权投资成本的确认；掌握长期股权投资核算的成本法适用的范围及方法；掌握长期股权投资权益法适用的范围及方法；了解成本法转出权益法的会计处理；了解权益法转为成本法的会计处理。

第一节 长期股权投资的初始计量

企业持有的以下权益性投资，在初始计量时应划分为长期股权投资：①具有控制的权益性投资；②具有共同控制的权益性投资；③具有重大影响的权益性投资；④公允价值不能可靠计量的小份额权益性投资。

企业在取得长期股权投资时，应按初始投资成本入账。如果实际支付的价款或其对价中包含已宣告但尚未发放的现金股利或利润，则该现金股利或利润应作为应收项目入账，不构成长期股权投资的初始成本。

一、企业合并形成的长期股权投资

（一）同一控制下企业合并形成的长期股权投资

合并方以支付现金等方式作为合并对价的，应当在合并日按照取得被合并方所有者权益账面价值的份额作为长期股权投资的初始投资成本。长期股权投资的初始投资成本与支付的现金、转让的非现金资产的账面价值及承担债务的账面价值或发行股份的面值总额之间的差额，应当调整资本公积；资本公积不足以冲减的，调整留存收益。合并方为进行企业合并而支付的审计费用、评估费用、法律服务费用等，应当于发生时计入当期损益。

合并方以发行权益性证券作为合并对价的，应当在合并日按取得的被合并方所有者权益账面价值的份额作为长期股权投资的初始投资成本，按照发行权益性证券的面值总额作为股本。长期股权投资初始投资成本与所发行股份面值总额之间的差额，应当调整资本公积（仅限于资本溢价或股本溢价），资本公积不足以冲减的，调整留存收益。合并方为进行企业合并而支付的手续费、佣金等费用，应当抵减权益性证券溢价收入,溢价收入不足以冲减的,调整留存收益。

(二)非同一控制下企业合并形成的长期股权投资

购买方应合理确定合并成本,作为长期股权投资的初始投资成本。合并成本主要包括购买方在购买日为取得对被购买方的控制权而付出的资产、发生或承担的负债以及发行的权益性证券的公允价值,加上购买方为进行企业合并而支付的审计费用、评估费用、法律服务费用等各项直接相关费用。

二、以其他方式取得的长期股权投资

(一)以支付现金取得的长期股权投资

以支付现金取得的长期股权投资,应当按照实际支付的购买价款作为初始投资成本。购买价款包括买价和购买过程中支付的与取得长期股权投资直接相关的费用、税金及其他必要支出。

(二)以发行权益性证券取得的长期股权投资

以发行权益性证券取得的长期股权投资,应当按照发行权益性证券的公允价值作为初始投资成本。为发行权益性证券而支付给证券承销机构的手续费、佣金等相关税费及其他直接相关支出,不构成初始成本,应自权益性证券的溢价发行收入中扣除;溢价发行收入不足以冲减的,应依次调整盈余公积和未分配利润。

(三)投资者投入的长期股权投资

投资者投入的长期股权投资,应当按照投资合同或协议约定的价值作为初始投资成本,但合同或协议约定价值不公允的除外。投资者在合同或协议中约定的价值如果不公允,应当按照取得长期股权投资的公允价值作为其初始投资成本。

(四)通过非货币性资产交换取得的长期股权投资

企业通过非货币性资产交换取得的长期股权投资,如果该项交换具有商业实质,并且换出资产或换入长期股权投资的公允价值能够可靠计量,应当以公允价值为基础进行初始计量。

企业通过非货币性资产交换取得的长期股权投资,如果该项交换不具有商业实质,或者换出资产和换入长期股权投资的公允价值均不能够可靠计量,应当以账面价值为基础进行初始计量。

(五)通过债务重组取得的长期股权投资

通过债务重组取得的长期股权投资,应当以受让的长期股权投资的公允价值作为初始投资成本。受让的长期股权投资的公允价值与重组债权账面余额之间的差额，作为债务重组损失，计入营业外支出。重组债权已计提减值准备的，应先冲减已计提的减值准备。

第二节　长期股权投资的后续计量

企业取得的长期股权投资在持有期间，要根据所持股份的性质、占被投资单位股份总额比例的大小及对被投资单位财务和经营政策的影响程度，选择适当的方法进行会计处理。

一、长期股权投资的成本法

长期股权投资的成本法是指以取得股权时的初始投资成本计价，除了投资企业追加投资、收回投资等情形外，长期股权投资的账面价值一般不进行调整的一种会计处理方法。

企业取得的下列长期股权投资，应当采用成本法核算。

(1) 投资企业能够对被投资单位实施控制的长期股权投资。

(2) 投资企业对被投资单位不具有共同控制或重大影响，并且在活跃市场中没有报价、公允价值不能可靠计量的长期股权投资。

成本法的基本核算程序分为以下几点。

(1) 设置"长期股权投资——成本"科目，反映初始投资成本。无论被投资单位经营如何，净资产是否增减，长期股权投资的账面价值一般不进行调整。

(2) 如果发生追加投资、将应分得的现金股利或利润转为投资、收回投资等情况，应按照成本增减长期股权投资的账面价值。

(3) 宣告分派利润或现金股利时，投资企业按应享有的部分，确认投资收益。

(4) 宣告分派股票股利，投资企业只作备忘记录；未分派股利，投资企业不作任何会计处理。

《企业会计准则解释第 3 号》：采用成本法核算的长期股权投资，投资企业应当按照享有被投资企业宣告发放的现金股利或利润确认投资收益，不再划分是否属于投资前和投资后被投资单位实现的净利润，即清算性股利不再作为冲减投资成本处理。

二、长期股权投资的权益法

长期股权投资的权益法是指最初以初始投资成本计价，以后根据投资企业享有被投资单位所有者权益份额的变动，对投资的账面价值进行调整的方法。

投资企业对被投资单位具有共同控制或重大影响的长期股权投资，应当采用权益法核算。权益法会计处理的要点分为以下几个方面。

（一）科目设置

在"长期股权投资"科目下设置"成本"、"损益调整"、"其他权益变动"明细科目，进行明细核算。

（二）取得长期股权投资时的会计处理

如果初始投资成本大于投资时应享有被投资单位可辨认净资产公允价值的份额，不调整初始投资成本；如果初始投资成本小于投资时应享有被投资单位可辨认净资产公允价值的份额，其差额应当调整初始投资成本，同时计入营业外收入。

（三）投资损益的确认

投资企业取得长期股权投资后，应当按照被投资单位实现的净利润或发生的净亏损中，投资企业应享有或应分担的份额确认投资损益，同时相应调整长期股权投资的账面价值。需要注意的是，在被投资单位发生亏损、投资企业按持股比例确认应分担的亏损份额时，应当以长期股权投资的账面价值及其他实质上构成对被投资单位净投资的长期权益减记至零为限，投资企业负有承担额外损失义务的除外。

对被投资企业的账面净损益应考虑以下因素进行调整。

（1）被投资单位采用的会计政策及会计期间与投资企业不一致的，应当按照投资企业的会计政策及会计期间对被投资企业的财务报表进行调整，在此基础上确定被投资单位的损益。

（2）投资企业在确认应享有被投资单位净损益的份额时，应当以取得投资时被投资单位各项可辨认资产等的公允价值为基础，对被投资单位的净利润进行调整后确认。

存在下列情况之一的，可以按照被投资单位的账面净损益与持股比例计算确认投资损益，但应当在附注中说明这一事实及其原因：①无法可靠确定投资时被投资单位各项可辨认资产等的公允价值；②投资时被投资单位可辨认资产等的公允价值与其账面价值之间的差额较小；③其他原因导致无法对被投资单位净损益进行调整。

投资企业与联营企业及合营企业之间发生的未实现内部交易损益按照持股比例计算归属于投资企业的部分应予以抵消，并在此基础上确认投资收益。投资企业与被投资单位发生的未实现内部交易损失，属于所转让资产发生的减值损失，应当全额确认，不应予以抵消。

（四）取得现金股利或利润的会计处理

按持股比例计算的应分得的利润或现金股利，冲减长期股权投资的账面价值（"损益调整"明细科目）。自被投资单位取得的现金股利或利润超过已确认损益调整的部分应视为投资成本的收回，冲减长期股权投资的成本。

分派股票股利时，投资企业不进行账务处理，但应于除权日在备查簿中登记增加的股份。

（五）超额亏损的会计处理

投资企业确认被投资单位发生的净亏损，应以长期股权投资的账面价值及其他实质上构成对被投资单位净投资的长期权益减记至零为限，投资企业负有承担额外损失义务的除外（账面价值指账面余额减已提减值准备）。

确认的顺序：长期股权投资——损益调整；长期应收款；预计负债。

未确认的应承担亏损部分作备忘记录。如果以后又有利润，则应在计算的收益分享额超过未确认的亏损分担额以后，超过部分按以上相反顺序进行会计处理，恢复相应价值。

（六）其他权益变动的确认

投资企业对于被投资单位除净损益以外所有者权益的其他变动，在持股比例不变的情况下，按照持股比例计算的应享有或承担的部分，调整长期股权投资的账面价值，同时增加或减少资本公积（其他资本公积）。

第三节　长期股权投资核算方法的转换

一、成本法转换为权益法

长期股权投资的核算方法因持股比例发生变动而由成本法转换为权益法时，投资企业应当根据导致核算方法转换的不同情况进行会计处理。

（1）投资企业原持有的对被投资单位不具有控制、共同控制或重大影响，并且在活跃市场中没有报价、公允价值不能可靠计量的长期股权投资，因追加投资导致持股比例上升，能够对被投资单位施加重大影响或实施共同控制的，在由成本法转换为权益法时，应区分原持有的部分和追加投资的部分分别处理。

（2）投资企业原持有的对被投资单位具有控制的长期股权投资，因处置投资导致持股比例下降，不再对被投资单位具有控制但仍能够施加重大影响或与其他投资方一起实施共同控制的，在由成本法转换为权益法时的会计处理。

二、权益法转换为成本法

投资企业因追加投资等原因使原持有的对联营企业或合营企业的投资转变为对子公司的投资，应在追加投资时对原采用权益法核算的长期股权投资账面余额进行调整，将有关长期股权投资的账面余额调整至最初取得的成本，在此基础上再加上追加投资的成本作为按照成本法核算的初始投资成本。

企业因减少投资等原因对被投资单位不再具有共同控制或重大影响，并且在活跃市场中没有报价、公允价值不能可靠计量的长期股权投资，应中止采用权益法，改按成本法核算，并以权益法下长期股权投资的账面价值作为按照成本法核算的初始投资成本。

第四节　长期股权投资的处置

企业处置长期股权投资，应当在符合股权转让条件时确认处置损益。

长期股权投资的处置损益，是指取得的处置收入与长期股权投资的账面价值和已确认但尚未收到的现金股利之间的差额。

已计提减值准备的长期股权投资，处置时应同时结转已计提的长期股权投资减值准备；采用权益法核算的长期股权投资，处置时还应将原计入资本公积项目的相关金额，转为处置当期投资收益。

重点与难点

重点：长期股权投资的初始计量（企业合并形成的长期股权投资与非企业合并形成的长期股权投资），长期股权投资的成本法与权益法，长期股权投资核算方法的转换，长期股权投资的处置。

难点：企业合并形成长期股权投资的会计处理，非企业合并形成长期股权投资的会计处理，长期股权投资的成本法，长期股权投资的权益法，成本法与权益法的转换，长期股权投资的处置。

关键问题

1. 什么是企业合并？
2. 如何确定同一控制下企业合并的初始投资成本？
3. 如何确定非同一控制下企业合并的初始投资成本？
4. 成本法与权益法各自的适用范围是什么？
5. 什么是长期股权投资的成本法？其核算要点有哪些？
6. 什么是长期股权投资的权益法？其核算要点有哪些？

7. 成本法与权益法会计处理的主要区别是什么？

8. 如何确认各类投资的处置损益？

真题实训及解析

一、真题实训（第 1～6 题为单项选择题，第 7～10 题为多项选择题，第 11 题为计算分析题）

★1. 在长期股权投资采用权益法核算时，下列各项中，应当确认投资收益的是（   ）。

    A. 被投资企业实现净利润　　　　　　B. 被投资企业提取盈余公积

    C. 收到被投资企业分配的现金股利　　D. 收到被投资企业分配的股票股利

★2. 甲公司 20×7 年 1 月 1 日以 3 000 万元的价格购入乙公司 30% 的股份，另支付相关费用 15 万元。购入时乙公司可辨认净资产的公允价值为 11 000 万元（假定乙公司各项可辨认资产、负债的公允价值与账面价值相等）。乙公司 20×7 年实现净利润 600 万元。甲公司取得该项投资后对乙公司具有重大影响。假定不考虑其他因素，该投资对甲公司 20×7 年度利润总额的影响为（   ）。

    A. 165 万元　　　　B. 180 万元　　　　C. 465 万元　　　D. 480 万元

▲3. 20×7 年 1 月 2 日，甲公司以货币资金取得乙公司 30% 的股权，初始投资成本为 2 000 万元，投资时乙公司各项可辨认资产、负债的公允价值与其账面价值相同，可辨认净资产公允价值及账面价值的总额均为 7 000 万元，甲公司取得投资后即派人参与乙公司生产经营决策，但无法对乙公司实施控制。乙公司 20×7 年实现净利润 500 万元，假定不考虑所得税因素，该项投资对甲公司 20×7 年度损益的影响金额为（   ）万元。

    A. 50　　　　　　　B. 100　　　　　　　C. 150　　　　　　D. 250

▲4. 20×7 年 3 月 20 日，甲公司合并乙企业，该项合并属于同一控制下的企业合并。合并中，甲公司发行本公司普通股 1 000 万股（每股面值 1 元，市价为 2.1 元），作为对价取得乙企业 60% 股权。合并日，乙企业的净资产账面价值为 3 200 万元，公允价值为 3 500 万元。假定合并前双方采用的会计政策及会计期间均相同，不考虑其他因素，甲公司对乙企业长期股权投资的初始投资成本为（   ）万元。

    A. 1 920　　　　　　B. 2 100　　　　　　C. 3 200　　　　　D. 3 500

▲5. 20×8 年 3 月 20 日，甲公司以银行存款 1 000 万元及一项土地使用权取得其母公司控制的乙公司 80% 的股权，并于当日起能够对乙公司实施控制。合并日，该土地使用权的账面价值为 3 200 万元，公允价值为 4 000 万元；乙公司净资产的账面价值为 6 000 万元，公允价值为 6 250 万元。假定甲公司与乙公司的

会计年度和采用的会计政策相同，不考虑其他因素，甲公司的下列会计处理中，正确的是（　　　）。

    A. 确认长期股权投资 5 000 万元，不确认资本公积

    B. 确认长期股权投资 5 000 万元，确认资本公积 800 万元

    C. 确认长期股权投资 4 800 万元，确认资本公积 600 万元

    D. 确认长期股权投资 4 800 万元，冲减资本公积 200 万元

▲6. 下列各项中，影响长期股权投资账面价值增减变动的是（　　　）。

    A. 采用权益法核算的长期股权投资，持有期间被投资单位宣告分派股票股利

    B. 采用权益法核算的长期股权投资，持有期间被投资单位宣告分派现金股利

    C. 采用成本法核算的长期股权投资，持有期间被投资单位宣告分派股票股利

    D. 采用成本法核算的长期股权投资，持有期间被投资单位宣告分派现金股利

★7. 股份有限公司采用权益法核算的情况下，根据现行会计制度的规定，下列各项中会引起长期股权投资账面价值发生增减变动的有（　　　）。

    A. 被投资企业接受现金捐赠　　　　　B. 被投资企业提取盈余公积

    C. 被投资企业宣告分派现金股利　　　D. 被投资企业宣告分派股票股利

    E. 被投资企业以盈余公积转增资本

★8. 对于采用成本法核算的长期股权投资，下列各项中符合现行会计制度规定的有（　　　）。

    A. 对于被投资企业宣告分派的股票股利，应按其享有的份额调增长期股权投资的账面价值

    B. 对于被投资企业所有者权益的增加额，应按其享有的份额调增长期股权投资的账面价值

    C. 对于被投资企业宣告分派的属于投资企业投资后实现的净利润，应按其享有的份额确认投资收益

    D. 对于被投资企业属于投资企业投资后实现的净利润，应按其享有的份额调增长期股权投资的账面价值

    E. 对于被投资企业宣告分派的属于投资企业投资前实现的净利润，应按其享有的份额调减长期股权投资的账面价值

▲9. 在 20×7 年 1 月 2 日，甲公司以货币资金取得乙公司 30％ 的股权，初始投资成本为 4 000 万元；当日，乙公司可辨认净资产公允价值为 14 000 万元，与其账面价值相同。甲公司取得投资后即派人参与乙公司的生产经营决策，但未能对乙公司形成控制。乙公司 20×7 年实现净利润 1 000 万元。假定不考虑所得税等其他因素，20×7 年甲公司下列各项与该项投资相关的会计处理中，正确的有（　　　）。

    A. 确认商誉 200 万元　　　　　　　　B. 确认营业外收入 200 万元

    C. 确认投资收益 300 万元　　　　　　D. 确认资本公积 200 万元

▲10. 长期股权投资采用权益法核算的，下列各项中，属于投资企业确认投资收益应考虑的因素有（　　　）。

A. 被投资单位实现净利润

B. 被投资单位资本公积增加

C. 被投资单位宣告分派现金股利

D. 投资企业与被投资单位之间的未实现内部交易损益

▲11. 甲公司为上市公司，20×8 年度、20×9 年度与长期股权投资业务有关的资料如下：

20×8 年度有关资料

（1）1 月 1 日，甲公司以银行存 4 000 万元和公允价值为 3 000 万元的专利技术（成本为 3 200 万元，累计摊销为 640 万元）从乙公司其他股东受让取得该公司 15％的有表决权股份，对乙公司不具有重大影响，作为长期股权投资核算。乙公司股份在活跃市场中无报价，且公允价值不能可靠计量。此前，甲公司与乙公司及其股东之间不存在关联方关系。

当日，乙公司可辨认净资产公允价值和账面价值均为 40 000 万元。

（2）2 月 25 日，乙公司宣告分派上年度现金股利 4 000 万元；3 月 1 日甲公司收到乙公司分派的现金股利，款项存入银行。

（3）乙公司 20×8 年度实现净利润 4 700 万元。

20×9 年度有关资料

（1）1 月 1 日，甲公司以银行存款 4 500 万元从乙公司其他股东受让取得该公司 10％的股份，并向乙公司派出一名董事。

当日，乙公司可辨认净资产公允价值为 40 860 万元；X 存货的账面价值和公允价值分别为 1 200 万元和 1 360 万元；其他资产、负债的公允价值与账面价值相同。

（2）3 月 28 日，乙公司宣告分派上年度现金股利 3 800 万元，4 月 1 日，甲公司收到乙公司分派的现金股利，款项存入银行。

（3）12 月 31 日，乙公司持有的可供出售金融资产公允价值增加 200 万元，乙公司已将其计入资本公积。

（4）至 12 月 31 日，乙公司在 1 月 1 日持有的 X 存货已有 50％对外出售。

（5）乙公司 20×9 年度实现净利润 5 000 万元。

其他相关资料：甲公司与乙公司采用的会计期间和会计政策相同；均按净利润的 10％提取法定盈余公积；甲公司对乙公司的长期股权投资在 20×8 年年末和 20×9 年年末均未出现减值迹象；不考虑所得税等其他因素。

要求：

（1）分别指出甲公司 20×8 年度和 20×9 年度对乙公司长期股权投资应采用

的核算方法；

　　（2）编制甲公司 20×8 年度与长期股权投资业务有关的会计分录；

　　（3）编制甲公司 20×9 年度与长期股权投资业务有关的会计分录（答案中的金额单位用万元表示）。

二、参考答案及解析

1. A

　　【解析】被投资企业实现净利润，投资方会计处理为

　　借：长期股权投资——损益调整

　　　　贷：投资收益

　　后面的三个选项投资方均不存在确认投资收益问题。

2. C

　　【解析】20×7 年 1 月 1 日取得长期股权投资时

　　借：长期股权投资——成本　　　　　　　　　　　　　　3 015

　　　　贷：银行存款（3 000＋15）　　　　　　　　　　　　　　3 015

　　取得的被投资单位可辨认净资产公允价值份额＝11 000×30%＝3 300（万元），付出的成本小于取得的份额，应计入营业外收入。

　　借：长期股权投资——成本　　　　　　　　　　　　　　285

　　　　贷：营业外收入（3 300－3 015）　　　　　　　　　　　285

　　20×7 年年末确认投资收益

　　借：长期股权投资——损益调整　　　　　　　　　　　　180

　　　　贷：投资收益（600×30%）　　　　　　　　　　　　　180

　　对 20×7 年利润总额的影响＝285＋180＝465（万元）。

3. D

　　【解析】会计分录应是

　　借：长期股权投资——乙公司（成本）　　　　　　　　　2 100

　　　　贷：银行存款　　　　　　　　　　　　　　　　　　　2 000

　　　　　　营业外收入　　　　　　　　　　　　　　　　　　100

　　被投资方当年实现的净利润为 500 万元，投资方应根据持股比例计算应享有的份额 500×30%＝150 万元，会计分录应是

　　借：长期股权投资——乙公司（损益调整）　　　　　　　150

　　　　贷：投资收益　　　　　　　　　　　　　　　　　　　150

4. A

　　【解析】甲公司对乙企业长期股权投资的初始投资成本＝3 200×60%＝1 920（万元）

同一控制下企业合并，合并方以发行权益性证券作为合并对价的，应当在合并日按照取得被合并方所有者权益账面价值的份额作为长期股权投资的初始投资成本。按照发行股份的面值总额作为股本，长期股权投资初始投资成本与所发行股份面值总额之间的差额，应当调整资本公积（资本溢价或股本溢价）；资本公积不足以冲减的，调整留存收益。所以此题会计分录为

借：长期股权投资（3 200×60%）　　　　　　　　　　　　　1 920
　　贷：股本　　　　　　　　　　　　　　　　　　　　　　　　1 000
　　　　资本公积——股本溢价　　　　　　　　　　　　　　　　920

5. C

【解析】同一控制下长期股权投资的入账价值＝6 000×80%＝4 800（万元）。应确认的资本公积＝4 800－（1 000＋3 200）＝600（万元）。相关分录如下

借：长期股权投资　　　　　　　　　　　　　　　　　　　　4 800
　　贷：银行存款　　　　　　　　　　　　　　　　　　　　　　1 000
　　　　无形资产　　　　　　　　　　　　　　　　　　　　　　3 200
　　　　资本公积——其他资本公积　　　　　　　　　　　　　　600

6. B

【解析】选项 B 的分录为

借：应收股利
　　贷：长期股权投资

7. AC

【解析】被投资企业接受现金捐赠将使投资账面价值增加；被投资企业宣告分派现金股利，将使投资账面价值减少；被投资企业提取盈余公积、被投资企业宣告分派股票股利和被投资企业以盈余公积转增资本不会引起长期股权投资账面价值发生增减变动。

8. CE

【解析】ABD 是权益法下的会计处理，CE 属于成本法下的处理。

9. BC

【解析】20×7 年 1 月 2 日

借：长期股权投资（14 000×30%）　　　　　　　　　　　　4 200
　　贷：银行存款　　　　　　　　　　　　　　　　　　　　　　4 000
　　　　营业外收入　　　　　　　　　　　　　　　　　　　　　200

20×7 年 12 月 31 日

借：长期股权投资——乙公司（损益调整）（1 000×30%）　　300
　　贷：投资收益　　　　　　　　　　　　　　　　　　　　　　300

由此可知，甲公司应该确认营业外收入 200 万元，确认投资收益 300 万元。

10. AD

【解析】选项 B，属于其他权益变动，投资单位直接确认"资本公积——其他资本公积"科目，不确认投资收益；选项 C，属于宣告分配现金股利，冲减投资成本，和确认投资收益无关；选项 D，投资企业与被投资单位之间的未实现内部交易损益，属于逆流顺流交易，需要对净利润进行调整。

11. 参考答案

(1) 甲公司在 20×8 年对乙公司的长期股权投资应该采用成本法核算，20×9年应该采用权益法核算。

(2) 20×8 年 1 月 1 日取得长期股权投资

借：长期股权投资		7 000
累计摊销		640
贷：无形资产		3 200
营业外收入		440
银行存款		4 000

20×8 年 2 月 5 日分配上年股利

借：应收股利		600
贷：投资收益		600

20×8 年 3 月 1 日收到现金股利

借：银行存款		600
贷：应收股利		600

(3) 20×9 年 1 月 1 日追加投资

借：长期股权投资——成本		4 500
贷：银行存款		4 500

转换为权益法核算

初始投资时，产生正商誉＝(3 000＋4 000－40 000×15％)＝1 000（万元）；追加投资时，产生正商誉＝4 500－40 860×10％＝414（万元），综合考虑后形成的仍旧是正商誉，不用进行调整。

对分配的现金股利进行调整

借：盈余公积		60
利润分配——未分配利润		540
贷：长期股权投资——成本		600

对应根据净利润确认的损益进行调整

借：长期股权投资——损益调整		705
贷：盈余公积		70.5
利润分配——未分配利润		634.5

　　在两个投资时点之间，乙公司可辨认净资产公允价值变动总额＝40 860－40 000＝860（万元），其中因为实现净利润分配现金股利引起的变动额＝4 700－4 000＝700（万元），因此，其他权益变动为160万元，因此还需调整分录

　　　　借：长期股权投资（160×15％）　　　　　　　　　　24
　　　　　　贷：资本公积　　　　　　　　　　　　　　　　　　　　24
　　20×9年3月28日宣告分配上年股利
　　　　借：应收股利　　　　　　　　　　　　　　　　　950
　　　　　　贷：长期股权投资　　　　　　　　　　　　　　　　950
　　20×9年4月1日收到现金股利
　　　　借：银行存款　　　　　　　　　　　　　　　　　950
　　　　　　贷：应收股利　　　　　　　　　　　　　　　　　950
　　20×9年12月31日
　　20×9年乙公司调整后的净利润金额＝5 000－（1 360－1 200）×50％＝4 920（万元）

　　　　借：长期股权投资——损益调整　　　　　　　　　1 230
　　　　　　　　　　　　　——其他权益变动　　　　　　　　50
　　　　　　贷：投资收益　　　　　　　　　　　　　　　　　1 230
　　　　　　　　资本公积——其他资本公积　　　　　　　　　50

案例实训

案例1

雅戈尔股权投资失败案例

　　雅戈尔集团创建于1979年。30年的时间里，雅戈尔从一个靠自带尺子、剪刀、小板凳拼凑起来的戏台地下室的原始手工作坊，发展成为了亚洲最大、最先进的衬衫，西服生产基地和上市企业。但是比起雅戈尔的服装主业，更令业界推崇的是它的股权投资。雅戈尔2007年半年报中有如下的数据显示。

雅戈尔股权投资数据表（一）

代　码	简　称	持股数量/股	持股比例/％	初始投资成本/元	会计核算科目
600030	中信证券	93 092 385	3.12	159 699 931.74	可供出售金融资产
600030	中信证券	59 590 627	2.00	102 220 254.19	长期股权投资
002142	宁波银行	179 000 000	8.73	181 550 000	长期股权投资
002036	宜科科技	17 305 650	12.84	18 901 304.21	长期股权投资
601328	交通银行	705 387	0.001	849 376.60	长期股权投资

雅戈尔股权投资数据表（二）

持有对象名称	持股数量/股	持股比例/%	初始投资成本/元	期末账面价值/元
中基宁波对外贸易股份公司	24 000 000	20	30 072 249.74	51 356 467.63
天一证券有限公司	150 000 000	14.97	150 000 000	150 000 000

从上述两表可以看出，2007年上半年雅戈尔集团持有1.5亿股中信证券股份、1.79亿股宁波银行股份、0.17亿股宜科科技股份、0.007亿股交通银行股份、0.24亿股中基宁波对外贸易股份及1.5亿股天一证券股份（其中中基宁波对外贸易股份有限公司和天一证券股份有限公司为尚未上市公司）。其中仅中信证券股份和宁波银行股份两项金融资产的市值就接近200亿元，较初始投资成本4.4亿元增值45倍，约占当前雅戈尔总市值的三分之一。与此同时，雅戈尔集团旗下还成立了创业投资和股权投资两家公司，分别从事拟上市公司和已上市公司的投资。

不可否认，股权投资曾是雅戈尔集团强劲的利润支撑。但是随着股市的一泻千里，曾经在股市上叱咤风云的雅戈尔也不可避免地面临一场危险的资本游戏。

在雅戈尔2008年的中期财务报表中，其投资收益比例已经跌至其总利润的54%，远低于2007年的70%。而这54%的投资收益中大部分来源于雅戈尔对中信证券部分股权的出售。随着股市的持续下跌，雅戈尔的股权投资开始严重缩水。2009年2月13日，雅戈尔已经浮亏8亿元。但是据业内人士分析，与高峰期相比，雅戈尔股权投资市值已经跌去上百亿元。

面对股市的低迷和公司股权投资的巨额亏损，雅戈尔集团也开始计划未来逐步缩小股权投资规模。随着雅戈尔集团控股60%的上海凯石投资管理公司全面"接管"雅戈尔近百亿元的金融资产管理业务，逐渐减持部分股权投资将会成为该公司未来一段时期的主要任务之一。

思考：雅戈尔的利润主要来源于股权投资，这一利润支撑具有可持续性吗？

（资料来源：中证网 www.sc.com.cn. 2012-09-20.）

案例2

长期股权投资会计处理对业绩的影响

2009年4月，亿利能源延迟披露了2008年年报，报告期内，公司实现营业收入约21.77亿元，同比增长27.41%；亏损8374.23万元；每股收益-0.34元。亿利能源表示，公司原定2009年3月20日披露年报，但因会计处理的原因，对公司当期经营业绩造成较大影响，才导致年报延迟披露，并对因此给投资者带来的不便表示歉意。

亿利能源在年报中表示，在年报编制中，公司根据《企业会计准则第 2 号——长期股权投资》第 9 条规定，确定 2008 年度公司实施非公开发行股份购买资产，产生营业外收入，由此，公司 2008 年度实现的归属母公司所有者的净利润约为 9.99 亿元，较上年同期增长 6 148.34％；如扣除上述非经常性损益项目约 10.8 亿元的影响，则 2008 年度公司实现归属于上市公司股东的扣除非经常性损益后的净利润为 3 242.48 万元，较上年同期增长 28.07％。

但由于上述会计处理对亿利能源当期经营业绩影响较大，在公司股票停牌期间，公司就该会计处理事项与管理当局进行了充分的沟通，根据有关部门的解释："由于交易是基于双方的特殊身份才得以发生，且使得上市公司明显的、单方面的从中获益，因此，监管中应认定为其经济实质具有资本投入性质，形成的利得应计入所有者权益"，由此确认公司向亿利资源集团定向发行股票的初始投资成本小于投资时应享有被投资单位可辨认净资产公允价值份额的差额部分不再计入营业外收入，而直接计入资本公积。依据这一会计处理原则，亿利能源 2008 年度公司实现的归属于上市公司股东净利润为 −8374.23 万元。

思考：亿利能源会计处理的依据是什么？监管部门的会计处理又是依据的什么会计原则？不同的会计处理对公司业绩产生了什么影响？说说你对此的看法。

（资料来源：建业. 2009. 会计处理影响业绩　亿利能源细述缘由. 证券时报网. 2009-04-07.）

阅读材料

企业会计准则第 2 号——长期股权投资

企业会计准则第 7 号——非货币性资产交换

企业会计准则第 12 号——债务重组

企业会计准则第 20 号——企业合并

企业会计准则第 22 号——金融工具的确认和计量

中华人民共和国财政部. 2006. 企业会计准则——应用指南. 北京：中国财政经济出版社.

中华人民共和国财政部会计司编写组. 2007. 企业会计准则讲解. 北京：人民出版社.

第六章　固定资产

通过本章学习，应明确固定资产的基本概念、特征与分类；掌握固定资产的计价方法及固定资产折旧的各种计算方法；同时还应熟练掌握企业通过不同来源取得固定资产的业务及关于固定资产后续支出业务、固定资产处置业务的账务处理方法。

第一节　固定资产概述

一、固定资产

固定资产指同时具有以下特征的有形资产：①为生产商品、提供劳务、出租或经营管理而持有的；②使用寿命超过一个会计期间。

二、固定资产的特点

固定资产的特点是：①有形资产；②供企业长期使用；③不以投资和销售为目的；④具有可衡量的未来经济利益。

三、固定资产的分类

采用综合的标准进行分类，固定资产可以分为：经营用、非生产经营用、经营性出租、未使用、不需用、融资租入等。

四、固定资产的计价标准

固定资产有三种计价标准：原始价值、重置完全价值和净值。

（一）原始价值

原始价值是指取得某项固定资产时和直至使该项固定资产达到预定可使用状态前所实际支付的各项必要的、合理的支出，一般包括买价、进口关税、运输费、场地整理费、装卸费、安装费、专业人员服务费和其他税费等。

（二）重置完全价值

重置完全价值是指在现时的生产技术和市场条件下，重新购置同样的固定资产所需支付的全部代价。

（三）净值

净值是指固定资产原始价值减去折旧后的余额，也称折余价值。

第二节　固定资产的确认与初始计量

一、固定资产的确认条件

固定资产的确认条件（要求同时满足）：①该固定资产包含的经济利益很可能流入企业；②该固定资产的成本能够可靠计量。

二、固定资产的初始计量

（一）外购的固定资产

外购的固定资产成本包括：实际支付的买价、进口关税和其他税费以及使固定资产达到预定可使用状态前所发生的可归属于该项资产的费用，如场地整理费、运输费、装卸费、安装费和专业人员服务费等。2009 年 1 月 1 日起，增值税由生产型向消费型转变，允许企业将外购固定资产所含增值税进项税额一次性全部扣除，所以增值税进项税额不能计入固定资产价值。

企业外购的固定资产，在投入使用前，有的需要安装，有的则不需要安装。

（1）购入不需要安装的固定资产，只需按确认的入账价值直接增加固定资产即可。个别情况下，企业的固定资产可能会与其他几项可以独立使用的资产采用一揽子购买方式进行购买。这种情况下，企业支付的是捆绑在一起的各项资产的总成本，单项固定资产并没有标价。但是在会计核算时，由于各项固定资产的作用、价值额以及后续问题会计处理方法的不同，就需要对每一项资产的价值分别加以衡量。采用的方法是，将购买的总成本按每项资产的公允价值占各项资产公允价值总和的比例进行分配，以确定各项资产的入账价值。

（2）购入需要安装的固定资产，应先通过"在建工程"科目核算购置固定资产所支付的价款、运输费和安装成本等，待固定资产安装完毕并达到预定可使用状态后，再将"在建工程"科目归集的固定资产成本一次转入"固定资产"科目。

（二）企业自行建造的固定资产

企业自行建造的固定资产，应按照建造该项固定资产达到预定可使用状态前所发生的全部支出，作为入账价值。

自行建造的固定资产，从发生第一笔购置支出到固定资产完工交付使用，通常需要经历一段较长的建造期间。为了便于归集和计算固定资产的实际建造成本，企业应设置"在建工程"科目。本科目核算企业基建、更新改造等在建工程发生的支出。本科目应当按照"建筑工程"、"安装工程"、"在安装设备"、"待摊支出"以及单项工程进行明细核算。

在建工程发生减值的，可以单独设置"在建工程减值准备"科目进行核算。

（三）投资者投资转入的固定资产

投资者投资转入的固定资产，应按照投资合同或协议约定的价值，作为入账价值，借记"固定资产"科目，贷记"实收资本"科目。但合同或协议约定价值不公允的除外。

（四）租入的固定资产

租入的固定资产，包括经营性租入的固定资产和融资性租入的固定资产两类。

（1）经营性租赁方式租入的固定资产，由于没有所有权，因此不能作为固定资产的增加记入正式会计账簿，但为了便于对实物的管理，应在备查簿中进行登记。对支付的租赁费，应根据租入固定资产的用途，分别计入制造费用、管理费用、销售费用、在建工程等。经出租人同意，对租入固定资产进行改良所发生的支出，应作为长期待摊费用并分期摊销。

（2）融资租入的固定资产，在融资租赁期内，应作为企业自有固定资产进行管理与核算。融资租入固定资产的入账价值按租赁开始日租赁资产的公允价值与最低租赁付款额的现值两者中较低者来确定。固定资产的入账价值与最低租赁付款额之间的差额，按我国会计准则的规定作为未确认融资费用入账，并在租赁期内按合理的方法分期摊销，计入各期财务费用。这些方法包括实际利率法、直线法、年数总和法等。我国会计准则规定，承租人在分摊未确认融资费用时，应当采用实际利率法。

（五）债务重组取得的固定资产

债务重组取得固定资产，其入账价值应当按照受让固定资产的公允价值确定。重组债权的账面余额与受让的固定资产公允价值之间的差额作为债务重组损失，计入营业外支出。如果债权人已对债权计提减值准备的，应当先将该差额冲减减值准备，减值准备不足以冲减的部分，计入营业外支出；如果减值准备冲减该差额后仍有余额，应转回并抵减当期资产减值损失，不再确认债务重组损失。

（六）非货币性资产交换取得的固定资产

企业通过非货币性资产交换方式取得的固定资产，如果换入固定资产和换出固定资产的公允价值能够可靠计量，应当以换出固定资产的公允价值作为换入固定资产成本的基础，除非有确凿的证据表明换入固定资产的公允价值更为可靠。具体应分别两种情况进行处理。

（1）以非货币性资产进行交换的业务具有商业实质（非货币性资产交换具有商业实质应满足两个条件，即换入资产的未来现金流量在风险、时间和金额方面与换出资产显著不同；换入资产与换出资产预计未来现金流量的现值不同，且其差额与换入资产和换出资产的公允价值相比是重大的），且换入资产或换出资产公允价值能够可靠计量时，应当以换出资产的公允价值和应支付的相关税费之和作为换入固定资产的成本（入账价值），换出资产公允价值与账面价值的差额计入当期损益，借记"营业外支出"科目或贷记"营业外收入"科目。

涉及补价的，要分别按两种情况进行处理。一是换入资产方支付补价的，换入资产成本应按照换出资产的公允价值加上支付的补价（即换入资产的公允价值）和应支付的相关税费确定，换入资产成本与换出资产账面价值加支付补价、应支付相关税费之和的差额，计入当期损益；二是换入资产方收到补价的，换入资产成本应按照换入资产的公允价值（或换出资产的公允价值减去补价）和应支付的相关税费确定，换入资产成本加收到补价之和与换出资产账面价值加应支付相关税费之和的差额，计入当期损益。

（2）以非货币性资产进行交换的业务不具有商业实质，且换入资产或换出资产公允价值不能够可靠计量时，应当以换出资产的账面价值和应支付的相关税费之和作为换入固定资产的成本，不确认损益。

涉及补价的，也要分两种情况进行处理。如为换入资产方支付补价的，换入资产成本应当以换出资产账面价值加支付补价、应支付相关税费来确定，不确认损益；如为换入资产方收到补价的，换入资产成本应当以换出资产账面价值，减去收到的补价，并加上应支付的相关税费来确定，也不确认损益。

如果同时换入多项固定资产，则每项固定资产的成本应该按照各自的公允价值占各项固定资产公允价值总额的百分比或者按照各自的原账面价值占各项固定资产原账面价值总额的百分比分配计算。

（七）接受捐赠的固定资产

接受捐赠的固定资产，入账价值的确定一般分为两种情况。

（1）捐赠方提供了有关凭据的，按凭据上标明的金额加上应支付的相关税费，作为入账价值。

（2）捐赠方没有提供有关凭据的，按如下顺序确定其入账价值：①同类或类似固定资产存在活跃市场的，按同类或类似固定资产的市场价格估计的金额，加上应支付的相关税费，作为入账价值；②同类或类似固定资产不存在活跃市场的，按该接受捐赠固定资产预计未来现金流量的现值，加上应支付的相关税费，作为入账价值。

企业接受捐赠的固定资产在按照上述会计规定确定入账价值以后，应按照税法规定的入账价值与适用的所得税税率计算所得税，作为递延所得税负债，固定资产入账价值与递延所得税负债之间的差额计入当期损益，通过"营业外收入"科目进行核算。

（八）盘盈的固定资产

对于盘盈的固定资产，在未报经批准处理前，如果同类或类似固定资产存在活跃市场的，应按同类或类似固定资产的市场价格，减去按该项固定资产新旧程度估计的价值损耗后的余额，作为入账价值；如果同类或类似固定资产不存在活跃市场的，应按盘盈固定资产的预计未来现金流量的现值计价入账。盘盈的固定资产报经批准处理后，应作为企业以前年度的差额，记入"以前年度损益调整"科目。

第三节 固定资产的后续计量

一、固定资产折旧

（一）固定资产折旧的定义

固定资产折旧是指在固定资产使用寿命内，按照确定的方法对应计折旧额进行系统分摊。影响固定资产折旧计算的因素主要有三个：原始价值、预计净残值和预计使用年限。

（二）固定资产折旧范围

现行会计准则规定，除以下情况外，企业应对所有固定资产计提折旧：①已提足折旧仍继续使用的固定资产；②按规定单独估价作为固定资产入账的土地。

（三）固定资产折旧方法

企业应当根据与固定资产有关的经济利益的预期实现方式，合理选择固定资产折旧方法。可选用的折旧方法包括：年限平均法、工作量法、双倍余额递减法和年数总和法等。固定资产的折旧方法一经确定，不得随意变更。

1. 年限平均法

年限平均法也称直线法，它是以固定资产预计使用年限为分摊标准，将固定资产的应提折旧总额均衡分摊到各使用年的一种折旧方法。采用这种折旧方法，各年折旧额相等，不受固定资产使用频率或生产量多少的影响，因而也称固定费用法。

这种方法的优点是计算过程简便易行，容易理解，是会计实务中应用最广泛的一种方法。其缺点是：第一，只注重固定资产使用时间，而忽视使用状况，使固定资产无论物质磨损程度如何，都计提同样的折旧费用，这显然不合理；第二，固定资产各年的使用成本负担不均衡。一般来说，随着资产的使用变旧，所需要的修理、保养等费用将会逐年增加，而年限平均法确定的各年折旧费用是相同的，这就产生了固定资产使用早期负担费用偏低，而后期负担偏高的现象，从而违背了收入与费用相配比的原则。

2. 工作量法

工作量法是以固定资产预计可完成的工作总量为分摊标准，根据各年实际完成的工作量计算折旧的一种方法。采用这种折旧方法，各种折旧额的大小随工作量的变动而变动，因而也称变动费用法。

采用工作量法，不同的固定资产应按不同的工作量标准计算折旧，如机器设备应按工作小时计算折旧，运输工具应按行驶里程计算折旧，建筑施工机械应按工作台班时数计算折旧等。计算过程用公式表示为

单位工作量折旧额＝原始价值×（1－预计净残值率）/预计工作量总额

年折旧额＝某年实际完成的工作量×单位工作量折旧额

工作量法的优点和年限平均法一样，比较简单实用，而且工作量法以固定资产的工作量为分配固定资产成本的标准，使各年计提的折旧额与固定资产的使用程度成正比，体现了收入与费用相配比的会计原则。工作量法的缺点是，它将有形损耗看做是引起固定资产折旧的唯一因素，固定资产不使用则不计提折旧。事实上，由于无形损耗的客观存在，固定资产即使不使用也会发生折旧。工作量法在计算固定资产前后期折旧时采用了一致的单位工作量的折旧额，而实际上这一折旧额应该不一样，因为固定资产在使用的过程中单位工作量所带来的经济效益

不一样，因而折旧也应该不一样。

工作量法适用于使用情况很不均衡，使用的季节性较为明显的大型机器设备、大型施工机械以及运输单位或其他企业专业车队的客车、货运汽车等固定资产折旧的计算。

3. 双倍余额递减法

双倍余额递减法，是以双倍的直线折旧率作为加速折旧率，乘以各年年初固定资产账面净值计算各年折旧额的一种方法。

采用这种计算方法计算折旧，开始时不考虑固定资产的净残值，但在固定资产预计使用年限到期前两年，要进行计算方法的转换，即将双倍余额递减法转换为直线法将未提足的折旧平均提取，此时要考虑固定资产的净残值。其计算过程用公式表示为

$$年折旧额 = \frac{1}{预计使用年限 \times 2} \times 100\%$$

$$某年的折旧额 = 该年年初固定资产账面净值 \times 年折旧率$$

由于双倍余额递减法不考虑固定资产的预计净残值，因此，在应用这种方法时必须注意不能使固定资产的账面折余价值降低到它的预计净残值以下。当某年出现双倍余额递减法计算的折旧额小于直线法的折旧时，应改按直线法计提折旧。会计实务中，为简化折旧计算，在固定资产预计使用年限到期前两年，就要进行方法的转换，将未提足的折旧平均提取，而不需要在某年年末进行比较计算以判断是否满足转换的条件。

4. 年数总和法

年数总和法也叫年限积数法，是以计算折旧当年年初固定资产尚可使用年数作分子，以各年年初固定资产尚可使用年数的总和作分母，分别确定各年折旧率，然后用各年折旧率乘以应提折旧总额计算每年折旧的一种方法。计算过程用公式表示为

$$各年折旧率（R）= \frac{(n-t)+1}{n(n+1) \div 2}$$

$$某年的折旧额 = (C-S) \times R$$

式中，S 表示预计净残值；C 表示原始价值；n 表示预计使用年限；t 表示该年为开始使用的第几年。

企业一般都是按月计提折旧。为了简化核算，月份内开始使用的固定资产，当月不计提折旧，从下月起计提；月份内减少或停用的固定资产，当月仍计提折旧，从下月起停止计提折旧。

实务中，企业各月计提折旧时，可在上月计提折旧的基础上，对上月固定资产的增减情况进行调整后计算当月应计提的折旧额。

固定资产的折旧费用应根据固定资产的受益对象分配计入有关的成本或费用中。

二、固定资产的后续支出

固定资产后续支出是指固定资产在投入使用以后期间发生的与固定资产使用效能直接相关的各种支出，如固定资产的增置、改良与改善、换新、修理、重新安装等业务发生的支出。

固定资产的后续支出形成资本化的部分，应计入固定资产的价值，按照会计准则的规定，这一类支出必须符合固定资产确认条件；固定资产的后续支出如果不符合固定资产确认条件，要进行费用化处理，在后续支出发生时计入当期损益。

（一）固定资产增置

固定资产增置是指固定资产总体数量的增加，包括添置新的资产项目和对原有资产项目进行改建、扩建、延伸、添加、补充等。增置需要追加固定资产投资，因此，在会计概念上就将这项追加的投资看做是固定资产使用中增加的一项资本性支出。扩建后固定资产的价值按照原有固定资产账面价值的基础，加上由于扩建而发生的支出，减去扩建过程中变价收入的方法加以确定。

（二）固定资产改良与改善

固定资产改良与改善是现有固定资产质量的改进，目的是提高固定资产的适用性或使用效能。改良对资产质量有较大改进或显著提高，所需支出也比较大，因而应作为资本性支出，增加有关固定资产的价值。改善对资产质量有一定的改进，但改进不明显，质量提高程度有限，所需支出也比较小，因而应将改善支出作为收益性支出，直接计入支出当期损益。

（三）固定资产换新

固定资产换新是指以新的资产单元或部件替换废弃的资产单元或部件。换新从性质上来说是对资产质量的回复，而不是对资产质量的提高，包括资产单元换新和部分换新。对资产单元进行换新，应将替换下来的旧资产单元成本从有关资产中减除，代之以新资产单元的成本。对旧资产单元成本应按照其占整体固定资产原始价值的比重计算折旧，二者的差额计入营业外支出。部分换新，是指对固定资产零配件、部件的替换。由于换新通常是伴随着固定资产修理而进行的，实务中不可能（也不需要）对哪些支出属于换新，哪些支出属于修理加以区分，因而在会计处理上可与固定资产修理一并进行。

（四）固定资产修理

固定资产修理是为了恢复固定资产使用效能，保证固定资产经常处于完好状态。固定资产修理按其修理范围大小、费用支出多少、修理间隔时间长短等，分为日常修理和大修理两种。固定资产日常修理包括中、小修理，是保持和恢复固定资产正常工作状态所进行的经常性修理，它的特点是修理范围小、费用支出少、修理间隔时间短。固定资产大修理是保持和恢复固定资产正常工作状态所进行的定期修理和局部更新。它的特点是修理范围大、费用支出多、修理次数少、修理间隔时间长。固定资产进行日常修理和大修理，从作用上来讲，只是对固定资产使用性能的恢复和维持，因此对固定资产修理期间所发生的修理费用也不再加以区分和采取不同方法进行处理，而是在发生的当期按照固定资产的用途和部门的不同分别计入有关成本和费用中，不再进行资本化处理。

（五）固定资产重新安装

固定资产重新安装是为了创造新的生产环境和提高流水作业的合理性，以改善生产组织、提高生产效率、充分发挥资产潜力、降低产品成本，对机器设备等固定资产进行更合理的布局。由于重新安装的固定资产原始价值中已经包含了一笔初始安装成本，为了避免重复计价，在核算时应先将初始安装成本的账面净值从有关资产价值中减除，并作为该项资产的废弃损失，计入营业外支出，然后代之以重新安装成本。重新安装成本一般包括拆除地基、搬运机器以及新建基地等支出。如果固定资产的有关记录不能提供初始安装成本的数额，可按一定的方法加以合理估计，以防止重复计算其安装成本。

第四节　固定资产处置

固定资产处置是指由于各种原因使企业固定资产需退出生产经营过程所做的处理活动。在企业固定资产的使用过程中，有时会出现固定资产退出正常工作状态的情况，如固定资产的出售、报废、毁损等。固定资产在处置过程中会发生收益或损失，称为处置损益。它以处置固定资产所取得的各项收入与固定资产账面净值、发生的清理费用及应缴纳的营业税之间的差额来确定。其中，处置固定资产的收入包括出售价款、残料变价收入、保险及过失人赔款等项收入；清理费用包括处置固定资产时发生的拆卸、搬运、整理等项费用；营业税，是指出售不动产而按出售收入的5%计算缴纳的营业税。

企业应设置"固定资产清理"科目核算固定资产的处置损益。需要处置的固定资产账面净值、发生的清理费用及应交的营业税等，计入该科目借方；取得的固定资产出售价款、残料变价收入、保险及过失人赔款等项收入，记入该科目的贷方；借方与贷方的差额即为固定资产处置净损益，转入营业外收入或营业外支出。

重点与难点

重点：固定资产的性质及特征，固定资产的确认条件，固定资产的分类，固定资产的初始计量（通过外购、自行建造、投资者投入、租入、债务重组、非货币性资产交换、接受捐赠、盘盈等方式取得固定资产的计价和账务处理），折旧的性质，影响固定资产折旧计算的因素及折旧范围，固定资产折旧的计算方法（年限平均法、工作量法、双倍余额递减法、年数总和法），固定资产折旧的会计处理，固定资产后续支出的会计处理，固定资产处置的会计处理。

难点：固定资产取得时的计价及账务处理，固定资产折旧的计算方法，固定资产处置的会计处理。

关键问题

1. 固定资产的定义及其特征？
2. 如何理解固定资产的确认条件？
3. 固定资产是如何进行分类的？
4. 我国对固定资产折旧的范围是如何规定的？
5. 固定资产折旧的计算方法有哪些？试对各种方法进行评价。
6. 加速折旧的含义及其特点？
7. 不同性质的固定资产后续支出，应当如何进行会计处理？
8. 固定资产盘盈和盘亏应当如何进行会计处理？

真题实训及解析

一、**真题实训**（第1~10题为单项选择题，第11~15题为多项选择题，第16~20题为判断题）

★1. 1997年12月15日，甲公司购入一台不需安装即可投入使用的设备，其原价为1 230万元。该设备预计使用年限为10年，预计净残值为30万元，采用年限平均法计提折旧。20×1年12月31日，经过检查，该设备的可收回金额为560万元，预计使用年限为5年，预计净残值为20万元，折旧方法不变。20×2年度该设备应计提的折旧额为（　　）万元。

　　A. 90　　　　　B. 108　　　　　C. 120　　　　　D. 144

★2. 某企业于20×4年3月31日对某生产线进行改造。该生产线的账面原价为

3 600 万元，20×3 年 12 月 31 日该生产线减值准备余额为 200 万元，20×4 年 3 月 31 日累计折旧为 1 000 万元。在改造过程中，领用工程物资 310 万元，发生人工费用 100 万元，耗用水电等其他费用 120 万元。在试运行中取得试运行净收入 30 万元。该生产线于 20×5 年 1 月改造完工并投入使用。改造后的生产线可使其生产的产品质量得到实质性提高，其预计可收回金额为 4 130 万元。改造后的生产线的入账价值为（ ）。

A. 2 900 万元 B. 2 930 万元 C. 3 100 万元 D. 4 130 万元

★3. 20×5 年 3 月 31 日，甲公司采用出包方式对某固定资产进行改良，该固定资产账面原价为 3 600 万元，预计使用年限为 5 年，已使用 3 年，预计净残值为零，采用年限平均法计提折旧。甲公司支付出包工程款 96 万元。20×5 年 8 月 31 日，改良工程达到预定可使用状态并投入使用，预计尚可使用 4 年，预计净残值为零，采用年限平均法计提折旧。20×5 年度，该固定资产应计提的折旧为（ ）。

A. 128 万元 B. 180 万元 C. 308 万元 D. 384 万元

▲4. 甲企业以融资租赁方式租入 N 设备，该设备的公允价值为 100 万元，最低租赁付款额的现值为 93 万元，甲企业在租赁谈判和签订租赁合同过程中发生手续费、律师费等合计为 2 万元。甲企业该项融资租入固定资产的入账价值为（ ）万元。

A. 93 B. 95 C. 100 D. 102

▲5. 某核电站以 10 000 万元购建一项核设施，现已达到预定可使用状态，预计在使用寿命届满时，为恢复环境将发生弃置费用 1 000 万元，该弃置费用按实际利率折现后的金额为 620 万元。该核设施的入账价值为（ ）万元。

A. 9 000 B. 10 000 C. 10 620 D. 11 000

▲6. 甲公司以一台生产设备和一项专利权与乙公司的一台机床进行非货币性资产。甲公司换出生产设备的账面原价为 1 000 万元，累计折旧为 250 万元，公允价值为 780 万元；换出专利权的账面原价为 120 万元，累计摊销为 24 万元，公允价值为 100 万元。乙公司换出机床的账面原价为 1 500 万元，累计折旧为 750 万元，固定资产减值准备为 32 万元，公允价值为 700 万元。甲公司另向乙公司收取银行存款 180 万元作为补价。假定该非货币性资产交换不具有商业实质，不考虑其他因素，甲公司换入乙公司机床的入账价值为（ ）万元。

A. 538 B. 666 C. 700 D. 718

▲7. 下列关于自行建造固定资产会计处理的表述中，正确的是（ ）。

A. 为建造固定资产支付的职工薪酬计入当期损益

B. 固定资产的建造成本不包括工程完工前盘亏的工程物资净损失

C. 工程完工前因正常原因造成的单项工程报废净损失计入营业外支出

D. 已达到预定可使用状态但未办理竣工决算的固定资产按暂估价值入账

▲8. 20×1年4月1日，甲事业单位采用融资租赁方式租入一台管理用设备并投入使用。租赁合同规定，该设备租赁期为5年，每年4月1日支付年租金100万元，租赁期满后甲事业单位可按1万元的优惠价格购买该设备。当日，甲事业单位支付了首期租金。甲事业单位融资租入该设备的入账价值为（   ）万元。

    A. 100   B. 101   C. 500   D. 501

▲9. 20×0年12月31日，甲公司建造了一座核电站达到预定可使用状态并投入使用，累计发生的资本化支出为210 000万元。当日，甲公司预计该核电站在使用寿命届满时为恢复环境发生弃置费用10 000万元，其现值为8 200万元。该核电站的入账价值为（   ）万元。

    A. 200 000   B. 210 000   C. 218 200   D. 220 000

▲10. 20×1年3月2日，甲公司以账面价值为350万元的厂房和150万元的专利权，换入乙公司账面价值为300万元的在建房屋和100万元的长期股权投资，不涉及补价，上述资产的公允价值均无法获得。不考虑其他因素，甲公司换入在建房屋的入账价值为（   ）万元。

    A. 280   B. 300   C. 350   D. 375

★11. 下列各项支出中，应确认为固定资产改良支出的有（   ）。

    A. 使固定资产功能增加发生的支出

    B. 使固定资产生产能力提高发生的支出

    C. 使固定资产维持原有性能发生的支出

    D. 使固定资产所发生的产品成本实质性降低所发生的支出

★12. 下列有关固定资产折旧的会计处理中，不符合现行会计制度规定的有（   ）。

    A. 因固定资产改良而停用的生产设备应继续计提折旧

    B. 因固定资产改良而停用的生产设备应停止计提折旧

    C. 自行建造的固定资产应自办理竣工决算时开始计提折旧

    D. 自行建造的固定资产应自达到预定可使用状态时开始计提折旧

    E. 融资租赁取得的需要安装的固定资产应自租赁开始日计提折旧

★13. 下列有关固定资产会计处理的表述中，正确的有（   ）。

    A. 固定资产盘亏产生的损失计入当期损益

    B. 固定资产日常维护发生的支出计入当期损益

    C. 债务重组中取得的固定资产按其公允价值及相关税费之和入账

    D. 计提减值准备后的固定资产以扣除减值准备后的账面价值为基础计提折旧

    E. 持有待售的固定资产账面价值高于重新预计的净残值的金额计入当期损益

▲14. 下列各项中，属于固定资产减值测试时预计其未来现金流量不应考虑的因素有（   ）。

    A. 与所得税收付有关的现金流量

B. 筹资活动产生的现金流入或者流出

C. 与预计固定资产改良有关的未来现金流量

D. 与尚未作出承诺的重组事项有关的预计未来现金流量

▲15. 下列各项中，属于融资租赁标准的有（　　　）。

A. 租赁期占租赁资产使用寿命的大部分

B. 在租赁期届满时，租赁资产的所有权转移给承租人

C. 租赁资产性质特殊，如不作较大改造，只有承租人才能使用

D. 承租人有购买租赁资产的选择权，购价预计远低于行使选择权时租赁资产的公允价值

▲16. 企业固定资产的预计报销清理费用，可作为弃置费用，按其现值计入固定资产成本，并确认为预计负债。（　　　）

▲17. 企业购入不需要安装的生产设备，购买价款超过正常信用条件延期支付，实质上具有融资性的，应当以购买价款的现值为基础确定其成本。（　　　）

▲18. 一项租赁合同是否认定为融资租赁合同，应视出租人是否将与租赁资产所有权有关的全部风险和报酬实质上转移给承租人而定。（　　　）

▲19. 企业购入的环保设备，不能通过使用直接给企业来经济利益的，不应作为固定资产进行管理和核算。（　　　）

▲20. 固定资产处于处置状态或者预期通过使用或处置不能产生经济利益的，应终止确认。（　　　）

二、参考答案及解析

1. B

【解析】本题的考核点是折旧的计算。应计提折旧额，指应当计提折旧的固定资产原价扣除预计净残值后的余额，如果已对固定资产计提减值准备，还应当扣除已计提的固定资产减值准备累计金额。

1998～2001 年每年应计提折旧额＝（原价－净残值）/使用年限＝（1 230－30）/10＝120（万元）

20×1 年 12 月 31 日固定资产计提减值准备前的账面价值＝1 230－120×4＝750（万元）。

20×1 年 12 月 31 日应计提固定资产减值准备 190 万元，计提减值准备后固定资产的账面价值为 560 万元。

20×2 年应计提的折旧额＝（560－20）/5＝108（万元）。

2. A

【解析】改造完成时的实际成本＝（3 600－200－1 000）＋（310＋100＋120－30）＝2 400＋500＝2 900(万元)；可收回金额为 4 130(万元)，改造后的生产线的

入账价值为 2 900 万元。

3. C

【解析】20×5 年 8 月 31 日改良后固定资产的账面价值＝3 600－3 600/5×3＋96＝1 536（万元）。20×5 年应该计提折旧＝1 536/4×4/12＝128（万元）。对于 20×5 年 1～3 月应计提的折旧＝3 600/5/12×3＝180（万元）。所以 20×5 年应计提折旧＝180＋128＝308(万元)。

4. B

【解析】融资租入固定资产的入账价值＝93＋2＝95(万元)。

5. C

【解析】该核设施的入账价值＝10 000＋620＝10 620(万元)。

借：固定资产　　　　　　　　　　　　　　　　　　10 620

　　贷：银行存款　　　　　　　　　　　　　　　　　10 000

　　　　预计负债　　　　　　　　　　　　　　　　　　620

6. B

【解析】此题中，不具有商业实质情况下的非货币性资产交换，其换入资产的入账价值＝换出资产的账面价值＋支付的相关税费－收到的补价＝（1 000－250）＋（120－24）－180＝666(万元)。

7. D

【解析】选项 A，为建造固定资产支付的职工薪酬符合资本化条件的，应该计入建造固定资产的成本。选项 BC，应该记到建造成本中。

8. D

【解析】借：固定资产　　　　　　　　　　　　　　　　501

　　　　　贷：其他应付款　　　　　　　　　　　　　　501

9. C

【解析】借：固定资产　　　　　　　　　　　　　　218 200

　　　　　贷：在建工程　　　　　　　　　　　　　210 000

　　　　　　　预计负债　　　　　　　　　　　　　　8 200

10. D

【解析】因为换入资产和换出资产的公允价值不能够可靠计量，所以换入资产的入账价值为换出资产的账面价值。所以甲公司换入资产的入账价值＝350＋150＝500(万元)，甲公司换入在建房屋的入账价值＝500×300/(100＋300)＝375(万元)。

11. ABD

【解析】本题的考核点是固定资产改良。与固定资产有关的后续支出，如果使流入企业的经济利益超过了原来的估计，应作为固定资产改良支出，包括延长了固定资产使用寿命，使产品的质量有了实质性提高，使产品成本有了实质性降低等，答案 ABD 正确，答案 C 使固定资产维持原有性能发生的支出，应作为维修费支出，计入当期损益。

12. ACE

【解析】因固定资产改良而停用的生产设备应停止计提折旧、自行建造的固定资产应自达到预定可使用状态时开始计提折旧是正确的，其余均错误。

13. ABCDE

14. ABCD

【解析】企业预计资产未来现金流量，应当与资产的当前状况为基础，不应当包括与将来可能会发生的、尚未作出承诺的重组事项或与资产改良有关的预计未来现金流量。不应当包括筹资活动和所得税收付产生的现金流量等。所以本题应选 ABCD。

15. ABCD

【解析】融资租赁的判断标准共有 5 条。

（1）在租赁期届满时，资产的所有权转移给承租人；

（2）承租人有购买租赁资产的选择权，所订立的购价远低于行使选择权时租赁资产的公允价值；

（3）租赁期占租赁资产使用寿命的大部分（≥75%）；

（4）就承租人而言，租赁开始日最低租赁付款额的现值几乎相当于（≥90%）租赁开始日租赁资产的公允价值；

（5）租赁资产性质特殊，如果不作较大修整，只有承租人才能使用。

16. ×

【解析】预计清理费用不等于弃置费用。

17. √

【解析】购买固定资产的价款超过正常信用条件延期支付，实质上具有融资性质的，固定资产的成本应当以购买价款的现值为基础确定。

18. √

【解析】融资租赁是指实质上转移了与资产所有权有关的全部风险和报酬的租赁。其所有权最终可能转移，也可能不转移。

19. ×

【解析】企业购置的环保设备和安全设备等资产，它们的使用虽然不能直接为企业带来经济利益，但是有助于企业从相关资产中获得经济利益，或者将减少企业未来经济利益的流出，因此，对于这些设备，企业应将其确认为固定资产。

20. √

【解析】固定资产满足下列条件之一的，应当予以终止确认：①该固定资产处于处置状态；②该固定资产预期通过使用或处置不能产生经济利益。

案例实训

案例 1

飞机折旧年限引发厦航利润之争

0.78 亿元、4.36 亿元，这分别是厦门建发、南方航空对厦门航空（厦门建发与南方航空的合资企业）2002 年净利润的描述。那么厦门航空的真实会计数据到底如何呢？

南方航空与厦门建发（2003 年 5 月，厦门建发已将其持有厦门航空股权转让给大股东）分别持有厦门航空 60% 和 40% 的股权。在采访中记者得知，厦门航空自身经过审计的会计报表中，飞机的折旧年限是 10 年。而按照 10 年的折旧期，厦门航空 2002 年净利润为 0.78 亿元。而厦门建发在编制自身会计报表时也认同了厦门航空的这一折旧年限。

国家有关部门对于民航飞机折旧年限问题，自 2002 年起有所调整，其中规定，小飞机从 8~15 年延长到 10~15 年，大飞机从 10~15 年延长到 10~20 年。也就是说，对于飞机折旧年限存在一定的弹性空间。考虑到飞机折旧年限对于航空公司利润核算的重大影响，如果对航空公司飞机的折旧年限作出一定调整，其年度利润的差别会相当大。

飞机折旧在航空公司每年的运营成本中所占的比例较大，是诸多成本费用中最高的支出之一。相当一批航空公司的飞机折旧成本超过了航油支出。从目前情况分析，南方航空在合并厦门航空经过审计的会计报表时有可能不认同厦门航空的飞机折旧年限。

思考：折旧年限和折旧政策的差异会对企业的利润产生怎样的影响？

（资料来源：袁克成. 2004-05-21. 飞机折旧年限引发厦航利润之争. 上海证券报，2 版.）

案例 2

为新购固定资产折旧设限

国家税务总局 2009 年 5 月 6 日下发通知，明确企业固定资产加速折旧所得税处理的有关问题。通知自 2008 年 1 月 1 日起执行。

通知指出，企业若采取缩短固定资产折旧年限的方式，对其购置的新固定资产，最低折旧年限不得低于《企业所得税法实施条例》（下文简称《条例》）第 60 条所规定的折旧年限的 60%；若为购置已使用过的固定资产，最低折旧年限不得低于《条例》规定的最低折旧年限减去已使用年限后剩余年限的 60%。

对于采取缩短折旧年限的固定资产，足额计提折旧后继续使用而未进行处置（包括报废等情形）超过 12 个月的，今后对其更新替代、改造改建后形成的功能相同或者类似的固定资产，不得再采取缩短折旧年限的方法。

通知还明确了减免企业所得税优惠的技术转让所得认定标准。技术转让收入不包括销售或转让设备、仪器、零部件、原材料等非技术性收入。不属于与技术转让项目密不可分的技术咨询、服务、培训等收入，不得计入技术转让收入。享受技术转让所得减免企业所得税优惠的企业，应单独计算技术转让所得，没有单独计算的，不得享受技术转让所得企业所得税优惠。

思考：资料中国家税务总局对于固定资产折旧的有关规定对企业的影响有哪些？

（资料来源：朱宇. 2009-05-07. 为新购固定资产折旧设限. 中国证券报.）

阅读材料

企业会计准则第 4 号——固定资产
企业会计准则第 7 号——非货币性资产交换
企业会计准则第 12 号——债务重组
企业会计准则第 21 号——租赁
中华人民共和国财政部. 2006. 企业会计准则——应用指南. 北京：中国财政经
　　济出版社.
中华人民共和国财政部会计司编写组. 2007. 企业会计准则讲解. 北京：人民出
　　版社.

第七章 无 形 资 产

通过本章的学习，应明确无形资产及其他长期资产的基本概念、基本特征；了解无形资产的内容及无形资产确认与计量方面的有关规定；熟练掌握无形资产及其他长期资产业务的会计处理方法，包括企业从不同来源渠道取得的各种无形资产的计价和账务处理，无形资产的摊销、出售、报废及其他长期资产的会计处理。

第一节 无形资产概述

无形资产是指企业拥有或控制的没有实物形态的可辨认非货币性资产。其特征有：①没有实物形态；②将在较长时期内为企业提供经济利益；③持有目的，为了生产商品、提供劳务、出租给他人或是用于企业管理；④所提供的未来经济利益具有高度的不确定性；⑤通常不能单独获利，需借助有形资产；⑥且取得成本与未来经济利益无内在联系。

无形资产的确认需同时满足三个条件。

（1）符合无形资产的定义，无形资产既需满足资产的一般属性的要求，即由企业拥有或控制，同时也要满足无形资产没有实物形态和可辨认性的特殊要求。

（2）与该无形资产相关的预计未来经济利益很可能流入企业，是指企业能够控制无形资产所产生的经济利益。在判断无形资产产生的经济利益是否可能流入企业时，企业管理部门应对无形资产在预计使用年限内存在的各种因素作出稳健的估计。这一点符合国际惯例，与国际会计准则的规定是一样的。

（3）无形资产的成本能够可靠计量。该条件实际上是对无形资产的入账价值而言的。无形资产的入账价值需要根据其取得的成本确定，如果成本无法可靠计量的话，那么无形资产的计价入账也就无从谈起，这一点也同样符合国际惯例。

企业购入无形资产，通过非货币性交换取得的无形资产，投资者投入的无形资产，通过债务重组取得的无形资产及自行开发并依法申请取得的无形资产，如果满足上述三个条件的要求，都应确认作为企业的无形资产。

企业自创的商誉及企业内部产生的品牌，报刊名等，因其发生的成本无法明确区分而不确认为企业的无形资产。

第二节 无形资产的初始计量

无形资产的计量是指企业初始取得无形资产时入账价值的确定。企业取得无形资产的渠道有很多，而不同来源渠道的无形资产，其入账价值的确定方法是不同的。

一、购入的无形资产

外购的无形资产，应以实际支付的价款、进口关税和其他税费及直接归属于使该项资产达到预定用途所发生的其他支出的合计数作为入账价值。如果企业购买无形资产的价款超过正常信用条件延期支付，实质上具有融资性质的，按照规定无形资产的成本应以购买价款的现值为基础加以确定。实际支付的价款与购买价款的现值之间的差额，如果按照《企业会计准则第17号——借款费用》的规定应予以资本化的，应进行资本化处理，不能资本化的应当在信用期间内计入当期损益。

二、自行开发的无形资产

自行开发的无形资产是指企业通过自身的研发过程而形成的无形资产。

企业内部的研究开发项目分为两个阶段，即研究阶段和开发阶段：①研究阶段，是指为获取新的技术和知识等进行的有计划的调查，研究阶段是探索性的，为进一步开发活动进行资料及相关方面的准备，已进行的研究活动将来是否会转入开发、开发后是否会形成无形资产等均具有较大的不确定性；②开发阶段，是指进行商业性的生产和使用之前，将研究成果或其他知识应用于某项计划或设计，以生产出新的或具有实质性改进的材料、装置、产品等。

对于研究阶段和开发阶段所发生的支出，会计处理的规定是不同的。研究阶段的支出不能资本化，而是在发生时全部计入当期损益；而对于开发阶段的支出，应该满足一定的条件才能予以资本化，计入无形资产的价值，这些条件与国际会计准则相比基本上是一致的，它们包括以下几个方面。

（1）完成该无形资产以使其能够使用或出售在技术上具有可行性；

（2）具有完成该无形资产并使用或出售的意图；

（3）无形资产产生经济利益的方式；

（4）有足够的技术、财务资源和其他资源支持，以完成该无形资产的开发，并有能力使用或出售该无形资产；

（5）归属于该无形资产开发阶段的支出能够可靠计量。

三、投资者投入的无形资产

投资者投入的无形资产，在合同或协议约定的价值公允的前提下，应按照投资合同或协议约定的价值作为入账价值。无形资产的入账价值与折合资本额之间的差额，作为资本溢价，计入资本公积。

四、非货币性资产交换取得的无形资产

非货币性资产交换取得的无形资产入账价值的确定应按照《企业会计准则第7号——非货币性资产交换》的规定来确定，具体应分别按两种情况进行处理。

(1) 以非货币性资产进行交换的业务具有商业实质（非货币性资产交换具有商业实质应满足两个条件，即换入资产的未来现金流量在风险、时间和金额方面与换出资产显著不同；换入资产与换出资产预计未来现金流量的现值不同，且其差额与换入资产和换出资产的公允价值相比是重大的），而且换入资产或换出资产公允价值能够可靠计量时，应当以换出资产的公允价值和应支付的相关税费作为换入无形资产成本（入账价值），换出资产公允价值与账面价值的差额作为非货币性资产交换损失或利得计入当期损益，借记"营业外支出"科目或贷记"营业外收入"科目。

如果在非货币性资产交换过程中涉及一定金额补价的，无形资产入账价值的确定应当考虑支付的补价或收到的补价因素。其中，如为支付补价的，换入无形资产成本应按照换出资产公允价值加上支付的补价（即换入资产公允价值）和应支付的相关税费确定，换入无形资产成本与换出资产账面价值加支付补价、应支付相关税费之和的差额，计入当期损益；如为收到补价的，换入无形资产成本应按照换入资产的公允价值（或换出资产的公允价值减去补价）和应支付的相关税费确定，换入无形资产成本加收到补价之和与换出资产账面价值加应支付相关税费之和的差额，计入当期损益。

(2) 以非货币性资产进行交换的业务不具有商业实质，而且换入资产或换出资产公允价值不能够可靠计量时，应当以换出资产的账面价值和应支付的相关税费作为换入无形资产的成本，不确认损益。

在非货币性资产交换过程中涉及补价时，也要考虑补价因素。其中，如为支付补价的，换入无形资产成本应当以换出资产账面价值加支付补价和应支付相关税费来确定，不确认损益；如为收到补价的，换入无形资产成本应当以换出资产账面价值，减去收到的补价，并加上应支付相关税费来确定，也不确认损益。

五、债务重组取得的无形资产

债务重组取得的无形资产入账价值应当按照《企业会计准则第 12 号——债

务重组》的规定来确定。该准则规定，企业通过债务重组取得的无形资产，其入账价值应按受让无形资产的公允价值加上应支付的相关税费来确定。重组债权的账面价值（账面余额减去已计提的坏账准备）与取得的无形资产公允价值之间的差额计入当期损益，借记"营业外支出"。如果债权人已对债权计提减值准备的，应当先将差额冲减减值准备，减值准备不足冲减的部分，计入营业外支出；如果减值准备冲减该差额后仍有余额，应该转回并抵减当期资产减值损失，而不再确认债务重组损失。

六、政府补助取得的无形资产

政府补助是指企业从政府无偿取得货币性资产或非货币性资产，但不包括政府作为所有者投入的资本。政府向企业提供补助具有无偿性的特点。政府并不因此而享有企业的所有权，企业未来也不需要以提供服务、转让资产等方式偿还。

企业通过政府补助方式取得的无形资产应当按照公允价值计量。具体要分别按以下几种情况进行处理：①如果企业取得的无形资产附带有关文件、协议、发票、报关单等凭证，在这些凭证注明的价值与公允价值相差不大时，应当以有关凭据中注明的价值作为公允价值；②没有注明价值或注明价值与公允价值差异较大，但有活跃交易市场的，应当根据有确凿证据表明的同类或类似资产市场交易价格作为公允价值；③如没有注明价值且没有活跃交易市场，不能可靠取得公允价值的，应当按照名义金额计量，名义金额即为1元人民币。

企业收到政府补助的无形资产时，一方面增加企业的无形资产，计入"无形资产"科目借方；另一方面作为递延收益，计入"递延收益"科目贷方。"递延收益"科目主要核算企业确认的应在以后期间计入当期损益的政府补助。企业由于政府补助形成的无形资产而确认的递延收益应在无形资产的使用寿命内分配计入各期损益中。

第三节　无形资产的后续计量

一、无形资产的使用寿命

按照我国会计准则的规定，无形资产的使用寿命的计量应分以下几种情况：①来源于合同性权利或其他法定权利的无形资产，其使用寿命不应超过合同性权利或其他法定权利的期限；②如果合同性权利或其他法定权利能够在到期时因续约等延续，且有证据表明企业续约不需要付出大额成本，续约期应当计入使用寿命；③合同或法律没有规定使用寿命的，企业应当综合各方面情况判断，以确定无形资产能为企业带来未来经济利益的期限，如与同行业的情况进行比较、参考历史经验或聘请相关专家进行论证等；④如果按照上述方法仍无法合理确定无形资产为企业带来经济利益期限的，则该项无形资产应作为使用寿命不确定的无形资产而不进行摊销。

二、无形资产应摊销金额、列支去向

无形资产每期的摊销额应按照无形资产的应摊销金额进行计算。无形资产的应摊销金额与无形资产的入账价值并不完全一致。除了应考虑入账价值这一基本因素之外，还应该考虑无形资产的残值和无形资产减值准备金额。一般情况下，使用寿命有限的无形资产，其残值应视为零。但是如果有第三方承诺在无形资产使用寿命结束时购买该无形资产，或者可以根据活跃市场得到残值信息，并且该活跃市场在无形资产使用寿命结束时很可能存在的情况下，则该无形资产应有残值。

现行会计准则借鉴了国际会计准则的做法，规定无形资产的摊销金额一般应确认为当期损益，计入管理费用。如果某项无形资产包含的经济利益是通过所产生的产品或其他资产实现的，无形资产的摊销金额可以计入产品或其他资产的成本中。

三、无形资产的摊销方法与会计处理

可供企业选择的无形资产的摊销方法很多，如直线法、递减余额法和生产总量法等。目前，国际上普遍采用的主要是直线法。企业选择什么样的摊销方法，主要取决于企业预期消耗该项无形资产所产生的未来经济利益的方式。如果企业由于各种原因难以可靠确定这种消耗方式时，则应当采用直线法对无形资产的应摊销金额进行系统合理的摊销。

企业摊销无形资产时，单独设置"累计摊销"科目，反映因摊销而减少的无形资产的价值。企业按月计提无形资产摊销额时，借记"管理费用"、"其他业务成本"等科目，贷记"累计摊销"科目。本科目期末贷方余额，反映企业无形资产的累计摊销。

第四节　无形资产的处置

企业出售无形资产，一方面应反映因转让而取得的收入；另一方面应将无形资产的摊余价值予以转销。如果出售的无形资产已计提了减值准备，在出售时还应将已计提的减值准备注销。同时，按现行税法的规定，出售无形资产还应按实际转让收入计算缴纳营业税，营业税税率为5%。企业出售无形资产的净收益，作为非流动资产处置利得，计入"营业外收入——非流动资产处置利得"科目；出售无形资产的净损失，作为非流动资产处置损失，计入"营业外支出——非流动资产处置损失"科目。

如果在无形资产使用的某一个期间，由于各种因素的影响，使得无形资产预期不能为企业带来未来的经济利益，则该无形资产应转入报废处理，无形资产的账面价值作为非流动资产处置，损失要予以转销，计入营业外支出。

重点与难点

重点：无形资产的概念和特征，无形资产的确认条件，无形资产的内容，无形资产的初始计量（通过外购、自行开发、投资者投入、非货币性资产交换、债务重组、政府补助等方式取得无形资产的计价及账务处理），无形资产摊销的会计处理（无形资产使用寿命的确定、应摊销金额及列支去向、摊销方法的选择与账务处理），无形资产出售的会计处理，无形资产报废的会计处理。

难点：无形资产取得的计价及账务处理，无形资产摊销的会计处理，无形资产出售的会计处理。

关键问题

1. 什么是无形资产？无形资产的特点有哪些？
2. 无形资产的确认应满足哪些条件？如何理解？
3. 无形资产的内容有哪些？
4. 不同来源的无形资产的价值是如何确定的？
5. 我国无形资产摊销的期限是如何规定的？一般可以采用哪些摊销方法？我国采用哪种摊销方法？

真题实训及解析

一、真题实训（第 1～10 题为单项选择题，第 11～13 题为多项选择题，第 14 题为判断题）

★1. 甲公司以 300 万元的价格对外转让一项专利权。该项专利权是甲公司以 480 万元的价格购入，购入时该专利权预计使用年限为 10 年，法律规定的有效使用年限为 12 年。转让时该专利权已使用 5 年，转让该专利权应交的营业税为 15 万元，假定不考虑其他相关税费，该专利权未计提减值准备，甲公司转让该专利权所获得的净收益为（　　）万元。

    A. 5　　　　　　B. 20　　　　　　C. 45　　　　　　D. 60

★2. 下列有关无形资产转让的会计处理中，正确的是（　　）。

　　A. 转让无形资产使用权所取得的收入应计入营业外收入

　　B. 转让无形资产所有权所取得的收入应计入其他业务收入

　　C. 转让无形资产所有权所发生的支出应计入其他业务成本

　　D. 转让无形资产使用权所发生的支出应计入其他业务成本

★3. 下列有关无形资产会计处理的表述中，错误的是（　　　）。

　　A. 无形资产后续支出应在发生时计入当期损益

　　B. 购入但尚未投入使用的无形资产的价值不应进行摊销

　　C. 不能为企业带来经济利益的无形资产的摊余价值应全部转入当期营业外支出

　　D. 只有很可能为企业带来经济利益且其成本能够可靠计量的无形资产才能予以确认

★4. 某公司于 20×3 年 1 月 1 日购入一项无形资产，初始入账价值为 300 万元。该无形资产预计使用年限为 10 年，采用直线法摊销。该无形资产 20×3 年 12 月 31 日预计可收回金额为 261 万元，20×4 年 12 月 31 日预计可收回金额为 224 万元。假定该公司于每年年末计提无形资产减值准备，计提减值准备后该无形资产原预计使用年限、摊销方法不变。该无形资产在 20×5 年 6 月 30 日的账面价值为（　　　）。

　　A. 210 万元　　　　B. 212 万元　　　　C. 225 万元　　　　D. 226 万元

▲5. 下列各项关于无形资产会计处理的表述中，正确的是（　　　）。

　　A. 内部产生的商誉应确认为无形资产

　　B. 计提的无形资产减值准备在该资产价值恢复时应予以转回

　　C. 使用寿命不确定的无形资产账面价值均应按 10 年平均摊销

　　D. 以支付土地出让金方式取得的自用土地使用权应单独确认为无形资产

▲6. 甲公司 20×7 年 1 月 10 日开始自行研究开发无形资产，12 月 31 日达到预定用途。其中，研究阶段发生职工薪酬 30 万元、计提专用设备折旧 40 万元；进入开发阶段后，相关支出符合资本化条件前发生职工薪酬 30 万元、计提专用设备折旧 30 万元，符合资本化条件后发生职工薪酬 100 万元、计提专用设备折旧 200 万元。假定不考虑其他因素，甲公司 20×7 年对上述研发支出进行的下列会计处理中，正确的是（　　　）。

　　A. 确认管理费用 70 万元，确认无形资产 360 万元

　　B. 确认管理费用 30 万元，确认无形资产 400 万元

　　C. 确认管理费用 130 万元，确认无形资产 300 万元

　　D. 确认管理费用 100 万元，确认无形资产 330 万元

▲7. 下列关于无形资产会计处理的表述中，正确的是（　　　）。

　　A. 当月增加的使用寿命有限的无形资产从下月开始摊销

B. 无形资产摊销方法应当反映其经济利益的预期实现方式

C. 价款支付具有融资性质的无形资产以总价款确定初始成本

D. 使用寿命不确定的无形资产应采用年限平均法按 10 年摊销

▲8. 20×8 年 1 月 20 日，甲公司自行研发的某项非专利技术已经达到预定可使用状态，累计研究支出为 80 万元，累计开发支出为 250 万元（其中符合资本化条件的支出为 200 万元）；但使用寿命不能合理确定。20×8 年 12 月 31 日，该项非专利技术的可收回金额为 180 万元。假定不考虑相关税费，甲公司应就该项非专利技术计提的减值准备为 （   ）万元。

    A. 20   B. 70   C. 100   D. 150

▲9. 下列关于无形资产会计处理的表述中，正确的是 （   ）。

    A. 将自创的商誉确认为无形资产

    B. 将已转让所有权的无形资产的账面价值计入其他业务成本

    C. 将预期不能为企业带来经济利益的无形资产账面价值计入管理费用

    D. 将以支付土地出让金方式取得的自用土地使用权单独确认为无形资产

▲10. 甲公司为增值税一般纳税人，于 20×9 年 12 月 5 日以一批商品换入乙公司的一项非专利技术，该交换具有商业实质。甲公司换出商品的账面价值为 80 万元，不含增值税的公允价值为 100 万元，增值税额为 17 万元；另收到乙公司补价 10 万元。甲公司换入非专利技术的原账面价值为 60 万元，公允价值无法可靠计量。假定不考虑其他因素，甲公司换入该非专利技术的入账价值为 （   ）万元。

    A. 50   B. 70   C. 90   D. 107

★11. 下列有关无形资产会计处理的表述中，正确的有 （   ）。

    A. 自用的土地使用权应确认为无形资产

    B. 使用寿命不确定的无形资产应每年进行减值测试

    C. 无形资产均应确定预计使用年限并分期摊销

    D. 内部研发项目研究阶段发生的支出不应确认为无形资产

    E. 用于建造厂房的土地使用权的账面价值应计入所建厂房的建造成本

▲12. 北方公司为从事房地产开发的上市公司，20×8 年 1 月 1 日，外购位于甲地块上的一栋写字楼，作为自用办公楼，甲地块的土地使用权能够单独计量；20×8 年 3 月 1 日，购入乙地块和丙地块，分别用于开发对外出售的住宅楼和写字楼，至 20×9 年 12 月 31 日，该住宅楼和写字楼尚未开发完成；20×9 年 1 月 1 日，购入丁地块，作为办公区的绿化用地，至 20×9 年 12 月 31 日，丁地块的绿化已经完成。假定不考虑其他因素，下列各项中，北方公司 20×9 年 12 月 31 日不应单独确认为无形资产（土地使用权）的有 （   ）。

    A. 甲地块的土地使用权   B. 乙地块的土地使用权

　　C. 丙地块的土地使用权　　　　　　　D. 丁地块的土地使用权

▲13. 下列关于专门用于产品生产的专利权会计处理的表述中，正确的有（　　　）。

　　A. 该专利权的摊销金额应计入管理费用

　　B. 该专利权的使用寿命至少应于每年年度终了进行复核

　　C. 该专利权的摊销方法至少应于每年年度终了进行复核

　　D. 该专利权应以成本减去累计摊销和减值准备后的余额进行后续计量

▲14. 企业对于无法合理确定使用寿命的无形资产，应将其成本在不超过 10 年的期限内摊销。（　　　）

二、参考答案及解析

1. C

　　【解析】本题的考核点是无形资产的核算。该专利权按 10 年摊销，每年摊销 48 万元，转让时该专利权的账面价值＝480－48×5＝240（万元），甲公司转让该专利权所获得的净收益为 45 万元。转让时所作的会计分录是

借：银行存款	300
累计摊销	240
贷：无形资产——专利权	480
应交税费——应交营业税	15
营业外收入	45

2. D

　　【解析】本题的考核点是无形资产的转让。转让无形资产使用权即出租无形资产，所取得的收入计入其他业务收入，所发生的支出应计入其他业务成本。

3. B

　　【解析】本题的考核点是无形资产摊销。按照规定，当月购入的无形资产，当月开始摊销。

4. A

　　【解析】20×3 年计提无形资产减值准备＝300/10×9－261＝9（万元），20×3 年年末的账面价值为 261 万元。20×4 年年末账面价值＝261－261/9＝232（万元）；20×4 年年末应该计提减值准备＝232－224＝8（万元），20×4 年年末的账面价值为 224 万元，20×5 年 6 月 30 日的账面价值＝224－224/8×6/12＝210（万元）。

5. D

　　【解析】选项 A，商誉不具有可辨认性，不属于无形资产；选项 B，无形资产减值损失一经计提，在以后期间不得转回；选项 C，使用寿命不确定的无形资产，在持有期间内不需要进行摊销。

6. C

【解析】根据相关的规定，只有在开发阶段符合资本化条件情况下的支出才能计入无形资产入账价值，此题中开发阶段符合资本化支出金额＝100＋200＝300(万元)，确认为无形资产；其他支出全部计入当期损益，所以计入管理费用的金额＝30＋40＋30＋30＝130(万元)。

7. B

【解析】选项 A，使用寿命确定的无形资产当月增加当月开始摊销；选项 C，具有融资性质的分期付款购入无形资产，初始成本以购买价款的现值为基础确定；选项 D，使用寿命不确定的无形资产不用进行摊销。因此选项 ACD 不正确。

8. A

【解析】因为该无形资产使用寿命不能确定，所以不需要进行摊销，所以甲公司应就该项非专利技术计提的减值准备＝200－180＝20(万元)。

9. D

【解析】自创商誉不可辨认，不属于无形资产，选项 A 错误；转让无形资产所有权，即出售无形资产，要转销其账面价值，选项 B 错误；预期不能为企业带来经济利益的无形资产，应转销其账面价值，计入营业外支出，选项 C 错误。

10. D

【解析】甲公司换入该非专利技术的入账价值＝100＋17－10＝107(万元)。

11. ABD

【解析】自用的土地使用权一般应确认为无形资产，但有可能确认为固定资产（没有使用年限的无偿划拨的土地使用权）；无形资产可能无法确定使用年限，则不摊销；用于建造厂房的土地使用权的账面价值不计入所建厂房的建造成本，而是单独摊销。

12. BC

【解析】乙地块和丙地块均用于建造对外出售的房屋建筑物，所以这两地块土地使用权应该计入所建造的房屋建筑物成本，所以答案是 BC。

13. BCD

【解析】无形资产摊销一般计入管理费用，但若专门用于生产产品的无形资产，其摊销费用是计入相关成本的。对于无形资产的使用寿命和摊销方法都是至少于每年年末复核的，无形资产是采用历史成本进行后续计量的，其历史成本为账面价值。

14. ×

【解析】这种情况下不摊销。

案例实训

案例 1

大族激光研发费用资本化增厚业绩

　　大族激光 2007 年年报披露，公司实现营业收入 148 555.54 万元、净利润 16 820.28 万元，同比分别增长 73.93% 和 85.57%，每股收益 0.45 元。公司拟每 10 股分配现金股利 1 元（含税），以资本公积金向全体股东每 10 股转增 6 股。年报显示，根据新会计准则，2007 年公司技术开发费用得以资本化，相比原会计准则，此举增加公司利润 1 785.75 万元，占公司净利润总额的 10%。

　　深圳市大族激光科技股份有限公司由成立于 1996 年的大族实业公司发展而来，主要从事激光加工设备的研发、生产和销售，是亚洲最大、世界知名的激光加工设备生产厂商，年均增长率达 60%。同时也是深圳国家科技成果推广示范基地重点推广示范企业、国家规划布局内重点软件企业、深圳市光学光电子行业协会会长单位、深圳市软件行业协会会长单位，被国家发改委认定为国家高新技术产业化示范工程项目的实施单位。2002 年公司一举成为国内乃至亚洲最大的激光设备制造商，激光信息标记设备国内市场占有率达到 71.96%，2004 年成为国内首家以激光为主业的上市公司，现已成为全球激光信息标记设备产销量最大的公司。公司 2007 年加大科技投入力度，加强产品创新。2007 年公司科技研发开发投入 8 125.55 万元，约占公司销售收入的 5.47%，同比增长 126.31%。

　　激光行业空间巨大，增长迅速。全球 10 年的复合增长率为 14%，中国为 34%，全面覆盖工业制造、信息通信和医疗行业等。目前国内制造业激光设备使用率仍旧较低，随着精细化制造业的推进，应用也将从打标、焊接等轻工领域，逐渐发展到大功率切割、热处理、PCB 设备、印刷等。

　　大族激光市场拓展能力突出。公司从打标机出身，通过收购整合快速学习其他行业知识，依次做大了焊接、PCB、印刷等行业。公司以良好的激励制度和优秀的管理文化为基础，善于对下游客户引导示范推广，结合客户需求开发激光配套设备。另外，完善的售后服务、良好的性价比使公司极富竞争力。

　　思考：《企业会计准则》中规定的研发费用资本化的条件有哪些？研发费用是资本化还是费用化，对企业的业绩有着怎样的影响？

　　（资料来源：陆洲：2008-02-20. 大族激光：研发费用资本化增厚业绩. 中国证券报.）

案例 2

青岛啤酒 2.5 亿购买趵突泉啤酒无形资产

2009 年 6 月 6 日，青岛啤酒集团公司与山东省商业集团总公司（简称鲁商集团）在济南就趵突泉啤酒项目签署了战略合作协议。根据协议，青岛啤酒集团出资收购鲁商趵突泉啤酒销售有限公司 100% 的股权和趵突泉系列商标权等，鲁商集团承诺停止啤酒生产，全面推出啤酒业，专注于集团其他优势产业。这一收购行为标志着山东啤酒行业的整合迈出了关键一步，而主要通过并购无形资产的方式则开创了国内啤酒行业整合扩张的新模式。

山东是全国啤酒产量最大的省份，2008 年啤酒产量占全国啤酒总产量的 11%。目前，山东啤酒市场已被包括青啤、燕京和华润雪花在内的几大巨头挤占。2001 年，北京燕京啤酒集团通过收购无名啤酒和三孔啤酒方式完成对山东市场的布局；2009 年 3 月，华润雪花出资 2.85 亿收购琥珀啤酒，而青岛啤酒通过此次并购取得趵突泉啤酒品牌后，其在济南的市场占有率将超过 80%，并形成以青岛为中心，济南、烟台为两翼的格局，在山东的市场份额可达 50% 以上，并为未来的市场竞争赢得先机。

通过此次战略合作，具有多年历史的趵突泉啤酒将获得更大的发展空间和平台。青岛啤酒在济南的生产基地将承担生产趵突泉啤酒的工作。双方也会尽职尽责地履行社会责任，在自身发展的同时推动整个行业价值和社会价值的实现。

思考：青岛啤酒的这次并购是用无形资产来整合有形资产，请根据案例思考，青岛啤酒为何愿意为无形资产出高价？

（资料来源：青岛啤酒 2.5 亿资金拿下趵突泉啤酒无形资产. 凤凰网. 2012-09-19.）

阅读材料

企业会计准则第 6 号——无形资产

企业会计准则第 7 号——非货币性资产交换

企业会计准则第 12 号——债务重组

企业会计准则第 16 号——政府补助

中华人民共和国财政部. 2006. 企业会计准则——应用指南. 北京：中国财政经
　　济出版社.

中华人民共和国财政部会计司编写组. 2007. 企业会计准则讲解. 北京：人民出
　　版社.

第八章　投资性房地产

通过本章的学习，理解投资性房地产的性质；了解投资性房地产的范围；掌握投资性房地产的确认条件和初始计量要求；掌握投资性房地产的后续计量模式以及变更计量模式的要求；了解投资性房地产的后续支出的核算；了解投资性房地产与非投资性房地产的转换；掌握投资性房地产处置的内容与核算。

第一节　投资性房地产概述

一、投资性房地产的性质

房地产是土地和房屋及其权属的总称。投资性房地产，是指为赚取租金或资本增值，或者两者兼有而持有的房地产。主要形式是出租建筑物和土地使用权，其实质是让渡资产使用权；另一种形式是持有并准备增值后转让的土地使用权，其目的是为了增值后赚取增值收益。对某些企业，投资性房地产取得的收入构成企业的主营业务收入，但对大部分企业而言，取得的租金收入或转让增值收益构成企业的其他业务收入。

二、投资性房地产的范围

属于投资性房地产的项目有：已出租的土地使用权；持有并准备增值后转让的土地使用权；已出租的建筑物。

不属于投资性房地产的项目有：自用房地产；作为存货的房地产。

三、投资性房地产的后续计量模式

投资性房地产的后续计量模式有成本模式和公允价值模式两种。企业通常应采用成本模式；有确凿证据表明投资性房地产的公允价值能够持续可靠取得的，也可以采用公允价值模式。同一个企业只能采用一种后续计量模式。

第二节　投资性房地产的确认与初始计量

一、投资性房地产的确认条件

投资性房地产只有在符合定义的前提下，同时满足下列条件的，才能予以确认：①与该投资性房地产有关的经济利益很可能流入企业；②该投资性房地产的成本能够可靠计量。

二、投资性房地产的初始计量

投资性房地产无论采用哪一种后续计量模式，取得时均应按照成本进行初始计量。投资性房地产的成本一般应当包括取得投资性房地产时和直至使该项房地产达到预定可使用状态前所实际发生的各项必要的、合理的支出，如购买价款、土地开发费、建筑安装成本、应予以资本化的借款费用等。投资性房地产取得的渠道不同，成本的具体构成内容也会有所不同。

（1）外购的投资性房地产的成本包括买价、相关税费和可直接归属于该资产的其他支出。

（2）自行建造的投资性房地产，其成本由建造该项资产达到预定可使用状态前发生的必要支出构成，包括土地开发费、建筑安装成本、应予以资本化的借款费用、支付的其他费用和分摊的间接费用等。建造过程汇总发生的非正常损失直接计入当期营业外支出，不计入建造成本。

第三节　投资性房地产的后续计量

一、采用成本模式计量的投资性房地产

采用成本模式进行后续计量的企业，对投资性房地产进行会计处理的基本要求与固定资产或无形资产相同，因此，应当按照固定资产的有关规定，按月计提折旧，或按照无形资产的有关规定，按月摊销成本。计提折旧或摊销时，借记"其他业务成本"，贷记"投资性房地产累计折旧"或"投资性房地产累计摊销"。投资性房地产存在减值迹象的，经减值测试后确定发生减值，应当计提减值准备，且减值损失在以后的会计期间不得转回。

二、采用公允价值模式计量的投资性房地产

投资性房地产采用公允价值模式进行后续计量，应当同时满足以下两个条件：①投资性房地产所在地有活跃的房地产交易市场；②企业能够从活跃的房地

产交易市场上取得同类或类似房地产的市场价格及其他相关信息,从而对投资性房地产的公允价值作出合理估计。

投资性房地产采用公允价值模式进行后续计量的,不需要计提折旧或摊销,应当以资产负债表日的公允价值计量,公允价值的变动计入当期损益。

三、投资性房地产后续计量模式的变更

为保证会计信息的可比性,投资性房地产的计量模式一经确定,不得随意变更。只有在房地产市场比较成熟、有确凿证据表明投资性房地产的公允价值能够持续可靠取得、可以满足采用公允价值模式条件的情况下,企业才能将投资性房地产的计量模式从成本模式转为公允价值模式。已采用公允价值模式计量的投资性房地产,不得转为成本模式。

第四节　投资性房地产的后续支出

投资性房地产的后续支出是指已确认为在持有期间发生的与投资性房地产使用效能直接相关的各种支出,如改建扩建支出、装修装潢支出、日常维修支出等。

投资性房地产发生的后续支出,如果延长了使用寿命或明显改良了使用效能,从而导致流入企业的经济利益超过原先的估计,能够满足投资性房地产确认条件的,应当计入成本。如果后续支出只是维护或回复投资性房地产原有的使用效能,不可能导致流入企业的经济利益超过原先的估计,应当在发生时计入当期损益。

第五节　投资性房地产与非投资性房地产的转换

房地产的转换是因房地产的用途发生改变而对房地产进行的重分类。企业必须有确凿证据表明房地产的用途发生了改变,才能将非投资性房地产转换为投资性房地产或将投资性房地产转换为非投资性房地产。

房地产的转换形式包括:①自用房转换为投资性房地产;②作为存货的房地产转换为投资性房地产;③投资性房地产转换为自用房地产;④投资性房地产转换为存货。

第六节　投资性房地产的处置

投资性房地产的处置主要指出售、报废和毁损,也包括对外投资、非货币性资产交换、债务重组等原因转出投资性房地产的情形。当投资性房地产被处置或者永久退出使用且预计不能从其处置中取得经济利益时，应当终止确认该项投资性房地产。

出售、报废、毁损的投资性房地产，其处置损益是指取得的处置收入扣除投资性房地产账面价值和相关税费后的金额。对外投资、非货币性资产交换、债务重组转出的投资性房地产，其处置损益是指该项投资性房地产公允价值与账面价值之间的差额。投资性房地产的处置损益，应当计入处置当期损益。

重点与难点

重点：投资性房地产的性质、投资性房地产的确认条件和初始计量要求、投资性房地产的后续计量模式以及变更计量模式的要求、投资性房地产处置的内容与核算。

难点：投资性房地产的后续计量模式以及变更计量模式的规定、投资性房地产的后续支出的核算、投资性房地产与非投资性房地产的转换。

关键问题

1. 什么是投资性房地产？投资性房地产包括哪些项目？
2. 投资性房地产有哪些后续计量模式？
3. 如何确定投资性房地产的取得成本？
4. 如何对投资性房地产的后续支出进行会计处理？
5. 采用公允价值模式对投资性房地产进行后续计量需要满足哪些条件？
6. 如何进行投资性房地产后续计量模式的变更？
7. 在不同后续计量模式下，投资性房地产转换的会计处理有何不同？
8. 在不同后续计量模式下，投资性房地产处置的会计处理有何不同？

真题实训及解析

一、真题实训（第 1 题为判断题，第 2～3 题为单项选择题，第 4～5 题为多项选择题）

▲1. 企业将自行建造的房地产达到预定可使用状态时开始自用，之后改为对外出租，应当在该房地产达到预定可使用状态时确认为投资性房地产。（　　）

▲2. 下列关于投资性房地产核算的表述中，正确的是（　　）。

A. 采用成本模式计量的投资性房地产不需要确认减值损失

B. 采用公允价值模式计量的投资性房地产可转换为成本模式计量

C. 采用公允价值模式计量的投资性房地产，公允价值的变动金额应计入资本公积

D. 采用成本模式计量的投资性房地产，符合条件时可转换为公允价值模式计量

▲3. 企业将作为存货的房地产转换为采用公允价值模式计量的投资性房地产时，转换日其公允价值大于账面价值的差额，应确认为（   ）。

    A. 资本公积   B. 营业外收入

    C. 其他业务收入   D. 公允价值变动损益

▲4. 下列各项关于土地使用权会计处理的表述中，正确的有（   ）。

    A. 为建造固定资产购入的土地使用权确认为无形资产

    B. 房地产开发企业为开发商品房购入的土地使用权确认为存货

    C. 用于出租的土地使用权及其地上建筑物一并确认为投资性房地产

    D. 用于建造厂房的土地使用权摊销金额在厂房建造期间计入在建工程成本

    E. 土地使用权在地上建筑物达到预定可使用状态时与地上建筑物一并确认为固定资产

★5. 甲公司从事土地开发与建设业务，与土地使用权及地上建筑物相关的交易或事项如下：

（1）20×5 年 1 月 10 日，甲公司取得股东作为出资投入的一宗土地使用权及地上建筑物，取得时，土地使用权的公允价值为 5 600 万元，地上建筑物的公允价值为 3 000 万元，上述土地使用及地上建筑物供管理部门办公使用，预计使用 50 年。

（2）20×7 年 1 月 20 日，以出让方式取得一宗土地使用权，实际成本为 900 万元，预计使用 50 年。20×7 年 2 月 2 日，甲公司在上述地块上开始建造商业设施，建成后作为自营住宿、餐馆的场地。20×8 年 9 月 20 日，商业设施达到预定可使用状态，共发生建造成本 6 000 万元。该商业设施预计使用 20 年。因建造的商业设施部分具有公益性质。甲公司于 20×8 年 5 月 10 日收到国家拨付的补助资金 30 万元。

（3）20×7 年 7 月 1 日，甲公司以出让方式取得一宗土地使用权，实际成本为 1 400 万元，预计使用 70 年。20×8 年 5 月 15 日，甲公司在该地块上开始建设一住宅小区，建成后对外出售。至 20×8 年 12 月 31 日，住宅小区尚未完工，共发生开发成本 12 000 万元（不包括土地使用权成本）。

（4）20×8 年 2 月 5 日，以转让方式取得一宗土地使用权，实际成本 1 200 万元，预计使用 50 年，取得当月，甲公司在该地块上开工建造办公楼。至 20×8 年 12 月 31 日，办公楼尚未达到可使用状态，实际发生工程成本 3 000 万元。20×8 年 12 月 31 日，甲公司董事会决定办公楼建成后对外出租，该日上述土地使用权的公允价值为 1 300 万元，在建办公楼的公允价值为 3 200 万元。

甲公司对作为无形资产的土地使用权采用直线法摊销，对作为固定资产的地

上建筑物采用年限平均法计提折旧，土地使用权及地上建筑物的预计净残值均为零，对投资性房地产采用成本模式进行后续计量。

要求：根据上述资料，不考虑其他因素，回答下列第 1～3 题。

(1) 下列各项关于甲公司土地使用权会计处表述中，正确的有（　　）。

A. 股东作为出资方投入的土地使用权取得时按照公允价值确认为无形资产

B. 商业设施所在地块的土地使用权取得时按照实际成本确认为无形资产

C. 住宅小区所在地块的土地使用权取得时按照实际成本确认为无形资产

D. 在建办公楼所在地块的土地使用权取得时按照实际成本确认为无形资产

E. 在建办公楼所在地块的土地使用权在董事会决定对外出租时按照账面价值转为投资性房地产

(2) 下列各项关于甲公司地上建筑物会计处理的表述中，正确的有（　　）。

A. 股东作为出资方投入的地上建筑物确认为固定资产

B. 股东作为出资方投入的地上建筑物 20×8 年计提折旧 60 万元

C. 住宅小区 20×8 年 12 月 3 日作为存货列示，并按照 12 000 万元计量

D. 商业设施 20×8 年 12 月 31 日作为投资性房地产列示，并按照 5 925 万元计量

E. 在建办公楼 20×8 年 12 月 31 日作为投资性房地产列示，并按照 3 000 万元计量

(3) 下列各项关于甲公司上述交易或事项会计处理的表述中，正确的有（　　）。

A. 政府补助收到时确认为递延收益

B. 收到的政府补助于 20×8 年 9 月 20 日开始摊销并计入损益

C. 在建办公楼所在地块的土地使用权 20×8 年 12 月 31 日按照 1 200 万元计量

D. 住宅小区所在地块的土地使用权在建设期间的摊销金额不计入住宅小区开发成本

E. 商业设施所在地块的土地使用权在建设期间摊销金额计入商业设施的建造成本

二、参考答案及解析

1. ×

【解析】企业自行建造房地产达到预定可使用状态后一段时间才对外出租或用于资本增值的，应得先将自行建造的房地产确认为固定资产等，对外出租后，再转为投资性房地产，所以本题错误。

2. D

【解析】投资性房地产采用成本模式计量的期末也应考虑计提减值损失；公允价值模式核算的不能再转为成本模式核算，而成本模式核算的符合一定条件可

以轉為公允價值模式。選項 C 應是計入公允價值變動損益。

3．A

【解析】作為存貨的房地產轉換為採用公允價值模式計量的投資性房地產時，轉換日的公允價值大於賬面價值的，差額貸記資本公積——其他資本公積。

4．ABCD

【解析】選項 D，因為土地使用權的經濟利益通過建造廠房實現，所以土地使用權的攤銷金額可以資本化（計入在建工程成本）。選項 E，土地使用權應該單獨作為無形資產核算。

5．（1）ABD

【解析】選項 E，因辦公樓尚未達到預定可使用狀態，故不能在出租時轉為投資性房地產。

（2）ABD

【解析】選項 C，存貨的計量金額還應包括土地使用權的價值；選項 E，因辦公樓尚未達到預定可使用狀態，尚未轉入投資性房地產，故期末不存在投資性房地產的列示問題。

（3）AB

【解析】選項 C，在 20×8 年年末董事會做出決議之前，應該作為無形資產攤銷，因此 20×8 年年末土地使用權不應按照 1 200 萬元計量；選項 D，住宅小區開始建造時，土地使用權的價值應轉入開發成本，不再攤銷；選項 E，商業設施所在地塊土地使用權的攤銷額不計入商業設施的建造成本。

案例實訓

案例 1

七間房產的"魔術效應"

杭州東清公司曾經擁有坐落於杭州市武林路，建築面積 260 平方米，占用面積 87 平方米的臨街店面房產。該項資產是 1992 年上級統建職工宿舍時分配給公司的，賬面原值 17 萬元，經過 10 年的折舊，到 2002 年賬面結存淨值 11 萬元。

2002 年，杭州市政府將武林路打造成"中國女裝第一街"，儘管該房產不屬於政府專門劃定的街區範圍，只是"隔街相望"的相鄰，但經過努力，公司向政府繳納土地出讓金 497 692 元，分割並申領了《土地使用權證》，使原來的劃撥土地變為可流通和轉讓的出讓土地。同時，為使該項資產的拍賣有多個標的、多家競爭的格局，謀取成交價值最大化，公司對房產證採取了劃大為小的做法，自然分割為七個店面，權屬證書也相應分割為七套，從而形成了七個標的同時競拍、獨立成交的格局。

2002 年 8 月，公司委托评估公司对该房产进行单项资产价值评估。经过评估，该房产评估价值为 689 万元，评估增值率高达 10 多倍。此后，公司又委托专业拍卖公司进行公开交易，通过在当地媒体刊登拍卖公告，来自于杭州、温州的服装经营老板纷纷报名，先后有二十余家投资者前来交纳保证金，参与竞拍。在由中介机构主办的现场拍卖会上，起拍价定为 638 万元，经过激烈的多轮角逐，房产成交总价高达 1 326 万元，比账面净值和交易成本总额高出 20 多倍，比评估价值高出 92.45%。

账面的"烂苹果"也能通过市场交易变成企业的"金凤凰"，账面价值低廉而极具市场价值的资产通过专业评估、市场拍卖可能实现"高位抛出"，并"还原"其市场条件下的真实身份与风采。看来，这会计账面上的区区数万元房产忽然变成了上千万元的现金，七间房产演绎的"魔术效应"其实就是投资性房地产的缩影。

思考：根据案例思考七间房产是如何产生"魔术效应"的。

（资料来源：王保平. 2008. 王博士讲新会计准则故事. 财会学习，(2)：26-31.）

案例 2

投资性房地产："利润魔方"抑或"水中之月"

2007 年下半年，在房产调控背景下，房地产股依然是一马当先，甚至连续飙升。新会计准则的启用带来的"资产重估升值"概念，似乎成为了房地产股强悍的首要理由。然而，新会计准则是否真的能让所有的房地产股一夜"暴富"？市场对新会计准则是否存在误读？新会计准则又将对哪些房地产上市公司或拥有房地产的上市公司产生实质性利好？

房地产行业之所以被普遍认为是受新会计准则影响最大的行业之一，其关键在于准则中对于"投资性房地产"可采取公允价值计量模式和会计报表中需单列"投资性房地产"项目的新规定。众所周知，从谨慎性原则出发，过去会计报表采用的都是市价和成本"孰低法"。例如，投资房地产，购入成本为 1 亿元，如今涨到 2 亿元了，按"孰低法"，只要房地产不转让，账面上只能是 1 亿元；而新会计准则将按"公允价值"计算，即市价真的升值到 2 亿元，这块房地产投资便可调整到 2 亿元。

对于"投资性房地产"，新会计准则规定，公司的财务计量处理可以采用历史成本模式（按购入价计量），也可以公允价值模式（按市价计量）。若采取公允价值模式，"投资性房地产"不计提折旧或进行摊销，以会计期末其公允价值为基础调整其账面价值，公允价值与账面价值之间的差额计入当期损益。在房价大幅上涨的背景下，如果拥有"投资性房地产"的上市公司一旦采用公允价值，其业绩会产生"三级跳"，届时出现每股收益 3 元甚至 5 元的公司均是可能的。但据不完全统计，拥有"投资性房地产"公司在整个房地产上市公司中比例并不高，估计在 10% 左右。其中，投资性地产占比甚小，影响甚微；而房地产上市公司用于租赁的投资性房产却是多如牛毛，相当部分房地产企业多多少少有所涉及。典型的有张江高科、浦东金桥、保利地产、陆家嘴、栖霞建设、金融街、外高桥、北辰实业等。

张江高科实行战略转型后，主营业务由房地产业转型至以物业经营为主，在园区内建造了大量的厂房和办公用房。2005 年，公司房产租赁收入达 8 239 万元，毛利率高达 66.98%，大大超过了土地转让的毛利率（2004 年为 6%，2005 年为 16%），甚至超过了房产销售的毛利率（2005 年为 57.82%）。相关机构研究表明，按照公允价值法的市价重估，公司房地产重估价值增值约 40 亿元，重估后每股净资产可达 6.4 元。

此外，在房价上涨的背景下，许多非房地产企业争先恐后地搭上房价上涨的"顺风车"。在股市中，这类企业主要集中于百货商业行业和高新开发区板块，如小商品城、益民百货、新世界、杭州解百、南京高科等。

尽管新会计准则有可能对上市公司财务报表产生影响，但很多上市公司对新准则的使用却颇为谨慎。对于上市公司来说，新会计准则只是将过去企业隐性的东西在报表中显现出来，使报表更国际化、更合理，对公司经营本身没有实质性影响。此外，投资性房地产带来的收益并不会随着资产价值重估或入账模式改变而有所变动，实际上，投资者在未来几年的时间，将看到由于投资性房产实行公允价值后导致净资产的增加，但同时也会导致相关的净资产收益率相对降低。因而，这仅仅只是投资性房产这一块资产价值何时入账的问题，对于公司的成长，并无实质的改变。

思考：并不是所有的房地产都属于投资性房地产，也不是所有的公司都会采用公允价值计量投资性房地产。那么，投资者该怎样看待投资性房地产呢？

（资料来源：郭娴洁. 2006. 投资性房地产："利润魔方"抑或"水中之月". http://www.ceconline.com. 2012-09-23.）

阅读材料

企业会计准则第 3 号——投资性房地产

中华人民共和国财政部. 2006. 企业会计准则——应用指南. 北京：中国财政经济出版社.

中华人民共和国财政部会计司编写组. 2007. 企业会计准则讲解. 北京：人民出版社.

第九章　资产减值

通过本章的学习，应了解资产减值的含义；掌握《企业会计准则》规定的资产减值的认定标准；熟练掌握资产可收回金额的理论依据与计算方法以及各类资产减值的会计处理方法。

第一节　资产减值概述

所谓资产减值是指资产的可收回金额低于其账面价值，是资产的未来可收回金额低于账面价值时，减计资产的会计处理。资产减值是和资产计价相关的，是对资产计价的一种调整。

资产是指企业过去的交易或者事项形成的、由企业拥有或者控制的、预期会给企业带来经济利益的资源。所以，当资产的账面价值高于该资产所带来的预期未来经济利益时，认为该资产已经发生减值并记录资产减值损失，与资产的定义相符，会计应记录和反映这笔资产减值损失，这就是资产减值的经济实质。

一、资产减值的确认标准

（一）永久性标准

永久性标准认为只有永久性的资产减值损失才能予以确认。所谓永久性的资产减值，即在可预见的未来不可能恢复的资产减值。

（二）可能性标准

可能性标准是指对可能的资产减值损失予以认定。可能性标准的特点是，其确认和计量的标准不同。确认时以未来现金流量的贴现值作为基础，而计量时采用公允价值。如果未来现金流量的贴现值大于账面价值，那么即便公允价值小于账面价值，也不确认资产减值损失。

（三）经济性标准

经济性标准是指只要资产发生减值就应当予以确认，确认和计量采用相同的基础。在经济性标准下，资产被定义为"预期的未来经济利益"，具有可定义性；可收回金额小于账面价值的差额用以计量减值损失，具有可计量性和可靠性，另外还能提供相关的信息，具有相关性。

二、我国对资产减值的认定标准

存货减值及金融资产减值的认定标准分散在各自准则中。其他非流动及非金融资产减值的认定标准，在《企业会计准则第 8 号——资产减值》中规范。

按《企业会计准则第 8 号——资产减值》的规定，企业应当在资产负债表日判断资产是否存在可能发生减值的迹象。因企业合并所形成的商誉和使用寿命不确定的无形资产，无论是否存在减值迹象，每年都应当进行减值测试。存在下列迹象的，表明资产可能发生了减值。

（1）资产的市价当期大幅度下跌，其跌幅明显高于因时间的推移或者正常使用而预计的下跌。

（2）企业经营所处的经济、技术或者法律等环境以及资产所处的市场在当期或者将在近期发生重大变化，从而对企业产生不利影响。

（3）市场利率或者其他市场投资报酬率在当期已经提高，从而影响企业计算资产预计未来现金流量现值的折现率，导致资产可收回金额大幅度降低。

（4）有证据表明资产已经陈旧过时或者其实体已经损坏。

（5）资产已经或者将被闲置、终止使用或者计划提前处置。

（6）企业内部报告的证据表明资产的经济绩效已经低于或者将低于预期，如资产所创造的净现金流量或者实现的营业利润（或者亏损）远远低于（或者高于）预计金额等。

（7）其他表明资产可能已经发生减值的迹象。

第二节　资产可收回金额的计量

一、资产可收回金额的估计方法

可收回金额是资产的公允价值减去处置费用后的净额与资产预计未来现金流量的现值两者之间较高者。资产的公允价值减去处置费用后的净额与资产预计未来现金流量的现值，只要有一项超过了资产的账面价值，就表明资产没有发生减值，不需要再估计另一项金额。

处置费用包括与资产处置有关的法律费用、相关税费、搬运费及为使资产达到可销售状态所发生的直接费用等。

在特殊情形下，资产即使没有在活跃市场上交易，也有可能确定资产的公允价值减去处置费用后的净额，但是，企业有时不可能确定资产的公允价值减去处置费用后的净额，因为在熟悉情况的交易双方各自自愿进行的正常交易中，出售资产可获取的金额缺乏可靠的估计基础。在这种情况下，资产预计未来现金流量的现值可视为其可收回金额。企业如果没有理由相信资产的预计未来现金流量现值远远超过其公允价值减去处置费用后的净额，则资产的公允价值减去处置费用后的净额可视为其可收回金额。

二、资产的公允价值减去处置费用后净额的估计

资产公允价值的确定方法包括：以销售协议价作为公允价值；以买方出价作为公允价值；以最佳信息的估计数作为公允价值。

（一）以销售协议价作为公允价值

销售协议价是指公平交易中有法律约束力的销售价格，通常情况下，应当根据公平交易中销售协议价格减去可直接归属于该资产处置费用的金额确定。

（二）以买方出价作为公允价值

如果不存在销售协议但存在资产活跃市场，应当按照该资产的市场价格减去处置费用后的金额确定。资产的市场价格通常应当根据资产的买方出价确定。如果当前的买方出价不易获得，只要交易日和估计日之间经济环境没有发生重大变动，则最近的交易价格可以为估计资产的公允价值减去处置费用后的金额提供基础。

（三）以最佳信息的估计数作为公允价值

如果不存在销售协议和资产活跃市场，应当以可获取的最佳信息为基础，估计资产的公允价值减去处置费用后的净额，该净额可以参考同行业类似资产的最近交易价格或者结果进行估计。

三、资产预计未来现金流量现值的估计

确定资产预计未来现金流量的现值应当考虑三个因素：预计未来现金流量、使用寿命和折现率。

（一）预计未来现金流量应考虑的因素

预计未来现金流量和折现率，应当在一致的基础上考虑因一般通货膨胀而导致物价上涨因素的影响。如果折现率考虑了这一影响因素，资产预计未来现金流量也应当考虑；折现率没有考虑这一影响因素的，预计未来现金流量也不应考虑。

预计资产未来现金流量，应当分析以前期间现金流量预计数与实际数的差异情况，以评判预计当期现金流量所依据假设的合理性。通常应当确保当期预计现金流量所依据的假设与前期实际结果相一致。

预计资产未来现金流量，应当以资产的当前状况为基础，不应包括与将来可能会发生的、尚未作出承诺的重组事项或者与资产改良有关的预计未来现金流量。但未来发生的现金流出是为了维持资产正常运转或者资产原定正常产出水平所必需的，预计资产未来现金流量时应当将其考虑在内。

预计在建工程、开发过程中的无形资产等资产的未来现金流量，应当包括预期为使该资产达到预定可使用或可销售状态而发生的全部现金流出。

资产的未来现金流量受内部转移价格影响的，应当采用在公平交易的前提下，企业管理层能够达成的最佳的未来价格估计数进行预计。

（二）预计未来现金流量包括的内容

资产持续使用过程中预计产生的现金流入。在企业发生了可以改进或提高资产经济利益产出能力的现金流出之前，未来现金流量的估计数不包括与该现金流出相关的未来经济利益增加所导致的估计未来现金流入。

为实现资产持续使用过程中产生的现金流入所必需的预计现金流出，包括为使资产达到预定可使用状态所发生的现金流出。该现金流出应当是可直接归属于或者可通过合理和一致的基础分配到资产中的现金流出。未来现金流量的估计数包括为维持资产在现有的状况下预计可能产生的经济利益水平所必需的未来现金流出。当资产组是由具有不同估计使用寿命的资产组成时，所有资产对资产组正在从事的生产经营活动都是必要的，当估计与资产组有关的未来现金流量时，具有较短使用寿命的资产的重置被认为是资产组日常维护的一部分。如果资产的账面价值没有包括为使其达到使用或者销售状态而发生的所有现金流出，则未来现金流出的估计数应当包括预期在资产达到使用或者销售状态以前发生的现金流出估计数。

资产使用寿命结束时，处置资产所收到或者支付的净现金流量。该现金流量应当是在公平交易中，熟悉情况的交易双方自愿进行交易时，企业预期可从资产的处置中获取或者支付的金额减去预计处置费用后的净额。

（三）折现率的确定

折现率是反映当前市场货币时间价值和资产特定风险的税前利率。该折现率是企业在购置或者投资资产时所要求的必要报酬率，即如果投资者选择一项投资，从中获得的现金流量在金额、时间和风险方面将与企业预期从该资产中获得的报酬相等。

折现率的确定通常应当以该资产的市场利率为依据。该资产的利率无法从市场获得的，可以使用替代利率估计折现率。替代利率可以根据加权平均资本成本、增量借款利率或者其他相关市场借款利率作适当的调整后确定。调整时，应当考虑与资产预计现金流量有关的特定风险及其他有关政治风险、货币风险和价格风险等。

估计资产未来现金流量现值，通常应当使用单一的折现率。资产未来现金流量的现值对未来不同期间的风险差异或者利率的期间结构反应敏感的，应当在未来各不同期间采用不同的折现率。

第三节　资产减值损失的确认与计量

按《企业会计准则第8号——资产减值》的规定，可收回金额的计量结果表明，资产的可收回金额低于其账面价值的，应当将资产的账面价值减记至可收回金额，减记的金额确认为资产减值损失，计入当期损益，同时计提相应的资产减值准备。资产减值损失确认后，减值资产的折旧或者摊销费用应当在未来期间作相应调整，以使该资产在剩余使用寿命内，系统地分摊调整后的资产账面价值（扣除预计净残值）。资产减值损失一经确认，在以后会计期间不得转回。

企业计提各项资产减值准备所形成的损失均通过"资产减值损失"科目核算。"资产减值损失"科目可按资产减值损失的项目进行明细核算。企业的应收款项、存货、长期股权投资、持有至到期投资、固定资产、无形资产、贷款等资产发生减值的，按应减记的金额，借记"资产减值损失"科目，贷记"坏账准备"、"存货跌价准备"、"长期股权投资减值准备"、"持有至到期投资减值准备"、"固定资产减值准备"、"无形资产减值准备"、"贷款损失准备"等科目。

在建工程、工程物资、生产性生物资产、商誉、抵债资产、损余物资、采用成本模式计量的投资性房地产等资产发生减值的，应当设置相应的减值准备科目，比照上述规定进行处理。

期末，应将"资产减值损失"科目余额转入"本年利润"科目，结转后"资产减值损失"科目无余额。

第四节　资产组的认定及减值处理

一、资产组的认定

资产减值金额的计提基础是单项资产或资产组。

资产组是企业可以认定的最小资产组合，其产生的现金流入应当基本上独立于其他资产或者资产组。资产组应当由创造现金流入相关的资产组成。

（1）认定资产组最关键的因素是该资产组能否独立产生现金流入。企业的某一生产线、营业网点、业务部门等，如果能够独立于其他部门或者单位等创造收入、产生现金流量，或者其创造的收入和现金流入绝大部分独立于其他部门或者单位，并且属于可认定的最小资产组合，通常应将该生产线、营业网点、业务部门等认定为一个资产组。几项资产的组合生产的产品（或者其他产出）存在活跃市场的，无论这些产品或者其他产出是用于对外出售还是仅供企业内部使用，均表明这几项资产的组合能够独立创造现金流入，应当将这些资产的组合认定为资产组。

（2）企业对生产经营活动的管理或者监控方式及对资产使用或者处置的决策方式等，也是认定资产组应考虑的重要因素。

例如，某服装企业有童装、西装、衬衫三个工厂，每个工厂在核算、考核和管理等方面都相对独立，在这种情况下，每个工厂通常为一个资产组。

再如，某家具制造商有 A 车间和 B 车间，A 车间专门生产家具部件，生产完后由 B 车间负责组装，该企业对 A 车间和 B 车间资产的使用和处置等决策是一体的，在这种情况下，A 车间和 B 车间通常应当认定为一个资产组。

二、资产组减值的会计处理

根据《企业会计准则》的规定，资产组或者资产组组合的可收回金额低于其账面价值的（总部资产和商誉分摊至某资产组或者资产组组合的，该资产组或者资产组组合的账面价值应当包括相关总部资产和商誉的分摊额），应当确认相应的减值损失。减值损失金额应当先抵减分摊至资产组或者资产组组合中商誉的账面价值，再根据资产组或者资产组组合中除商誉之外的其他各项资产的账面价值所占比重，按比例抵减其他各项资产的账面价值。

以上资产账面价值的抵减，应当作为各单项资产（包括商誉）的减值损失处理，计入当期损益。抵减后的各资产的账面价值不得低于以下三者之中最高者：该资产的公允价值减去处置费用后的净额、该资产预计未来现金流量的现值和零。因此而导致的未能分摊的减值损失金额，应当按照相关资产组或者资产组组合中其他各项资产的账面价值所占比重进行分摊。

三、总部资产减值的会计处理

由于总部资产其本身并不直接生产独立的现金流量，即难以脱离其他资产或者资产组单独产生独立的现金流入，而且其账面价值难以完全归属于某一资产组，因此对总部资产存在减值迹象，进行减值处理时，则存在着特殊性。对于总部资产及其相关资产减值的会计处理有两种方法可供选择：第一种方法是将总部资产的账面价值分配到与该总部资产相关的各资产组，以各资产组为基础进行资产减值的会计处理；第二种方法是将总部资产并入与该总部资产相关的各资产组，合并为一个更大的资产组组合，以此为基础进行资产减值的会计处理。

将总部资产的账面价值分配到与该总部资产相关的各资产组时的资产减值的会计处理如下。

首先，在确定作为基础的各资产组时，按照一定的标准将总部资产的账面价值分配于各资产组。

其次，分别计算确定包含总部资产账面价值分配额的各资产组的账面价值及其可收回金额，并分别将各资产组（包含总部资产分配额）的账面价值与其可收回金额进行比较，按照各资产组的账面价值高于其可收回金额的差额，分别确认各资产组应确认的减值损失，将各资产组的账面价值减记至其可收回金额。

最后，将包含总部资产账面价值分配额的各资产组应确认的减值损失，采用以账面价值为基础的分配比例等合理的方法，分配于该资产组内的各项资产。

总部资产并入与该总部资产相关的各资产组合并为一个更大的资产组组合时资产减值的会计处理如下。

首先，对于与该总部资产相关的各资产组（不包含总部资产），分别计算每一资产组的账面价值及其可收回金额，比较账面价值与可收回金额，确定各相应资产组应确认的减值损失的金额，在此基础上计算该部门资产相关的资产组应确认的减值损失的合计额。

其次，对于存在减值迹象的总部资产，将总部资产及其相关的资产或资产组，组成一个资产组组合计算确定该包含总部资产的资产组组合的账面价值及其可收回金额，并比较账面价值与可收回金额，确定包含总部资产的资产组应当确认的减值损失的金额。在这里账面价值及其可收回金额计算确定方法与一般资产组的方法相同。

再次，将包含总部资产的资产组组合当期应确认的减值损失超过该总部资产相关的各资产组应确认减值损失的合计额的增加额，作为该总部资产当期应确认的减值损失的金额。这一增加额可能大于总部资产的可收回金额，甚至大于该总部资产的账面价值。在该增加额大于该总部资产的可收回金额的情况下，必须注意的是，该总部资产应确认的减值损失不得超过该总部资产账面价值减去可收回金额的差额，即该总部资产减记后的金额，不得低于其可收回金额。在这种情况下，上述减值损失的增加额减去总部资产当期确认的减值损失的金额，则应当将其分配到与该总部资产相关的各资产组。

最后，对于各资产组单独计算应确认减值损失的金额，按照该资产组内各资产的账面价值的比例，将其分配到该资产组内的各项资产，并进行相应的账务处理。

如果上述计算确定的减值损失增加额中有作为总部资产减值损失确认的金额，首先应当按照一定的标准分配到该总部资产相关的资产组，然后按照相应资产组内各资产的账面价值的比例，将分配到各资产组的金额与各相应资产组单独计算确定的应确认减值损失的金额，分配到相应资产组内的各项资产，计算确定该资产组内各项资产应确认的减值损失并进行相应的账务处理。

第五节 商誉减值测试与处理

一、商誉减值测试

根据《企业会计准则》的规定，企业合并所形成的商誉，至少应当在每年年度终了时进行减值测试。商誉应当结合与其相关的资产组或者资产组组合进行减值测试。相关的资产组或者资产组组合应当是能够从企业合并的协同效应中受益的资产组或者资产组组合，并且不应当大于按照《企业会计准则第 35 号——分部报告》所确定的报告分部。

企业进行资产减值测试，对于企业合并形成的商誉的账面价值，应当自购买日起按照合理的方法分摊至相关的资产组；难以分摊至相关的资产组的，应当将其分摊至相关的资产组组合。在将商誉的账面价值分摊至相关的资产组或者资产组组合时，应当按照各资产组或者资产组组合的公允价值占相关资产组或者资产组组合公允价值总额的比例进行分摊。公允价值难以可靠计量的，按照各资产组或者资产组组合的账面价值占相关资产组或者资产组组合账面价值总额的比例进行分摊。由于进行重组等原因而改变了其报告结构，从而影响到已分摊商誉的一个或者多个资产组或者资产组组合构成的，企业应当重新按照各资产组或者资产组组合的公允价值占相关资产组或者资产组组合公允价值总额的比例进行分摊。公允价值难以可靠计量的，按照各资产组或者资产组组合的账面价值占相关资产组或者资产组组合账面价值总额的比例进行分摊。

二、商誉减值的会计处理

根据企业会计准则的规定，在对包含商誉的相关资产组或者资产组组合进行减值测试时，如与商誉相关的资产组或者资产组组合存在减值迹象的，应当先对不包含商誉的资产组或者资产组组合进行减值测试，计算可收回金额，并与相关账面价值相比较，确认相应的减值损失，再对包含商誉的资产组或者资产组组合进行减值测试，比较这些相关资产组或者资产组组合的账面价值（包括所分摊的商誉的账面价值部分）与其可收回金额，如相关资产组或者资产组组合的可收回金额低于其账面价值的，应当确认商誉的减值损失。减值损失金额应当先抵减分摊至资产组或者资产组组合中商誉的账面价值，再根据资产组或者资产组组合中除商誉之外的其他各项资产的账面价值所占比重，按比例抵减其他各项资产的账面价值。

以上资产账面价值的抵减，应当作为各单项资产（包括商誉）的减值损失处理，计入当期损益。抵减后的各资产的账面价值不得低于以下三者之中的最高者：该资产的公允价值减去处置费用后的净额、该资产预计未来现金流量的现值、零。

具体来说，企业确认的商誉减值损失，应当借记"资产减值损失"科目，贷记"商誉减值准备"科目。

重点与难点

重点：资产减值的含义，资产减值认定的一般标准及我国对资产减值的认定标准，资产可收回金额的含义，资产可收回金额的估计方法，资产减值的计提基础，单项资产减值的会计处理，资产组减值的会计处理，总部资产减值的会计处理，商誉减值的会计处理。

难点：资产可收回金额的含义，资产可收回金额的估计方法，资产组减值的会计处理，总部资产减值的会计处理，商誉减值的会计处理。

关键问题

1. 什么是资产减值？其理论上的认定标准有几种？
2. 我国对资产减值的认定标准是如何规定的？
3. 什么是资产的可收回金额？其意义是什么？
4. 资产的公允价值与处置费用的净额如何确定？
5. 什么是资产的预计未来现金流量现值？
6. 预计未来现金流量应考虑的主要因素有哪些？
7. 建立资产组和资产组组合的意义是什么？
8. 商誉如何进行减值测试？
9. 资产组如何进行减值测试？

真题实训及解析

一、**真题实训**（第 1 题为单项选择题，第 2 题为多项选择题，第 3～5 题为计算及会计处理题）

★1. 下列各项资产减值准备中，在相应资产的持有期间内可以转回的是（　　）。

　　A. 固定资产减值准备　　　　　B. 持有至到期投资减值准备
　　C. 商誉减值准备　　　　　　　D. 长期股权投资减值准备

★2. 下列各项关于资产组认定及减值处理的表述中，正确的有（   ）。

    A. 主要现金流入是否独立于其他资产或资产组是认定资产组的依据

    B. 资产组账面价值的确定基础应当与其可收回金额的确定方式一致

    C. 资产组的认定与企业管理层对生产经营活动的管理或者监控方式密切相关

    D. 资产组的减值损失应当首先抵减分摊至该资产组中商誉的账面价值

    E. 当企业难以估计某单项资产的可收回金额时，应当以其所属资产组为基础确定资产组的可收回金额

★3. 甲股份有限公司（简称甲公司）是生产家用电器的上市公司，实行事业部制管理，有 A、B、C、D 四个事业部，分别生产不同的家用电器，每一事业部为一个资产组。甲公司有关总部资产及 A、B、C、D 四个事业部的资料如下：

    (1) 甲公司的总部资产为一级电子数据处理设备，成本为 1 500 万元，预计使用年限为 20 年。至 20×8 年年末，电子数据处理设备的账面价值为 1 200 万元，预计剩余使用年限为 16 年。电子数据处理设备用于 A、B、C 三个事业部的行政管理，由于技术已经落后，其存在减值迹象。

    (2) A 资产组为一生产线，该生产线由 X、Y、Z 三部机器组成。该三部机器的成本分别为 4 000 万元、6 000 万元、10 000 万元，预计使用年限均为 8 年。至 20×8 年年末，X、Y、Z 机器的账面价值分别为 2 000 万元、3 000 万元、5 000 万元，预计剩余使用年限均为 4 年。由于产品技术落后于其他同类产品，产品销量大幅下降，20×8 年度比上年下降了 45%。

    经对 A 资产组（包括分配的总部资产）未来 4 年的现金流量进行预测并按适当的折现率折现后，甲公司预计 A 资产组未来现金流量现值为 8 480 万元。甲公司无法合理预计 A 资产组公允价值减去处置费用后的净额，因 X、Y、Z 机器均无法单独产生现金流量，因此也无法预计 X、Y、Z 机器各自的未来现金流量现值。甲公司估计 X 机器公允价值减去处置费用后的净额为 1 800 万元，但无法估计 Y、Z 机器公允价值减去处置费用后的净额。

    (3) B 资产组为一条生产线，成本为 1 875 万元，预计使用年限为 20 年。至 20×8 年年末，该生产线的账面价值为 1 500 万元，预计剩余使用年限为 16 年。B 资产组未出现减值迹象。

    经对 B 资产组（包括分配的总部资产）未来 16 年的现金流量进行预测并按适当的折现率折现后，甲公司预计 B 资产组未来现金流量现值为 2 600 万元。甲公司无法合理预计 B 资产组公允价值减去处置费用后的净额。

    (4) C 资产组为一条生产线，成本为 3 750 万元，预计使用年限为 15 年。至 20×8 年年末，该生产线的账面价值为 2 000 万元，预计剩余使用年限为 8 年。由于实现的营业利润远远低于预期，C 资产组出现减值迹象。

    经对 C 资产组（包括分配的总部资产）未来 8 年的现金流量进行预测并按

适当的折现率折现后，甲公司预计 C 资产组未来现金流量现值为 2 016 万元。甲公司无法合理预计 B 资产组公允价值减去处置费用后的净额。

（5）D 资产组为新购入的生产小家电的丙公司。20×8 年 2 月 1 日，甲公司与乙公司签订股权转让协议，甲公司以 9 100 万元的价格购买乙公司持有的丙公司 70% 的股权。4 月 15 日，上述股权转让协议经甲公司临时股东大会和乙公司股东会批准。4 月 25 日，甲公司支付了上述转让款。5 月 31 日，丙公司改选了董事会，甲公司提名的董事占半数以上，按照公司章程规定，财务和经营决策需董事会半数以上成员表决通过。当日丙公司可辨认净资产的公允价值为 12 000 万元。甲公司与乙公司在该项交易前不存在关联方关系。D 资产组不存在减值迹象。

至 20×8 年 12 月 31 日，丙公司可辨认净资产按照购买日的公允价值持续计算的账面价值为 13 000 万元。甲公司估计包括商誉在内的 D 资产组的可收回金额为 13 500 万元。

（6）其他资料如下。

上述总部资产以及 A、B、C 各资产组相关资产均采用年限平均法计提折旧，预计净残值均为零。

电子数据处理设备中资产组的账面价值和剩余使用年限按加权平均计算的账面价值比例进行分配。

除上述所给资料外，不考虑其他因素。

要求：

（1）计算甲公司 20×8 年 12 月 31 日电子数据处理设备和 A、B、C 资产组及其各组成部分应计提的减值资金积累，并编制相关会计分录；计算甲公司电子数据处理设备和 A、B、C 资产组及其各组成部分于 20×9 年度应计提的折旧额。

（2）计算甲公司 20×8 年 12 月 31 日商誉应计提的减值准备，并编制相关的会计分录。

▲4. 南方公司是生产电子仪器的上市公司，由管理总部和甲、乙两个车间组成。该电子仪器主要销往欧美等国，由于受国际金融危机的不利影响，电子仪器市场销量一路下滑。南方公司在编制 20×9 年度财务报告时，对管理总部、甲车间、乙车间和商誉等进行减值测试。南方公司有关资产减值测试资料如下：

（1）管理总部和甲车间、乙车间有形资产减值测试相关资料。

管理总部资产由一栋办公楼组成。20×9 年 12 月 31 日，该办公楼的账面价值为 2 000 万元。甲车间仅拥有一套 A 设备，生产的半成品仅供乙车间加工成电子仪器，无其他用途；20×9 年 12 月 31 日，A 设备的账面价值为 1 200 万元。乙车间仅拥有 B、C 两套设备，除对甲车间提供的半成品加工为产成品外，无其他用途；20×9 年 12 月 31 日，B、C 设备的账面价值分别为 2 100 万元和 2 700 万元。

20×9 年 12 月 31 日，办公楼如以当前状态对外出售，估计售价为 1 980 万元（即公允价值），另将发生处置费用 20 万元。A、B、C 设备的公允价值均无法可靠计量；甲车间、乙车间整体以及管理总部、甲车间、乙车间整体的公允价值也均无法可靠计量。

办公楼、A、B、C 设备均不能单独产生现金流量。20×9 年 12 月 31 日，乙车间的 B、C 设备在预计使用寿命内形成的未来现金流量现值为 4 658 万元；甲车间、乙车间整体的预计未来现金流量现值为 5 538 万元；管理总部、甲车间、乙车间整体的预计未来现金流量现值为 7 800 万元。

假定进行减值测试时，管理总部资产的账面价值能够按照甲车间和乙车间资产的账面价值进行合理分摊。

（2）商誉减值测试相关资料。

20×8 年 12 月 31 日，南方公司以银行存款 4 200 万元从二级市场购入北方公司 80% 的有表决权股份，能够控制北方公司。当日，北方公司可辨认净资产的公允价值和账面价值均为 4 000 万元；南方公司在合并财务报表层面确认的商誉为 1 000 万元。

20×9 年 12 月 31 日，南方公司对北方公司投资的账面价值仍为 4 200 万元，在活跃市场中的报价为 4 080 万元，预计处置费用为 20 万元；南方公司在合并财务报表层面确定的北方公司可辨认净资产的账面价值为 5 400 万元，北方公司可收回金额为 5 100 万元。

（3）南方公司根据上述有关资产减值测试资料，进行了如下会计处理。

认定资产组或资产组组合：①将管理总部认定为一个资产组；②将甲、乙车间认定为一个资产组组合。

确定可收回金额：①管理总部的可收回金额为 1 960 万元；②对子公司北方公司投资的可收回金额为 4 080 万元。

计量资产减值损失：①管理总部的减值损失金额为 50 万元；②甲车间 A 设备的减值损失金额为 30 万元；③乙车间的减值损失金额为 120 万元；④乙车间 B 设备的减值损失金额为 52.5 万元；⑤乙车间 C 设备的减值损失金额为 52.5 万元；⑥南方公司个别资产负债表中，对北方公司长期股权投资减值损失的金额为 120 万元；⑦南方公司合并资产负债表中，对北方公司投资产生商誉的减值损失金额为 1 000 万元。

要求：

根据上述资料，逐项分析、判断南方公司对上述资产减值的会计处理是否正确（分别注明该事项及其会计处理的序号）；如不正确，请说明正确的会计处理（金额单位用万元表示）。

▲5. 甲公司是一家能源化工股份有限公司，已在上海证券交易所上市。该公司

20×7 年与资产减值有关的事项：

(1) 20×7 年 1 月 1 日进行新旧会计准则转换时，将 20×7 年 1 月 1 日前已计提的在建炼油装置减值准备 1 000 万元转回。调增了年初在建工程和留存收益 1 000万元。该装置于 20×7 年 5 月达到预定可使用状态。

(2) 甲公司 20×7 年 6 月计划将某炼化分公司进行整合。根据整合计划需要核实资产价值，为此计提了固定资产减值准备 8 000 万元，并在经审计的 20×7 年半年报中予以披露。由于某些特殊原因，该公司 20×7 年 10 月取消了该项整合计划。在编制 20×7 年年报时，公司认为该项整合计划已经取消。原来导致该固定资产减值的迹象已经消除。且计提固定资产减值准备发生在同一个会计年度内，遂将 20×7 年 6 月计提的固定资产减值准备8 000 万元予以转回。

(3) 20×7 年 11 月，甲公司根据环保部门的要求对位于长江边的一套化肥生产装置进行了报废处理，该生产装置原价 13 000 万元，已计提累计折旧 10 000 万元，已计提减值准备 2 000 万元（20×6 年度计提）。该公司按其账面价值 1 000 万元转入固定资产清理。至 20×7 年 12 月 31 日仍处于清理之中。

(4) 甲公司受行业经营周期的影响，20×7 年度亏损 8 000 万元，预计未来 5 年还会连续亏损。经过努力扭亏的可能性不大。20×7 年 12 月 31 日，该公司确认了递延所得税资产 8 000 万元。

除资料（1）～（4）所述的甲公司有关情况之外，不考虑其他因素。

要求：

根据上述资料，分别分析、判断甲公司的会计处理是否正确，并简要说明理由。

二、参考答案及解析

1. B

2. ABCDE

3. 参考答案

    (1) 借：资产减值损失——总部资产   144

                    ——设备 X   200

                    ——设备 Y   675

                    ——设备 Z   1 125

                    ——C 资产组   200

        贷：固定资产减值准备   2 344

20×9 年以下各项目应该计提的折旧金额

总部资产 20×9 年计提的折旧金额＝（1 200－144)/16＝66（万元）

设备 X 20×9 年计提的折旧金额＝1 800/4＝450（万元）

设备 Y 20×9 年计提的折旧金额＝2 325/4＝581.25（万元）

设备 Z 20×9 年计提的折旧金额＝3 875/4＝968.75（万元）

B 资产组 20×9 年计提的折旧金额＝1 500/16＝93.75（万元）

C 资产组 20×9 年计提的折旧金额＝1 800/8＝225（万元）

（2）商誉＝9 100－12 000×70％＝700（万元）

合并财务报表中确认的总商誉＝700/70％＝1 000（万元）

甲公司包含商誉的资产组账面价值＝13 000＋1 000＝14 000（万元），可收回金额为 13 500 万元，应计提减值准备 500 万元。

甲公司 20×8 年 12 月 31 日商誉应计提的减值准备＝500×70％＝350（万元）

借：资产减值损失　　　　　　　　　　　　　　　　350

　　贷：商誉减值准备　　　　　　　　　　　　　　　　350

4. 参考答案

资产组或资产组合的认定：①将管理总部认定为一个资产组的处理不正确，因为管理总部不能独立产生现金流量，不能认定为一个资产组；②将甲、乙车间认定为一个资产组合的处理不正确，因为甲、乙车间组成的生产线构成完整的产销单元，能够单独产生现金流量，应认定为一个资产组，管理总部、甲、乙应作为一个资产组合。

可收回金额的确定：①正确；②不正确，对子公司北方公司股权投资的可收回金额＝公允价值 4 080－处置费用 20＝4 060（万元）。

资产减值损失的计量：①～⑥均不正确；⑦正确。

资产组组合应确认的减值损失＝资产组组合的账面价值（2 000＋1 200＋2 100＋2 700）－资产组组合的可收回金额 7 800＝200（万元）。

按账面价值比例计算，办公楼（总部资产）应分摊的减值金额＝200×（2 000/8 000）＝50（万元），因办公楼的公允价值减去处置费用后的净额＝1 980－20＝1 960（万元），办公楼分摊减值损失后其账面价值不应低于 1 960 万元，所以办公楼只能分摊减值损失 40 万元，剩余 160 万元为甲、乙车间构成的资产组应分摊的减值损失。

分摊减值损失 160 万元后，甲、乙资产组的账面价值＝1 200＋2 100＋2 700－160＝5 840（万元），大于该资产组的未来现金流量现值 5 538 万元，故甲、乙车间构成的资产组应确认的减值损失为 160 万元。

按账面价值所占比例，甲车间 A 设备应分摊的减值损失＝160×（1 200/6 000）＝32（万元）；B 设备应分摊的减值损失＝160×（2 100/6 000）＝56（万元）；C 设备应分摊的减值损失＝160×（2 700/6 000）＝72（万元）。

按账面价值所占比例乙车间分摊的减值损失总额＝56＋72＝128（万元），分摊减值损失后，乙车间的账面价值 2 100＋2 700－128＝4 672（万元），大于乙车间未来现金流量现值 4 658 万元，所以乙车间应计提的减值损失为 128 万元。

对北方公司长期股权投资的可收回金额＝4 080−20＝4 060（万元），应计提的减值准备＝4 200−4 060＝140（万元）。因为该企业只有一个资产组（由甲、乙车间构成），因此总部资产应全部分摊在该资产组上。

对商誉进行减值测试时，应将北方公司总体认定为一个资产组，该资产组经过调整后的账面价值（包括商誉）＝5 400＋1 000/80%＝6 650（万元），该资产组的可收回金额为 5 100 万元，共发生减值损失 1 550 万元，先冲减商誉＝1 000/80%＝1 250（万元），因此合并报表上应该确认商誉减值损失 1 000 万元（子公司少数股东的商誉减值损失不需要在合并报表上反映）。

5. 参考答案

（1）甲公司的会计处理不正确。20×7 年 1 月 1 日前已计提的在建工程减值准备在新旧会计准则转换时不得转回。

（2）甲公司的会计处理不正确。固定资产减值损失一经确认，在以后会计期间不得转回。

（3）甲公司的会计处理不正确。固定资产转入清理时，应按账面价值进行结转，或固定资产转入清理时，应将计提的减值准备一并结转。

（4）甲公司的会计处理不正确。甲公司在 20×7 年以后 5 年无法获得足够的应纳税所得额，不应确认递延所得税资产，或甲公司预计未来 5 年连续亏损，不应确认递延所得税资产。

案例实训

案例 1

ST 科龙减值准备暗藏玄机

2006 年 8 月 14 日，ST 科龙公布了 2005 年年度报告。年报显示，公司的总资产和净资产分别缩水至 54.12 亿元和−10.8 亿元，2005 年的亏损额高达 36.93 亿元。

年报显示，公司巨额亏损的主要原因有两个：一是主营业务利润率大幅度下降。占公司销售额绝大多数的冰箱和空调，2005 年度的主营业务利润率分别为−1.11% 和 4.09%，较 2004 年分别下降了 103%、77%。主营业务利润率大幅下降的主因，在年报中被解释为停产导致的新产品不能及时推出以及原材料的价格上涨。但有专业人士认为，ST 科龙采用根据年末产成品盘点数量及加权采购单价计算年末库存，并据此倒推 2005 年度主营业务成本的方法也是毛利率下降的主要原因之一。该方法虽然可以保证年末存货的认定，但可能使本年度的主营业务成本包含以前年度应计成本。

除了上述原因外，引起 ST 科龙 2005 年度巨亏的第二个因素更加引人注目，那就是 ST 科龙将发生在以前经营管理期间的大量坏账、大量欠付费用、不良存货、过度无效投资等潜在亏损集中在 2005 年爆发，大幅度计提总额高达 14.2 亿元的各类资产减值准备。其中包括坏账准备 5.7 亿元、存货跌价准备 2.7 亿元、固定资产减值准备 1.76 亿元、无形资产减值准备 3.04 亿元，其中对"科龙""容声"商标提取了高达 2.86 亿元的减值准备，"容声"和"科龙"的最终评估价值分别仅为 7 990 万元、3 847 万元。

同时，公司还对 2004 年虚增的利润进行重大会计差错调整，调减年末净资产 2.09 亿元，这样 ST 科龙净资产将一举减少 39.2 亿元，由此前的 28 亿元，变为 -10.8 亿元；而总资产也由 2004 年年末的 113.6 亿元，缩水至 54.12 亿元。

思考：ST 科龙年度巨亏的主要来源？我国企业会计准则对资产减值采用的是什么标准？企业如何判断资产是否存在减值迹象？

（资料来源：王文华. 2009. 会计学习题与案例. 北京：中国海关出版社.）

案例 2

宝钢存货跌价准备吞噬七成利润

根据宝钢股份年报，2008 年宝钢股份实现净利润 64.59 亿元，每股收益 0.37 元，相比去年大降 49.2%。而由于铁矿石和钢铁价格暴跌，宝钢股份 2008 年累计计提资产减值损失达到了 58.94 元，占其利润总额的 72.28%。仅在 2008 年第四季度，存货减值就高达 48 亿元。这也导致 2008 年前三季度还盈利 124.9 亿元的宝钢股份，在第四季度巨亏 60.3 亿元。

宝山钢铁股份有限公司是上海宝钢集团公司的控股子公司，创立于 2000 年 2 月 3 日，同年 12 月 12 日在上海证券交易所上市。宝钢股份是中国最大、现代化程度最高的钢铁联合企业，也是全球最具竞争力的钢铁企业之一。

思考：分析宝钢计提存货跌价准备对当期损益的影响。我国《企业会计准则》规定的资产减值损失确认与计量的一般原则有哪些？

（资料来源：王佳晓. 2009. 存货减值吞噬七成利润，宝钢 59 亿减值抗寒. 21 世纪网. 2009-04-04.）

阅读材料

企业会计准则第 1 号——存货
企业会计准则第 3 号——投资性房地产
企业会计准则第 5 号——生物资产

企业会计准则第 8 号——资产减值

企业会计准则第 15 号——建造合同

企业会计准则第 18 号——所得税

企业会计准则第 21 号——租赁

企业会计准则第 22 号——金融工具的确认和计量

企业会计准则第 27 号——石油天然气开采

企业会计准则第 35 号——分部报告

中华人民共和国财政部. 2006. 企业会计准则——应用指南. 北京：中国财政经济出版社.

中华人民共和国财政部会计司编写组. 2007. 企业会计准则讲解. 北京：人民出版社.

第十章　负　　债

学习目的与要求

通过本章的学习，应理解负债的含义、特征和分类；掌握短期借款、应付票据、应付账款、预收账款、应付职工薪酬、应交税费和预计负债的核算内容及其相应的账务处理；同时掌握长期借款、应付债券和长期应付款的核算内容及其相应的账务处理；掌握各种债务重组方式下债务人的账务处理。

第一节　负债概述

一、负债的含义及特征

负债是指企业过去的交易或者事项形成的、预期会导致经济利益流出企业的现时义务。负债具有以下特征：①负债是由过去的交易或事项形成的；②负债是企业承担的现时义务；③负债的清偿预期会导致经济利益流出企业（交付资产或提供劳务）。

二、负债的分类

负债按照流动性可以分为流动负债和非流动负债。

（一）流动负债

负债满足下列条件之一的，应当归类为流动负债：①预计在一个正常营业周期中清偿；②主要为交易目的而持有；③自资产负债表日起一年内到期应予以清偿；④企业无权自主将清偿推迟至资产负债表日后一年以上。流动负债主要包括短期借款、应付票据、应付账款、预收账款、应付职工薪酬、应交税费、其他应付款等。

（二）非流动负债

流动负债以外的负债应当归类为非流动负债。非流动负债主要包括长期借款、应付债券、长期应付款等。

三、负债的确认条件

符合准则规定的负债定义的义务，在同时满足以下条件时，确认为负债：

①与该义务有关的经济利益很可能流出企业；②未来流出的经济利益的金额能够可靠计量。

第二节　流动负债

一、短期借款

短期借款是指企业向银行或其他金融机构等借入的期限在 1 年以下（含 1 年）的各种款项。

（1）取得短期借款时，借记"银行存款"科目，贷记"短期借款"科目。

（2）支付利息费用时，借记"财务费用"科目，贷记"银行存款"科目。资产负债表日尚未支付的利息，借记"财务费用"科目，贷记"应付利息"科目；支付时，借记"应付利息"科目（资产负债表日已计息），借记"财务费用"科目（资产负债表日后计息），贷记"银行存款"科目。

（3）到期归还借款时，借记"短期借款"科目，贷记"银行存款"科目。

二、应付票据

应付票据是指企业购买材料、商品和接受劳务供应等而开出、承兑的商业汇票，包括银行承兑汇票和商业承兑汇票。应付票据按是否带息分为带息应付票据和不带息应付票据两种。

由于我国商业汇票的付款期限最长不超过 6 个月，因此会计实务中一般采用按票据面值记账的方法。

（1）开出、承兑商业汇票时，借记"材料采购"、"原材料"、"库存商品"、"应付账款"等科目，借记"应交税费——应交增值税（进项税额）"科目，贷记"应付票据"科目。

（2）带息应付票据于期末（半年末和年末）计提利息时，借记"财务费用"科目，贷记"应付票据"科目。

（3）票据到期，支付票款。不带息应付票据，按面值，借记"应付票据"科目，贷记"银行存款"科目；带息应付票据，借记"应付票据"科目（面值或＋已提利息），借记"财务费用"科目（未提利息），贷记"银行存款"科目。

（4）商业承兑汇票到期，企业无力支付票款，按票据账面价值，借记"应付票据"科目，贷记"应付账款"科目。银行承兑汇票到期，企业无力支付票款，承兑银行除凭票向持票人无条件付款外，对出票人尚未支付的汇票金额转作逾期贷款处理，并按每天万分之五计收利息，借记"应付票据"科目，贷记"短期借款"科目。

三、应付账款

应付账款是指企业因购买材料、商品和接受劳务供应等经营活动而应支付的款项。

应付账款的入账时间为取得发票时，暂估入账的情况。应付账款的入账金额按发票价格确定，对于"现金折扣"的账务处理，我国采用总价法。

（1）购入材料、商品等，但货款尚未支付，借记"材料采购"、"原材料"、"库存商品"等科目，借记"应交税费——应交增值税（进项税额）"科目，贷记"应付账款"科目。

（2）接受劳务供应而款项未付，借记"生产成本"、"管理费用"等科目，贷记"应付账款"科目。

（3）支付款项时，借记"应付账款"科目，贷记"银行存款"等科目。

四、预收账款

预收账款的核算，应视企业的具体情况而定。如果企业的预收账款比较多，可以设置"预收账款"科目；如果预收账款不多，也可以不设置"预收账款"科目，直接记入"应收账款"科目的贷方。

五、应交税费

增值税是对在我国境内销售货物或者提供加工、修理修配劳务以及进口货物的单位和个人，就其货物或应税劳务的增值部分征收的一种税。应纳增值税的计算采用税款抵扣制，即根据本期销售货物或提供应税劳务的销售额，按规定税率计算应纳税款（销项税额），扣除本期购入货物或接受应税劳务已纳税款（进项税额），余额即为实际应交纳的增值税款。

消费税是对在我国境内生产、委托加工和进口应税消费品的单位和个人，就其取得的销售额征收的一种税。消费税的计算有从价定率和从量定额两种方法。

营业税是对在我国境内提供应税劳务、转让无形资产或者销售不动产的单位和个人，就其取得的营业额或销售额征收的一种税。

资源税是对在我国境内开采矿产品或者生产盐的单位和个人，就其取得的销售额征收的一种税。

所得税是国家对境内企业的生产经营所得和其他所得征收的一种税。

土地增值税是对转让国有土地使用权、地上建筑物及其附着物并取得收入的单位和个人，就其转让房地产所取得的增值额征收的一种税。

城市维护建设税是对在我国境内交纳增值税、消费税和营业税的单位和个人，就其实际缴纳的增值税、消费税和营业税税额为计税依据而征收的一种税。

　　房产税是以房产为征税对象，依据房产价格或房产租金收入向房产所有人或经营人征收的一种税。

　　土地使用税是以城镇土地为征税对象，对拥有土地使用权的单位和个人征收的一种税。

　　车船使用税是国家对行驶于境内公共道路的车辆和航行于境内河流、湖泊或者领海的船舶，依法征收的一种税。

　　个人所得税是对个人（自然人）取得的各项应税所得征收的一种税。

　　教育费附加是国家为了发展我国的教育事业，提高人民的文化素质而征收的一项费用，按照企业交纳流转税的一定比例计算，并与流转税一起交纳。

　　矿产资源补偿费是对在中华人民共和国领域和其他管辖海域开采矿产资源而征收的一项费用。按照矿产品销售收入的一定比例计征，由采矿权人交纳。

六、应付职工薪酬

　　职工薪酬是指企业为获得职工提供的服务而给予各种形式的报酬及其他相关支出。职工薪酬包括：①职工工资、奖金、津贴和补贴；②职工福利费；③医疗保险费、养老保险费、失业保险费、工伤保险费和生育保险费等社会保险费；④住房公积金；⑤工会经费和职工教育经费；⑥非货币性福利；⑦因解除与职工的劳动关系给予的补偿；⑧其他与获得职工提供的服务相关的支出。

　　现行准则规定，职工薪酬包括企业为职工在职期间和离职后提供的全部货币性薪酬和非货币性福利。非货币性福利，包括企业以自产产品发放给职工作为福利、将企业拥有的资产无偿提供给职工使用、为职工无偿提供医疗保健服务等。

　　企业应当在职工为其提供服务的会计期间，将应付的职工薪酬确认为负债，除因解除与职工的劳动关系给予的补偿外，应当根据职工提供服务的受益对象，分别按下列情况处理。

　　（1）应由生产产品、提供劳务负担的职工薪酬，计入产品成本或劳务成本。

　　（2）应由在建工程、无形资产负担的职工薪酬，计入建造固定资产或无形资产成本。

　　（3）上述（1）和（2）之外的其他职工薪酬，计入当期损益。

　　职工福利费是企业为职工缴纳的社会保险费和住房公积金以及工会经费和职工教育经费，根据工资总额的一定比例计算提取。

　　企业为了核算职工薪酬，应当设置"应付职工薪酬"总账科目，并在其下分别设置"工资"、"职工福利"、"社会保险费"、"住房公积金"、"工会经费"、"职工教育经费"、"非货币性福利"等明细科目，进行明细核算。

七、应付股利

应付股利是企业经董事会或股东大会，或类似机构决议确定分配的现金股利或利润。

企业根据审议批准的利润分配方案，按应支付的现金股利或利润，借记"利润分配"科目，贷记"应付股利"科目。实际支付时，借记"应付股利"科目，贷记"库存现金"等科目。

八、其他应付款

其他应付款是企业除应付票据、应付账款、预收账款、应付职工薪酬、应交税费、应付股利等以外的其他各种应付、暂收款项。

第三节　非流动负债

一、非流动负债概述

非流动负债除具有负债的共同特征外，与流动负债相比，还具有债务金额大，偿还期限长，可以分期偿还等特点，是企业筹集（融通）资金的一种重要方式。

企业筹集长期资金的方式主要有两种：一是由投资者投入新的资本（或由股东追加投资，增发新股）；另一种是举借长期负债，即通常所说的"举债经营"。考虑到举债经营的优点与不足，企业应进行合理的财务决策，适度举债。一方面，要保证举债经营的投资利润率高于长期负债的利率；另一方面，举债的程度应与企业的资本结构和偿债能力相适应。

二、长期借款

长期借款是企业向银行或其他金融机构借入的期限在 1 年以上（不含 1 年）的各项借款。

（1）借入长期借款，按实际收到的金额，借记"银行存款"科目，贷记"长期借款——本金"科目，借贷方差额借记"长期借款——利息调整"科目。

（2）资产负债表日，借记"在建工程"、"制造费用"、"财务费用"、"研发支出"等科目（按摊余成本和实际利率计算确定的利息费用），贷记"应付利息"科目（按合同利率计算确定的应付未付利息），贷记"长期借款——利息调整"科目。实际利率与合同利率差异较小的，也可以采用合同利率计算确定利息费用。

（3）归还长期借款本金，借记"长期借款——本金"科目，贷记"银行存款"科目。同时，按利息调整余额，借记"在建工程"、"制造费用"、"财务费用"、"研发支出"等科目，贷记"长期借款——利息调整"科目，或相反的会计分录。

三、应付债券

应付债券是企业为筹集长期资金而发行的债券。债券的主要内容包括：①债券面值；②票面利率（在债券发行前，根据当时的市场利率确定）；③付息日和到期日；④偿还方式。

债券的发行价格由发行时的实际利率决定。

（1）票面利率高于市场利率，可按超过债券票面价值的价格发行，称为溢价发行，表明企业以后多付利息而事先得到的补偿。

（2）票面利率低于市场利率，可按低于债券票面价值的价格发行，称为折价发行，表明企业以后少付利息而事先付出的代价。

（3）票面利率等于市场利率，可按债券票面价值发行，称为按面值发行。

企业应设置"应付债券"科目，核算企业为筹集（长期）资金而发行债券的本金和利息。本科目可按"面值"、"利息调整"、"应计利息"等进行明细核算。

（1）企业发行债券时，应按实际收到的金额，借记"银行存款"等科目，按债券票面金额，贷记本科目（面值）。存在差额的，还应借记或贷记本科目（利息调整）。

（2）资产负债表日，对于分期付息、一次还本的债券，应按摊余成本和实际利率计算确定的债券利息费用，借记"在建工程"、"制造费用"、"财务费用"、"研发支出"等科目，按票面利率计算确定的应付未付利息，贷记"应付利息"科目，按其差额，借记或贷记本科目（利息调整）。对于一次还本付息的债券，应于资产负债表日按摊余成本和实际利率计算确定的债券利息费用，借记"在建工程"、"制造费用"、"财务费用"、"研发支出"等科目，按票面利率计算确定的应付未付利息，贷记本科目（应计利息），按其差额，借记或贷记本科目（利息调整）。实际利率与票面利率差异较小的，也可以采用票面利率计算确定利息费用。

（3）长期债券到期，支付债券本息，借记本科目（面值、应计利息）"应付利息"等科目，贷记"银行存款"等科目。同时，存在利息调整余额的，借记或贷记本科目（利息调整），贷记或借记"在建工程"、"制造费用"、"财务费用"、"研发支出"等科目。

四、长期应付款

长期应付款是指企业除长期借款和应付债券以外的其他各种长期应付款项。

包括应付融资租入固定资产的租赁费、以分期付款方式购入固定资产等发生的应付款项等。

五、专项应付款

专项应付款是指企业取得的政府作为企业所有者投入的具有专项或特定用途的款项。

（1）收到或应收的资本性拨款，借记"银行存款"科目，贷记"专项应付款"科目。

（2）将专项或特定用途的拨款用于工程项目，借记"在建工程"科目，贷记"银行存款"、"应付职工薪酬"等科目。

（3）工程项目完工形成长期资产的，借记"专项应付款"科目，贷记"资本公积——资本溢价/股本溢价"科目。未形成长期资产需要核销的，借记"专项应付款"科目，贷记"在建工程"科目。

（4）拨款结余需要返还的，借记"专项应付款"科目，贷记"银行存款"科目。

六、预计负债

或有事项是指过去的交易或者事项形成的，其结果需由某些未来事项的发生或不发生才能决定的不确定事项。或有事项具有以下三个特征：①由过去的交易或事项形成；②或有事项的结果具有不确定性；③或有事项的结果需由未来事项的发生或不发生来决定。

预计负债是指支出时间和金额不确定但符合负债确认条件的现实义务。同时满足下列条件的，应确认为预计负债：①该义务是企业承担的现时义务；②履行该义务很可能导致经济利益流出企业；③该义务的金额能够可靠计量。

或有负债指过去的交易或事项形成的潜在义务，其存在需通过未来不确定事项的发生或不发生予以证实，过去的交易或事项形成的现实义务，履行该义务不一定导致经济利益流出企业或该义务的金额不能可靠计量。或有负债在不能确认为确定负债的情况下，不能予以核算，不能在会计报表的附注中予以披露。

第四节　借款费用

一、借款费用的内容

借款费用是指企业因借款而发生的利息及其他相关成本，具体包括借款利息、折价或溢价的摊销、辅助费用及因外币借款而发生的汇兑差额等。

二、借款费用确认的基本条件

企业发生的借款费用，可直接归属于符合资本化条件的资产的购建或者生产的，应当予以资本化，计入相关资产成本；其他借款费用，应当在发生时根据其发生额确认为费用，计入当期损益。

借款费用应予以资本化的资产包括固定资产、无形资产、投资性房地产、存货。

三、借款费用资本化金额的确定

借款费用资本化的期间是指借款费用从开始资本化时点到停止资本化时点的期间。借款费用暂停资本化的期间不包括在内。

同时满足下列条件，借款费用才开始资本化：①资产支出已经发生；②借款费用已经发生；③必要的购建或者生产活动已经开始。

资产达到预定可使用或者可销售状态时，借款费用应当停止资本化。非正常中断时间连续超过 3 个月应暂停资本化，但若中断为必要程序的除外。

资本化金额包括借款利息、溢价或者折价的摊销、辅助费用及因外币借款而发生的汇兑差额等。

第五节　债务重组

一、债务重组的含义

债务重组是指在债务人发生财务困难的情况下，债权人按照其与债务人达成的协议或者法院的裁定作出让步的事项。

二、债务重组的方式

债务重组的方式主要包括：①以资产清偿债务；②将债务转为资本；③修改其他债务条件，如减少债务本金、减少债务利息等，但不包括上述两种方式；④以上三种方式的组合等。

三、各种债务重组方式下债务人的账务处理

（一）以低于债务账面价值的现金清偿债务

以低于债务账面价值的现金清偿债务时，债务人应将重组债务的账面价值与支付的现金之间的差额，计入当期损益。账务处理为：按应付账款的账面余额，

借记"应付账款"科目，按实际支付的金额，贷记"银行存款"科目，按其差额，贷记"营业外收入——债务重组利得"科目。

（二）以非现金资产清偿债务

以非现金资产清偿债务时，债务人应将重组债务的账面价值与转让的非现金资产公允价值和相关税费之和的差额，计入当期损益。转让的非现金资产公允价值与其账面价值之间的差额，计入当期损益。非现金资产包括：存货、固定资产、无形资产、长期股权投资等。账务处理为：按应付账款的账面余额，借记"应付账款"科目，按用于清偿债务的非现金资产的公允价值，贷记"主营业务收入"、"固定资产清理"、"无形资产"、"长期股权投资"等科目，按应支付的相关税费，贷记"应交税费"等科目，按其差额，贷记"营业外收入"等科目或借记"营业外支出"等科目。

（三）以债务转为资本清偿债务

以债务转为资本清偿债务时，债务人应将债权人因放弃债权而享有股份的面值总额确认为股本（或者实收资本），股份的公允价值总额与股本（或者实收资本）之间的差额确认为资本公积。重组债务的账面价值与股份的公允价值总额之间的差额，计入当期损益。账务处理为：按应付账款的账面余额，借记"应付账款"科目，按债权人放弃债权而享有的股权的公允价值，贷记"实收资本"或"股本"、"资本公积——资本溢价或股本溢价"科目，按其差额，贷记"营业外收入——债务重组利得"科目。

（四）修改其他债务条件

修改其他债务条件的，债务人应当将修改其他债务条件后债务的公允价值作为重组后债务的入账价值。重组债务的账面价值与重组后债务的入账价值之间的差额，计入当期损益。账务处理为：按重组债务的账面余额与重组后债务的公允价值之间的差额，借记"应付账款"科目，贷记"营业外收入——债务重组利得"科目。如果重组债务的账面价值大于将来应付金额，债务人应将重组债务的账面价值减记至将来应付金额，减记的金额确认为资本公积；如果重组债务的账面价值等于或小于将来应付金额，债务人不作账务处理。

重点与难点

重点：负债的定义及特征，负债的确认和分类，流动负债的分类、形成原因和计价，短期借款的核算，应付票据的核算，应付账款的核算，预收账款的核算，应交税费的核算，应付职工薪酬的核算，应付利息、应付股利和其他应付款的核算，预计负债和或有负债的核算，非流动负债的特点和分类，长期借款的核算，应付债券的核算，长期应付款的核算，专项应付款的核算，借款费用定义及确认，借款费用资本化的期间及资本化金额的确定，债务重组的定义，债务重组的方式和债务人的账务处理。

难点：增值税、营业税、消费税、所得税的计算及账务处理，预计负债和或有负债的核算，长期借款的核算，应付债券的核算，实际利率法的应用，借款费用资本化金额的确定方法，各种债务重组方式下债务人的账务处理。

关键问题

1. 什么是负债？具有哪些特点？
2. 应付账款与应付票据在会计核算上有哪些区别与联系？
3. 增值税、消费税、营业税如何计算？
4. 现行的《企业会计准则》对职工薪酬的范围作了哪些规定？
5. 什么是或有负债？或有负债是怎样形成的？
6. 短期借款与长期借款在账务处理上有什么不同？
7. 应付债券核算应如何设置账户？
8. 债券的发行价格与哪些因素有关？
9. 借款费用资本化的资产范围是什么？
10. 借款费用资本化应满足哪些条件？
11. 什么是债务重组？债务重组有哪几种方式？

真题实训及解析

一、**真题实训**（第 1～10 题为单项选择题，第 11～19 题为多项选择题，第 20～28 题为判断题，第 29～30 题为计算分析题）

▲1. 20×7 年 1 月 1 日，甲公司取得专门借款 2 000 万元直接用于当日开工建造的厂房，20×7 年累计发生建造支出 1 800 万元，20×8 年 1 月 1 日，该企业又取得一般借款 500 万元，年利率为 6%，当天发生建造支出 300 万元，以借入款项支付（甲企业无其他一般借款）。不考虑其他因素，甲企业按季计算利息费用资本化金额。20×8 年第一季度该企业应予资本化一般借款利息费用为（　　）万元。

　　A. 1.5　　　　　　B. 3　　　　　　C. 4.5　　　　　　D. 7.5

▲2. 20×7 年 3 月 31 日甲公司应付某金融机构一笔贷款 100 万元到期，因发生财务困难，短期内无法支付，当日，甲公司与金融机构签订债务重组协议，约定减免甲公司债务的 20%，其余部分延期两年支付，年利率为 5%（相当于实际利

率）利息按年支付。金融机构已为该项贷款计提了 10 万元呆账准备，假定不考虑其他因素，甲公司在该项债务重组业务中确认的债务重组利得为（　　）万元。

　　A. 10　　　　　　　B. 12　　　　　　　C. 16　　　　　　　D. 20

▲3. 20×7 年 2 月 1 日，甲公司采用自营方式扩建厂房借入两年期专门借款 500 万元。20×7 年 11 月 12 日，厂房扩建工程达到预定可使用状态；20×7 年 11 月 28 日，厂房扩建工程验收合格；20×7 年 12 月 1 日，办理工程竣工结算；20×7 年 12 月 12 日，扩建后的厂房投入使用。假定不考虑其他因素，甲公司借入专门借款利息费用停止资本化的时点是（　　）。

　　A. 20×7 年 11 月 12 日　　　　　　B. 20×7 年 11 月 28 日
　　C. 20×7 年 12 月 1 日　　　　　　　D. 20×7 年 12 月 12 日

▲4. 下列各项以非现金资产清偿全部债务的债务重组中，属于债务人债务重组利得的是（　　）。

　　A. 非现金资产账面价值小于其公允价值的差额
　　B. 非现金资产账面价值大于其公允价值的差额
　　C. 非现金资产公允价值小于重组债务账面价值的差额
　　D. 非现金资产账面价值小于重组债务账面价值的差额

▲5. 20×8 年 12 月 31 日，甲公司存在一项未决诉讼。根据类似案例的经验判断，该项诉讼败诉的可能性为 90%。如果败诉，甲公司将须赔偿对方 100 万元并承担诉讼费用 5 万元，但很可能从第三方收到补偿款 10 万元。20×8 年 12 月 31 日，甲公司应就此项未决诉讼确认的预计负债金额为（　　）万元。

　　A. 90　　　　　　　B. 95　　　　　　　C. 100　　　　　　　D. 105

▲6. 20×0 年 2 月 1 日，甲公司为建造一栋厂房向银行取得一笔专门借款。20×0 年 3 月 5 日，以该贷款支付前期订购的工程物资款，因征地拆迁发生纠纷，该厂房延迟至 20×0 年 7 月 1 日才开工兴建，开始支付其他工程款，20×1 年 2 月 28 日，该厂房建造完成，达到预定可使用状态。20×1 年 4 月 30 日，甲公司办理工程竣工决算，不考虑其他因素，甲公司该笔借款费用的资本化期间为（　　）。

　　A. 20×0 年 2 月 1 日至 20×1 年 4 月 30 日
　　B. 20×0 年 3 月 5 日至 20×1 年 2 月 28 日
　　C. 20×0 年 7 月 1 日至 20×1 年 2 月 28 日
　　D. 20×0 年 7 月 1 日至 20×1 年 4 月 30 日

▲7. 对于以非现金资产清偿债务的债务重组，下列各项中，债权人应确认债务重组损失的是（　　）。

　　A. 收到的非现金资产公允价值小于该资产原账面价值的差额
　　B. 收到的非现金资产公允价值大于该资产原账面价值的差额

C. 收到的非现金资产公允价值小于重组债权账面价值的差额

D. 收到的非现金资产原账面价值小于重组债权账面价值的差额

▲8. 下列关于债务重组会计处理的表述中，正确的是（   ）。

A. 债务人以债转股方式抵偿债务的，债务人将重组债务的账面价值大于相关股份公允价值的差额计入资本公积

B. 债务人以债转股方式抵偿债务的，债权人将重组债权的账面价值大于相关股权公允价值的差额计入营业外支出

C. 债务人以非现金资产抵偿债务的，债权人将重组债权的账面价值大于受让非现金资产公允价值的差额计入资产减值损失

D. 债务人以非现金资产抵偿债务的，债务人将重组债务的账面价值大于转让非现金资产公允价值的差额计入其他业务收入

▲9. 20×7年1月1日，甲公司从银行取得3年期专门借款开工兴建一栋厂房。20×9年6月30日该厂房达到预定可使用状态并投入使用，7月31日验收合格，8月5日办理竣工决算，8月31日完成移交手续。甲公司该专门借款费用在20×9年停止资本化的时点为（   ）。

A. 6月30日　　　B. 7月31日　　C. 8月5日　　　　D. 8月31日

★10. 下列有关或有事项的表述中，错误的是（   ）。

A. 或有负债不包括或有事项产生的现时义务

B. 对未决诉讼、仲裁的披露至少应包括其形成的原因

C. 很可能导致经济利益流入企业的或有资产应予以披露

D. 或有事项的结果只能由未来不确定事件的发生或不发生加以证实

★11. 下列有关或有事项的表述中，正确的有（   ）。

A. 或有事项的结果具有较大不确定性

B. 或有负债应在资产负债表内予以确认

C. 或有资产不应在资产负债表内予以确认

D. 或有事项只会对企业的经营形成不利影响

E. 或有事项产生的义务如符合负债确认条件应予以确认

▲12. 下列有关借款费用资本化的表述中，正确的有（   ）。

A. 所建造固定资产的支出基本不再发生，应停止借款费用资本化

B. 固定资产建造中发生正常中断且连续超过3个月的，应暂停借款费用资本化

C. 固定资产建造中发生非正常中断且连续超过1个月的，应暂停借款费用资本化

D. 所建造固定资产基本达到设计要求，不影响正常使用，应停止借款费用资本化

▲13. 下列各项中,属于债务重组日债务人应计入重组后负债账面价值的有
(　　)。

　　A. 债权人同意减免的债务

　　B. 债务人在未来期间应付的债务本金

　　C. 债务人在未来期间应付的债务利息

　　D. 债务人符合预计负债确认条件的或有应付金额

▲14. 下列各项负债中,不应按公允价值进行后续计量的有 (　　)。

　　A. 企业因产品质量保证而确认的预计负债

　　B. 企业从境外采购原材料形成的外币应付账款

　　C. 企业根据暂时性差异确认的递延所得税负债

　　D. 企业为筹集工程项目资金发行债券形成的应付债券

▲15. 下列关于企业发行可转换公司债券会计处理的表述中,正确的有 (　　)。

　　A. 将负债成分确认为应付债券

　　B. 将权益成分确认为资本公积

　　C. 按债券面值计量负债成分初始确认金额

　　D. 按公允价值计量负债成分初始确认金额

▲16. 下列关于债务重组会计处理的表述中,正确的有 (　　)。

　　A. 债权人将很可能发生的或有应收金额确认为应收债权

　　B. 债权人收到的原未确认的或有应收金额计入当期损益

　　C. 债务人将很可能发生的或有应付金额确认为预计负债

　　D. 债务人确认的或有应付金额在随后不需支付时转入当期损益

▲17. 桂江公司为甲公司、乙公司、丙公司和丁公司提供了银行借款担保,下列
各项中,桂江公司不应确认预计负债的有 (　　)。

　　A. 甲公司运营良好,桂江公司极小可能承担连带还款责任

　　B. 乙公司发生暂时财务困难,桂江公司可能承担连带还款责任

　　C. 丙公司发生财务困难,桂江公司很可能承担连带还款责任

　　D. 丁公司发生严重财务困难,桂江公司基本确定承担还款责任

▲18. 20×0 年 7 月 31 日,甲公司应付乙公司的款项 420 万元到期,因经营陷于
困境,预计短期内无法偿还。当日,甲公司就该债务与乙公司达成的下列偿债协
议中,属于债务重组有 (　　)。

　　A. 甲公司以公允价值为 410 万元的固定资产清偿

　　B. 甲公司以公允价值为 420 万元的长期股权投资清偿

　　C. 减免甲公司 220 万元债务,剩余部分甲公司延期两年偿还

　　D. 减免甲公司 220 万元债务,剩余部分甲公司现金偿还

★19. 下列各项中,不应计入相关资产成本的有 (　　)。

A. 按规定计算缴纳的房产税

B. 按规定计算缴纳的土地使用税

C. 收购未税矿产品代扣代缴的资源税

D. 委托加工应税消费品收回后直接用于销售的，由受托方代扣代缴的消费税

E. 委托加工应税消费品收回后用于连续生产应税消费品的，由受托方代扣代缴的消费税

▲20. 在借款费用资本化期间内，建造资产的累计支出金额未超过专门借款金额的，发生的专门借款利息扣除该期间与专门借款相关的收益后的金额，应当计入所建造资产成本。（   ）

▲21. 企业购建符合资本化条件的资产而取得专门借款支付的辅助费用，应在支付当期全部予以资本化。（   ）

▲22. 职工薪酬，是指为获得职工提供的服务而给予各种形式的报酬和其他相关支出，包括提供给职工的全部货币性薪酬和非货币性福利。（   ）

▲23. 企业如将拥有的房屋等资产无偿提供给职工使用，应当根据收益对象不同将该住房每期应计提的折旧记入相关资产成本或当期损益，同时确认应付职工薪酬。（   ）

▲24. 企业应当在资产负债表日对预计负债的账面价值进行复核，如果有确凿证据表明该账面价值不能真实反映当前最佳估计数，应当按照当前最佳估计数对该账面价值进行调整。（   ）

▲25. 在资本化期间内，外币专门借款本金及利息的汇总差额应予以资本化。（   ）

▲26. 以修改债务条件进行的债务重组涉及或有应收金额的，债权人应将重组债权的账面价值，高于重组后债权账面和或有应收金额之和的差额，确认为债务重组损失。（   ）

▲27. 或有负债无论涉及潜在义务还是现时义务，均不应在财务报表中确认，但应按相关规定在附注中披露。（   ）

▲28. 企业待执行合同变为亏损合同时，合同存在标的资产的，应先对标的资产进行减值测试，并按规定确认资产减值损失，再将预计亏损超过该减值损失的部分确认为预计负债。（   ）

▲29. 甲上市公司发行公司债券为建造专用生产线筹集资金，有关资料如下：

(1) 20×7 年 12 月 31 日，委托证券公司以 7 755 万元的价格发行 3 年期分期付息公司债券，该债券面值为 8 000 万元，票面年利率为 4.5%，实际年利率为 5.64%，每年付息一次，到期后按面值偿还，支付的发行费用与发行期间冻结资金产生的利息收入相等。

（2）生产线建造工程采用出包方式，于 20×8 年 1 月 1 日开始动工，发行债券所得款项当日全部支付给建造承包商，20×9 年 12 月 31 日所建造生产线达到预定可使用状态。

（3）假定各年度利息的实际支付日期均为下年度的 1 月 10 日，20×1 年 1 月 10 日支付 20×0 年度利息，一并偿付面值。

（4）所有款项均以银行存款收付。

要求：

（1）计算甲公司该债券在各年年末的摊余成本、应付利息金额、当年应予以资本化或费用化的利息金额、利息调整的本年摊销额和年末余额。

（2）分别编制甲公司与债券发行、20×8 年 12 月 31 日和 20×0 年 12 月 31 日确认债券利息、20×1 年 1 月 10 日支付利息和面值业务相关的会计分录（金额单位用万元表示，"应付债券"科目应列出明细科目）。

▲30. 甲股份有限公司为上市公司（简称甲公司），为了扩大生产规模，经研究决定，采用出包方式建造生产厂房一栋。20×8 年 7～12 月发生地有关借款及工程支出业务资料如下：

（1）7 月 1 日，为建造生产厂房从银行借入三年期的专门借款 3 000 万元，年利率为 7.2%，于每季度末支付借款利息。当日，该工程已开工。

（2）7 月 1 日，以银行存款支付工程款 1 900 万元。暂时闲置的专门借款在银行的存款年利率为 1.2%，于每季度末收取存款利息。

（3）10 月 1 日，借入半年期的一般借款 300 万元，年利率为 4.8%，利息于每季度末支付。

（4）10 月 1 日，甲公司与施工单位发生纠纷，工程暂时停工。

（5）11 月 1 日，甲公司与施工单位达成谅解协议，工程恢复施工，以银行存款支付工程款 1 250 万元。

（6）12 月 1 日，借入 1 年期的一般借款 600 万元，年利率为 6%，利息于每季度末支付。

（7）12 月 1 日，以银行存款支付工程款 1 100 万元。

假定工程支出超过专门借款时占用一般借款；仍不足的，占用自有资金。

要求：

（1）计算甲公司 20×8 年第三季度专门借款利息支出、暂时闲置专门借款的存款利息收入和专门借款利息支出资本化金额。

（2）计算甲公司 20×8 年第四季度专门借款利息支出、暂时闲置专门借款的存款利息收入和专门借款利息支出资本化金额。

（3）计算甲公司 20×8 年第四季度一般借款利息支出、占用一般借款工程支出的累计支出加权平均数、一般借款平均资本化率和一般借款利息支出资本化金额（一般借款平均资本化率的计算结果在百分号前保留两位小数，金额单位用万元来表示）。

二、参考答案及解析

1. A

【解析】本题要求计算的是 20×8 年第一季度应予以资本化的一般借款的利息费用，注意这里要求计算的是一般借款的利息费用金额，专门借款共 2 000 万元，20×7 年累计支出 1 800 万元，20×8 年支出的 300 万元中有 200 万元属于专门借款，一般借款占用 100 万元，应该＝100×6％×3/12＝1.5（万元）。

2. D

【解析】甲公司（债务人）应确认的债务重组利得＝100×20％＝20（万元）。

3. A

【解析】购建或者生产符合资本化条件的资产达到预定可使用或可销售状态时，借款费用应当停止资本化。

4. C

【解析】债务人以非现金资产清偿债务的，应当在符合金融负债终止确认条件时，终止确认重组债务，并将重组债务的账面价值和转让非现金资产的公允价值之间的差额计入营业外收入（债务重组利得）。

5. D

【解析】此题中企业预计需要承担的损失＝100＋5＝105（万元），企业从第三方很可能收到的补偿金额不影响企业确认的预计负债。

6. C

【解析】借款费用同时满足下列条件的，才能开始资本化：①资产支出已经发生，资产支出包括为购建或者生产符合资本化条件的资产而以支付现金、转移非现金资产或者承担带息债务形式发生的支出；②借款费用已经发生；③为使资产达到预定可使用或者可销售状态所必要的购建或者生产活动已经开始。三个条件全部满足发生在 20×0 年 7 月 1 日，所以 20×0 年 7 月 1 日为开始资本化时点，而达到预定可使用状态时停止资本化，所以资本化期间的终点是 20×1 年 2 月 28 日。

7. C

【解析】债务重组损失是指债权人实际收到的抵债资产的公允价值与债务账面价值的差额，也就是债权人的让步金额，所以答案 C 正确。

8. B

【解析】债务人以债转股方式抵偿债务的，债务人应将重组债务的账面价值大于相关股份公允价值的差额记入"营业外收入——债务重组利得"，选项 A 错误；债务人以债转股方式抵偿债务的，债权人应将重组债权的账面价值大于相关股份公允价值的差额记入"营业外支出——债务重组损失"，选项 B 正确；债务人以非现金资产抵偿债务的，债权人应将重组债权的账面价值大于受让非现金资产公允价值的差额记入"营业外支出——债务重组损失"，选项 C 错误；债务人以非现金资产抵偿债务的，债务人应将重组债务的账面价值大于转让非现金资产公允价值的差额记入"营业外收入——债务重组利得"，选项 D 错误。

9. A

【解析】构建或者生产符合资本化条件的资产达到预定可使用或者可销售状态时，借款费用应当停止资本化，即 6 月 30 日。

10. A

【解析】本题的考核点是或有事项的概念及处理办法。或有负债是指过去的交易或事项形成的潜在义务，其存在需通过未来不确定事项的发生或不发生予以证实；或过去的交易或事项形成的现时义务，履行该义务不是很可能导致经济利益流出企业或该义务的金额不能可靠计量。可见，或有负债也包括或有事项产生的现时义务，选项 A 的表述错误。

11. ACE

【解析】本题的考核点是或有事项的核算。或有事项具有不确定性，是指或有事项的结果具有不确定性；或有负债不符合负债确认的条件，不应在资产负债表内予以确认；或有资产不应在资产负债表内予以确认；或有事项存在有利事项和不利事项两种情形；或有事项产生的义务如同时符合负债确认的 3 个条件应予以确认。

12. AD

【解析】本题考核的是借款费用停止资本化的判断。选项 B 应是非正常中断；选项 C 应是 3 个月。

13. BD

【解析】选项 A，减免的那部分债务不计入重组后负债账面价值；选项 C，债务人在未来期间应付的债务利息，不影响未来期间的"应付账款——债务重组"科目的金额，在实际发生时直接确认财务费用。

14. ABCD

【解析】选项 ABCD 均不按公允价值计量。本题考查负债的后续计量。

15. ABD

【解析】企业发行的可转换公司债券，应当在初始确认时将其包含的负债成分和权益成分进行分拆，将负债成分确认为应付债券，将权益成分确认为资本公积。将负债成分的未来现金流量进行折现后的金额确认为可转换公司债券负债成分的公允价值。

16. BCD

【解析】债务重组中，对债权人而言，若债务重组过程中涉及或有应收金额，不应当确认或有应收金额，实际发生时计入当期损益。对债务人而言，如债务重组过程中涉及或有应付金额，且该或有应付金额符合或有事项中有关预计负债的确认条件的，债务人应将该或有应付金额确认为预计负债，日后没有发生时，转入当期损益（营业外收入）。

17. AB

【解析】对或有事项确认预计负债应同时满足的 3 个条件是：①该义务是企业承担的现时义务；②履行该义务很可能导致经济利益流出企业；③该义务的金额能够可靠计量。选项 AB 不满足第②个条件，不应确认为预计负债。

18. ACD

19. ABE

【解析】按规定计算缴纳的房产税、按规定计算缴纳的土地使用税应计入管理费用；委托加工应税消费品收回后用于连续生产应税消费品的，由受托方代扣代缴的消费税，可以抵扣，不计入成本。委托加工应税消费品收回后直接用于销售的，由受托方代扣代缴的消费税应计入成本；收购未税矿产品代扣代缴的资源税应计入矿产品成本。

20. √

【解析】本题考核的是借款费用资本化的确认问题。对于专门借款而言应是按照专门借款的利息费用扣除闲置资金进行投资所获得的收益来确认资本化金额，而不和资产支出相挂钩。

21. ×

【解析】专门借款发生的辅助费用，在所购建或者生产的符合资本化条件的资产达到预定可使用或者可销售状态之前发生的，应在发生时根据其发生额予以资本化。

22. √

【解析】本命题为职工薪酬的定义。

23. √

24. √

25. √

26. ×

【解析】已修改债务条件进行债务重组涉及或有应收金额的，债权人在重组日不确认或有应收金额，而是实际收取的时候才予以确认。

27. √

【解析】或有负债因为不满足负债确认的条件，所以不能在资产负债表中确认，只能在报表附注中予以披露。

28. √

【解析】待执行合同变为亏损合同时，合同存在标的资产的，应当对标的资产进行减值测试并按规定确认减值损失，在这种情况下，企业通常不需确认预计负债，如果预计亏损超过该减值损失，应将超过的部分确认为预计负债；合同不存在标的资产的，亏损合同相关义务满足预计负债确认条件时，应当确认预计负债。

29. 参考答案

(1)

应付债券利息调整和摊余成本计算表

时　　间	20×7 年 12 月 31 日	20×8 年 12 月 31 日	20×9 年 12 月 31 日	20×0 年 12 月 31 日
面值	8 000	8 000	8 000	8 000
利息调整	(245)	(167.62)	(85.87)	0
年末摊余成本	7 755	7 832.38	7 914.13	8 000
当年应予以资本化或费用化的利息金额		437.38	441.75	445.87
年末应付利息金额		360	360	360
利息调整本年摊销项		77.38	81.75	85.87

(2) 20×7 年 12 月 31 日发行债券

借：银行存款　　　　　　　　　　　　　　　　　　7 755

　　应付债券——利息调整　　　　　　　　　　　　245

　　　贷：应付债券——面值　　　　　　　　　　　　　　8 000

20×8 年 12 月 31 日计提利息

借：在建工程　　　　　　　　　　　　　　　　　　437.38

　　　贷：应付债券——利息调整　　　　　　　　　　　　77.38

　　　　应付利息　　　　　　　　　　　　　　　　　　360

20×0 年 12 月 31 日计提利息

借：财务费用　　　　　　　　　　　　　　　　　　445.87

　　　贷：应付债券——利息调整　　　　　　　　　　　　85.87

　　　　应付利息　　　　　　　　　　　　　　　　　　360

20×9 年度的利息调整摊销额＝(7 755＋77.38)×5.64％－8 000×4.5％＝81.75（万元），20×0 年度属于最后一年，利息调整摊销额应采用倒挤的方法计算，所以应是＝245－77.38－81.75＝85.87（万元）

20×1 年 1 月 10 日付息还本

借：应付债券——面值　　　　　　　　　　　　　　8 000

　　　　应付利息　　　　　　　　　　　　　　　　　　　　　　　360
　　　　贷：银行存款　　　　　　　　　　　　　　　　　　　　8 360

30. 参考答案

（1）计算甲公司 20×8 年第三季度专门借款利息支出、暂时闲置专门借款的存款利息收入和专门借款利息支出资本化金额。

专门借款应付利息（利息支出）＝3 000×7.2%×3/12＝54（万元）

暂时闲置专门借款的存款利息收入＝1 100×1.2%×3/12＝3.3（万元）

专门借款利息支出资本化金额＝54－3.3＝50.7（万元）

（2）计算甲公司 20×8 年第四季度专门借款利息支出、暂时闲置专门借款的存款利息收入和专门借款利息支出资本化金额。

专门借款应付利息（利息支出）＝3 000×7.2%×3/12＝54（万元）

暂时闲置专门借款的存款利息收入＝1 100×1.2%×1/12＝1.1（万元）

专门借款利息支出资本化金额＝54－1.1＝52.9（万元）

（3）计算甲公司 20×8 年第四季度一般借款利息支出，占用一般借款工程支出的累计支出加权平均数、一般借款平均资本化率和一般借款利息支出资本化金额。

第四季度一般借款利息支出＝300×4.8%×3/12＋600×6%×1/12＝6.6（万元）

占用一般借款工程支出的累计支出加权平均数＝150×2/3＋750×1/3＝350（万元）

一般借款平均资本化率＝（300×4.8%×3/12＋600×6%×1/12）/（300×3/3＋600×1/3）＝1.32%

一般借款利息支出资本化金额＝350×1.32%＝4.62（万元）

案例实训

案例 1

麦道克的债务危机

　　负债并不一定是坏事，适度的负债经营将会促进一个企业的发展，但是过高的负债经营也有可能给企业带来债务危机。

　　常言道，大有大的难处，小有小的难处。世界级的亿万富翁，也有被"一文钱逼死英雄汉"的时候，故事就发生在全球第一号新闻出版商卢帕特·麦道克身上。麦道克在儿子继承父业时，年收入已达 400 万美元了。他经营导报公司以后，筹划经营，多有建树，最终建成了一个每年营业收入达 60 亿美元的报业王国。他控制了澳大利亚 70% 的新闻业，45% 的英国报业，又把美国相当一部分电视网络置于他的王国统治之下。西方的商界大亨无不举债立业,向资金市场融资。像滚雪球一样,债务越滚越大,事业也越滚越大。麦道克报业背了多少债呢? 24 亿美元。他的债权遍于全世界,美国、英国、瑞士、荷兰,连印度和香港的钱他都借去花了。那些大大小小的银行也乐于给他贷款,他的报业王国的财务架构里共有 146 家债主。因为债务大,债主多,麦道克对付起来也实在不容易,一发牵动全身,投资风险非常高。若是碰到一个财务管理上的失误,或是一种始料未及的灾难,就可能像多米诺骨牌一样,把整个事业搞垮。但多年来麦道克经营得法,一路顺风。殊不知,1990 年,西方经济衰退刚露苗头,麦道克报业王国就像中了邪似的,几乎在阴沟里翻船,而且令人不能置信的是,仅仅因为一笔 1 000 万美元的小债务。

　　思考:负债对于企业经营的重要性以及过度负债给企业带来的风险。

　　(资料来源:新闻大王是如何安渡债务危机的. http://www.sina.com.cn. 2001-07-18.)

　　案例 2

高负债的陷阱

　　从许多高成长企业反映出的问题来看,过度负债可说是一个典型的通病,也是财务危机的根源。它们的高负债是怎样积累起来的呢?

　　战略需求效应。企业的战略布局驱动,或表现为现有业务的发展,或表现为新业务的开拓,规模和数量的扩张经常明显快于内涵质量的扩张,在高成长阶段都将出现某种程度的资金短缺。因此,高成长企业为达到快速扩张的目的,普遍采取负债经营策略。

　　组织放大效应。许多企业在快速扩张中倾向于采取企业集团或控股公司模式。但这类模式债务放大效应也十分明显:一方面母、子公司都会从各自立场出发追求数量扩张;另一方面,子公司除保留原有业务联系和资金融通渠道外,还可能获得母公司再分配的业务或资金。这一业务和融资放大效应很容易使企业负债过度,最终成为财务危机的"始作俑者"。

　　财务不透明与内部互相担保。财务不透明、各自为政和内部关联企业间的相互贷款担保是高成长企业常见的问题。这不仅加大了银行对企业财务判断的难度,也给财务监管带来很大困难,从而造成整体负债率不断抬高。

　　中国四大信托投资公司之一的广东国际信托投资公司破产事件就是一个教训。广信下属企业账外有账,隐藏债务情况严重,甚至连集团总部都难以摸清家底。清产核资以后,资不抵债额竟高达 146.94 亿元人民币。

　　债务、资产的结构性错配。最常见的就是短债长用,短筹长贷。企业将短债用于投资回收期是短债期限若干倍的长期项目投资,导致流动负债大大高于流动资产。金融机构基于高成长企业的前景，往往也采取短筹长贷方式，支持企业搞长期投资，从而加大了企业的资金风险，一旦银行日后收紧银根，企业将会进退两难。其他常见结构性错配还包括负债到期过分集中的结构与现金流量错位，长、短期负债结构比例失调，贷款的银行结构单一，资产和负债币种结构不合理等。

以上几方面是环环相扣的。高成长战略造成资金短缺，企业就不可避免地要负债经营。组织放大效应和内部担保则加剧债务水平，造成负债过度。在过度负债的情况下，企业经营成本和财务压力加大，支付能力日渐脆弱，短债长用则可能使企业潜在支付危机随时爆发。

经营持续亏损。企业扩张过度，容易因经营管理不善或战略性失误引起亏损。如果企业只是短期亏损，只要亏损额少于折旧，未必导致债务偿付困难，但如果持续亏损，将造成企业净资产数量和质量不断下降，大大削弱企业的经营能力和偿债能力，进而导致企业不能到期偿还债务。如果亏损严重到资不抵债的地步，也就是狭义上所指的财务失败，将意味着企业偿付能力的丧失，最终很可能走上倒闭、破产的不归路。

短期支付不足。这种情况下，企业并非资不抵债，也不一定与经营亏损相关，只是由于资金周转不灵、现金流量分布与债务到期结构分布不均衡等原因暂时不能偿还到期债务，真所谓"一文钱逼死英雄汉"。

1996 年进入全球 500 强之列的香港百富勤公司，1998 年年初却因为缺乏足够现金无法偿还几千万美元的债务而被迫破产，10 年辉煌毁于一旦。珠海巨人集团财务危机的导火索则是兴建巨人大厦时国内卖楼花所形成的 4 000 万元人民币债务。

突发性风险事件。在市道畅旺的时候，高成长企业或许可以凭其资产规模和营业收入的大幅增长，给市场以太平盛世的感觉。一旦国内外政治、经济环境突然变化，重大政策调整，各种自然灾害或其他突发性风险事件发生，企业就可能因为业务萎缩、资产缩水或重大财产损失而陷入困境。

亚洲金融危机中，一些企业采取股票抵押贷款，结果由于股票市场低迷、股票价格大幅下降，使抵押品价值严重缩水而陷入财务危机。尽管这些风险事件对企业来说属于不可控因素，但防范经营、财务风险本身就是企业经营的应有之义。同样经历了亚洲金融危机，一些企业破产、倒闭，而另一些财务稳健的企业仍健康发展，经营能力突显高低。

思考：许多高成长企业的高负债是如何积累起来的？为何说过度负债是许多高成长企业财务危机的根源？

（资料来源：唐溯，周道洪. 2001. 高成长中的财务稳健. http：//www. ceconline. com. 2001-01-04.）

阅读材料

企业会计准则——基本准则

企业会计准则第 9 号——职工薪酬

企业会计准则第 12 号——债务重组

企业会计准则第 13 号——或有事项

企业会计准则第 17 号——借款费用

企业会计准则第 22 号——金融工具的确认和计量

中华人民共和国财政部. 2006. 企业会计准则——应用指南. 北京：中国财政经济出版社.

中华人民共和国财政部会计司编写组. 2007. 企业会计准则讲解. 北京：人民出版社.

第十一章　所有者权益

通过本章学习，了解投入资本的主要法律规定；理解所有者权益的含义及构成，公司型企业及其特征；熟悉资本公积、留存收益的构成内容及会计处理方法；掌握股票发行与认购的会计处理方法。

第一节　所有者权益概述

一、企业组织形式

按企业资产经营的法律责任，把企业划分为公司型企业和非公司型企业。公司型企业包括有限责任公司和股份有限公司；非公司型企业包括独资型企业和合伙型企业。不同企业组织形式，对所有者权益的会计处理有很大的影响。

二、所有者权益的含义及构成

所有者权益是指企业资产扣除负债后由所有者享有的剩余权益。公司的所有者权益又称为股东权益。资产减负债后的余额也被称为净资产，因此，所有者权益是体现在净资产中的权益，是所有者对净资产的要求权。

所有者对企业的经营活动承担着最终的风险，与此同时，也享有最终的权益。如果企业在经营中获利，所有者权益将随之增长；反之，所有者权益将随之缩减。任何企业的所有者权益都是由企业的投资者投入资本及其增值所构成的。

所有者权益与负债虽然都是权益，共同构成企业的资金来源，但所有者权益是投资者享有的对投入资本及其运用所产生盈余（或亏损）的权利；负债是在经营或其他活动中所发生的债务，是债权人要求企业清偿的权利；所有者享有参与收益分配、参与经营管理等多项权利，但对企业资产的要求权在顺序上置于债权人之后，即只享有对剩余资产的要求权；债权人享有到期收回本金及利息的权利，在企业清算时，有优先获取资产赔偿的要求权，但没有经营决策的参与权和收益分配权。

所有者权益的来源包括所有者投入的资本、直接计入所有者权益的利得和损失、留存收益等。直接计入所有者权益的利得和损失，是指不应计入当期损益、会导致所有者权益发生增减变动的、与所有者投入资本或者向所有者分配利润无关的利得或者损失。其中，利得是指由企业非日常活动所形成的、会导致所有者权益增加的、与所有者投入资本无关的经济利益的流入。损失是指由企业非日常活动所形成的、会导致所有者权益减少的、与向所有者分配利润无关的经济利益的流出。

第二节　实收资本

一、实收资本概述

实收资本是指投资者按照企业章程或合同、协议的约定，实际投入企业的资本。我国目前实行的是注册资本制度，要求企业的实收资本与其注册资本相一致。实收资本是一项重要指标，它表明企业的注册资本总额。

我国公司法对各类公司的注册资本的最低限额有明确规定：①有限责任公司注册资本的最低限额为人民币三万元，法律、行政法规对有限责任公司注册资本的最低限额有较高规定的，从其规定；②一人有限责任公司的注册资本最低限额为人民币十万元，股东应当一次足额缴纳公司章程规定的出资额，一个自然人只能投资设立一个一人有限责任公司，该一人有限责任公司不能投资设立新的一人有限责任公司；③股份有限公司注册资本的最低限额为人民币五百万元，法律、行政法规对股份有限公司注册资本的最低限额有较高规定的，从其规定。

对于投资者以无形资产方式出资的，企业吸收的总无形资产出资额不得超过注册资本总额的20%，如有特殊情况，可以报经国家工商行政管理部门审查批准，但最高不得超过30%。

企业收到投资者投入企业资本时，必须聘请注册会计师验资，出具验资报告，并由企业签发出资证明书。

投资者投入资本后，不允许抽回投资，若在企业成立后有抽逃行为的，责令改正，处以所抽逃资金的5%以上10%以下的罚款；构成犯罪的，依法追究刑事责任。

企业在经营过程中，如果出现实收资本比原注册资金数额增减超过20%的，应持资金使用证明或者验资证明，向原登记主管机关申请变更登记；如擅自改变注册资金，要受到工商行政管理部门的处罚。

投入资本一般按照投资主体分类，分为国家投入资本、法人投入资本、个人投入资本和外商投入资本四类，在股份有限公司也称为国家股、法人股、个人股和外资股。

二、实收资本（股本）的主要账务处理

一般企业接受投资者投入的资本，借记"银行存款"、"原材料"、"库存商品"、"固定资产"、"无形资产"、"长期股权投资"等科目，贷记"实收资本"科目（投资者在注册资本中所占份额），贷记"资本公积——资本溢价"科目。股份有限公司发行股票，借记"银行存款"科目，贷记"股本"科目（股票面值总额），贷记"资本公积——股本溢价"科目。

股东大会批准的利润分配方案中分配的股票股利，借记"利润分配——转作股本的股利"科目，贷记"股本"科目。经股东大会或类似机构决议，用资本公积转增资本，借记"资本公积——资本溢价/股本溢价"科目，贷记"实收资本/股本"科目。经股东大会或类似机构决议，用盈余公积转增资本，借记"盈余公积"科目，贷记"实收资本/股本"科目。

三、股票认购与发行的账务处理

公司发行股票，一般需要经过股东认购、实收股款、发行股票等阶段，时间间隔较长。股东认购时要填写认购书。办妥认购手续后，由代收股款的银行按照公司同银行签订的代收股款的协议代收和保存股款。一般情况下，不收齐全部的认购款，不换发股票。在账务处理上，应反映认股人应履行的交款义务和公司在未来收款的权利。通常，设置"应收认股款"和"已认股本"两个账户，记录认购和实收股款的全过程。

在认购手续办妥后，应借记"应收认股款"科目，在未换发股票前，应贷记"已认股本"科目。"应收认股款"除短期无法收取的外，应列为公司的流动资产项目。"已认股本"是所有者权益的项目，是股本账户的一个过渡性质的账户。收到认股款后，销记"应收认股款"科目。收齐全部认股款换发股票时，销记"已认股本"科目并贷记"股本"科目。

按照我国公司法的规定，股票的发行价格，可以按票面金额，也可以超过票面金额，但不得低于票面金额。在发行时，记入"股本"科目的金额必须按照股票的票面金额入账。超过部分作为股票溢价，记入"资本公积——股本溢价"科目。

第三节　资　本　公　积

资本公积是指企业收到的投资者出资额超过其在注册资本或股本中所占份额的部分，包括直接计入所有者权益的利得和损失。

一、资本溢价和股本溢价

资本溢价是指有限责任公司新加入的投资者，要求其付出大于原有投资者的出资额，才能取得与原有投资者相同的投资比例。

资本溢价的形成原因包括以下两种。

（1）在企业创立时投入的资金与在企业正常经营过程中投入的资金即使在数量上相同，但对企业的影响程度却不同，由此而带给投资者的权利也不同。所以，新加入的投资者必须付出大于原有投资者的出资额，才能取得与原有投资者相同的投资比例。

（2）企业经营过程中实现利润的一部分留在企业，形成留存收益。新加入的投资者要与原有投资者共享这部分留存收益，也必须付出大于原有投资者的出资额，才能取得与原有投资者相同的投资比例。

股本溢价是在企业溢价发行股票的情况下，发行股票所取得的收入超过股票面值总额的溢价部分。委托证券商代理发行股票而支付的手续费、佣金等，应从溢价收入中扣除，企业应按扣除手续费、佣金后的数额记入"资本公积——股本溢价"科目。

二、其他资本公积

其他资本公积是指直接计入所有者权益的利得和损失。采用权益法核算的长期股权投资，在持股比例不变的情况下，被投资单位除净损益以外所有者权益的其他变动，企业按持股比例计算应享有的份额，计入其他资本公积；自用房地产或存货转换为采用公允价值模式计量的投资性房地产时，转换日的公允价值大于原账面价值的差额；权益结算的股份支付换取职工或其他方提供服务的，应按照确定的金额记入其他资本公积。

三、资本公积的主要账务处理

企业接受投资者投入的资本，借记"银行存款"、"原材料"、"库存商品"、"固定资产"、"无形资产"、"长期股权投资"等科目，贷记"实收资本"或"股本"科目（投资者在注册资本中所占份额或股票面值总额），贷记"资本公积——资本溢价或股本溢价"科目。与发行权益性证券直接相关的手续费、佣金等交易费用，借记"资本公积——股本溢价"科目，贷记"银行存款"科目。

长期股权投资采用权益法核算的，被投资单位除净损益以外所有者权益的其他变动，投资企业按持股比例计算应享有的份额，借记"长期股权投资——其他权益变动"科目，贷记"资本公积——其他资本公积"科目；或相反的会计分录。处置该项长期股权投资时，借记"资本公积——其他资本公积"科目，贷记"投资收益"科目；或相反的会计分录。

第四节　留存收益

留存收益是企业从历年实现的利润中提取或形成的留存于企业的内部积累。留存收益的目的是保证企业实现的净利润有一部分留存在企业，不全部分配给投资者。这样，一方面可以满足企业维持或扩大再生产经营活动的资金需要，保持或提高企业的获利能力；另一方面可以保证企业有足够的资金弥补以后年度可能出现的亏损，也保证企业有足够的资金用于偿还债务，保护债权人的权益。

留存收益由盈余公积和未分配利润构成。盈余公积属于已拨定的留存收益，而未分配利润属于未拨定的留存收益。

一、盈余公积

一般企业和股份有限公司的盈余公积主要包括法定盈余公积和任意盈余公积。

法定盈余公积是指企业按规定从净利润中提出的积累资金。企业必须提取法定盈余公积，目的是确保企业不断积累资本，固本培元，自我壮大实力。根据我国公司法的规定，有限责任公司和股份有限公司应按照净利润的10%提取法定盈余公积，计提的法定盈余公积累计达到注册资本的50%时，可以不再提取。

任意盈余公积是指企业经股东大会或类似机构批准按照规定的比例从净利润中提取的盈余公积。任意盈余公积是公司出于实际需要或采取审慎经营策略，从税后利润中提取的一部分留存利润。如果公司有优先股，必须在支付了优先股股利之后，才可提取任意盈余公积。

法定盈余公积和任意盈余公积的区别在于其各自计提的依据不同：前者以国家法律或行政法规为依据提取；后者由企业自行决定提取。

企业提取的盈余公积主要用于弥补亏损和转增资本。盈余公积转增资本时，转增后留存的盈余公积的数额不得少于注册资本的25%。

二、未分配利润

未分配利润是企业留待以后年度进行分配的结存利润，也是企业所有者权益的组成部分。相对于所有者权益的其他部分来讲，企业对于未分配利润的使用分配有较大的自主权。从数量上讲，未分配利润是期初未分配利润，加上本期实现的净利润，减去提取的各种盈余公积和分出利润后的余额。未分配利润有两层含义：一是留待以后年度处理的利润；二是未指定特定用途的利润。

三、弥补亏损的核算

企业在当年发生亏损的情况下，借记"利润分配——未分配利润"科目，贷记"本年利润"科目。在以次年实现的税前利润弥补以前年度亏损的情况下，借记"本年利润"科目，贷记"利润分配——未分配利润"科目。"利润分配——未分配利润"科目的贷方发生额与借方余额自然抵补。因此，以当年实现的净利润弥补以前年度未弥补亏损时，不需要进行专门的账务处理。

企业发生亏损时，可以用以后五年内实现的税前利润弥补，经过五年期间未弥补足额的，尚未弥补的亏损应用所得税后的利润弥补。无论是以税前利润还是以税后利润弥补亏损，其会计处理方法相同，所不同的只是两者计算缴纳所得税时的处理不同。在以税前利润弥补亏损的情况下，其弥补的数额可以抵减当期企业应纳税所得额；而以税后利润弥补的数额，则不能作为纳税所得的扣除处理。

四、以前年度损益调整

企业年度会计报表报出后，如果由于以前年度重大会计差错等原因导致多计或少计利润，但以前年度的账目已经结清，不能再调整以前年度利润的，会计核算时，按照《企业会计制度》规定：一是不再调整以前年度的账目，通过"以前年度损益调整"科目，归集所有需要调整以前年度损益的事项以及相关所得税的调整，并将其余额转入"利润分配——未分配利润"科目；二是不再调整以前年度会计报表，仅调整本年度会计报表相关项目的年初数。

调整增加以前年度利润，借记有关科目，贷记"以前年度损益调整"科目；调整减少以前年度利润，借记"以前年度损益调整"科目，贷记有关科目。

由于调整增加以前年度利润而相应调整增加所得税，借记"以前年度损益调整"科目，贷记"应交税费——应交所得税"科目；由于调整减少以前年度利润而相应调整减少所得税，借记"应交税费——应交所得税"科目，贷记"以前年度损益调整"科目。

将"以前年度损益调整"科目余额转入"利润分配——未分配利润"科目，调增以前年度利润时为贷方余额，借记"以前年度损益调整"科目，贷记"利润分配——未分配利润"科目；调减以前年度利润时为借方余额，借记"利润分配——未分配利润"科目，贷记"以前年度损益调整"科目。

五、股利分派

公司制企业的股东享有分配股利权。股利，是指公司制企业依据公司章程规定发放给股东的投资报酬，其实质是公司财富中属于股东收益盈余的一部分。企业只有当经营获利、具有留存收益余额时，才可分派股利。

股利的种类有现金股利、财产股利、负债股利和股票股利。

公司如果在无留存收益的情况下，可以现金或公司其他资产形式分配股利，此股利为清算股利。清算股利不是真正的股利，其实质是资本的返回。

六、股票分割

股票分割是指公司征得董事会和股东的认可后，将一张较大面值的股票拆成几张较小面值的股票，又称为股票拆细。

股票分割时，虽然股票数增加、面值变小，但股本的面值总额及其他股东权益并不因此发生任何增减变化，故不必作任何会计处理。

股票分割和股票股利都不会使股东权益总额发生任何变动，变动的仅仅是股份总数，但两者还是具有明显的区别。

重点与难点

重点：企业组织形式，所有者权益的含义及构成，投入资本的主要法律规定，投入资本的分类，一般企业投入资本的核算，股份有限公司股票的认购、股票发行的核算，资本公积的构成内容及其会计处理，留存收益的性质，留存收益的构成内容及其会计处理，弥补亏损的会计处理，股利分派的有关规定及其会计处理，股票分割的含义及性质。

难点：一般企业投入资本的核算，股份有限公司股票的认购、股票发行的核算，资本公积的构成内容及其会计处理，留存收益的构成内容及其会计处理，弥补亏损的会计处理。

关键问题

1. 什么是有限责任公司？它具有哪些特征？
2. 什么是股份有限公司？它具有哪些特征？
3. 什么是所有者权益？它的构成内容有哪些？
4. 所有者权益与负债相比有哪些特点？
5. 简述投入资本的主要法律规定。
6. 什么是资本公积？它的构成内容有哪些？
7. 试述股票发行费用的核算方法。
8. 盈余公积的用途是什么？
9. 税前利润补亏与税后利润补亏有什么区别？
10. 什么是股票分割？有什么意义？

真题实训及解析

一、真题实训（第 1～3 题为单项选择题，第 4 题为多项选择题）

★1. 下列各项中，会引起所有者权益总额发生增减变动的是（　　）。

　　A. 以盈余公积弥补亏损　　　　　　B. 提取法定盈余公积

　　C. 发放股票股利　　　　　　　　　D. 将债务转为资本

★2. 甲公司以定向增发股票的方式购买同一集团内另一企业持有的 A 公司 80% 股权。为取得该股权，甲公司增发 2 000 万股普通股，每股面值为 1 元，每股公允价值为 5 元，支付承销商佣金 50 万元。取得该股权时，A 公司净资产账面价值为 9 000 万元，公允价值为 12 000 万元。假定甲公司和 A 公司采用的会计政策相同，甲公司取得该股权时应确认的资本公积为（　　）。

　　A. 5 150 万元　　　　B. 5 200 万元　　　　C. 7 550 万元　　　　D. 7 600 万元

★3. 20×6 年 12 月 20 日，经股东大会批准，甲公司向 100 名高管人员每人授予 2 万股普通股（每股面值 1 元）。根据股份支付协议的规定，这些高管人员自 20×7 年 1 月 1 日起在公司连续服务满 3 年，即可于 20×9 年 12 月 31 日无偿获得授予的普通股。甲公司普通股 20×6 年 12 月 20 日的市场价格为每股 12 元，20×6 年 12 月 31 日的市场价格为每股 15 元。

　　20×7 年 2 月 8 日，甲公司从二级市场以每股 10 元的价格回购本公司普通股 200 万股，拟用于高管人员股权激励。

　　在等待期内，甲公司没有高管人员离开公司。20×9 年 12 月 31 日，高管人员全部行权。当日，甲公司普通股市场价格为每股 13.5 元。

　　要求：根据上述资料，不考虑其他因素，回答下列问题。

　　(1) 甲公司在确定与上述股份支付相关的费用时，应当采用的权益性工具的公允价值是（　　）。

　　A. 20×6 年 12 月 20 日的公允价值

　　B. 20×6 年 12 月 31 日的公允价值

　　C. 20×7 年 2 月 8 日的公允价值

　　D. 20×9 年 12 月 31 日的公允价值

　　(2) 甲公司因高管人员行权增加的股本溢价金额是（　　）。

　　A. −2 000 万元　　　　B. 0　　　　　　C. 400 万元　　　　D. 2 400 万元

★4. 下列交易或事项形成的资本公积中，在处置相关资产时应转入当期损益的有（　　）。

　　A. 同一控制下控股合并中确认长期股权投资时形成的资本公积

　　B. 长期股权投资采用权益法核算时形成的资本公积

C. 可供出售金融资产公允价值变动形成的资本公积

D. 持有至到期投资重分类为可供出售金融资产时形成的资本公积

E. 自用房地产转换为采用公允价值模式计量的投资性房地产时形成的资本公积

二、参考答案及解析

1. D

【解析】将债务转为资本将使负债减少，所有者权益增加。

2. A

【解析】发行权益性证券支付的手续费佣金应冲减资本溢价，应确认的资本公积＝(5−1)×2 000−(5×2 000−9 000×80%)−50＝5 150（万元）

3. (1) A

【解析】权益结算的股份支付中，权益工具的公允价值应该按照授予日的公允价值确定。

(2) C

【解析】回购股票

| 借：库存股 | 2 000 |
| 　　　贷：银行存款 | 2 000 |

三年中每年年末

| 借：管理费用 | 800 |
| 　　　贷：资本公积——其他资本公积 | 800 |

行权时

借：资本公积——其他资本公积	2400
贷：库存股	2000
资本公积——股本溢价	400

4. BCDE

【解析】同一控制下控股合并中确认长期股权投资时形成的资本公积，在处置股权投资时，不转入当期损益。

案例实训

案例 1

上海启康医疗康复器械有限公司诉汪渭文公司股东权益纠纷案

1995 年 4 月，原告启康医疗器械公司与被告汪渭文经协商决定共同投资成立上海启康创建有限公司（简称创建公司），双方为此制订了公司章程。公司注册资本 100 万元，其中原告认缴的出资额为 90 万元，被告认缴的出资额为 10 万元，经营期限为 10 年。同年 6 月，原告、被告缴足各自出资，经登记机关审核，于 6 月 14 日被核准注册设立公司，由被告任公司董事长。6 月 22 日，创建公司以内部转账为名，向原告付款 100 万元。9 月 27 日，原告法定代表人陈大卫与被告就创建公司有关变更事项进行洽谈，签署《会议协议》一份，双方同意原告让出创建公司的出资，另行协商转让事宜；创建公司更名，由被告办理具体手续；由被告保管创建公司公章等，被告保证在原告转让出资和公司更名办妥前不以创建公司的名义进行任何商事及相关活动。原告对创建公司的商事活动不承担法律责任。12 月，被告未经股东会通过，擅自修改了公司章程，并据此向工商局办理了变更登记，经营范围增加"附设分支机构"一项，并登记设立创建公司分公司，该分公司营业场所开设在密云路 284 号。之后，在被告主持下，创建公司在密云路 284 号对外营业，从事经营活动。原告要求被告停止经营不成，遂诉至法院。

　　原告上海启康医疗康复器械有限公司诉称：被告以个人身份与原告合股，成立以原告香港母公司名称"启康"命名的内资公司——启康创建公司，其中原告出资 90%，被告出资 10%。不久，被告要求原告退出创建公司，由被告独自经营，双方协商后订立协议，一致同意转让原告的出资，创建公司更名，被告在经过合法手续前不得擅自经营。但被告不顾承诺，对外用原告母公司的名义经销原告同类产品等活动，给原告造成了极大的名誉损害和经济损失，现要求确认原告在创建公司的合法权益（出资 90 万元及其股权），被告立即停止创建公司的非法经营活动，并承担该公司的全部债务，赔偿因被告的经营活动而使原告营业额减少的经济损失 30 万元。审理中，原告增加诉讼请求，要求终止创建公司。

　　被告汪渭文辩称：原告提出的诉讼请求自相矛盾且无依据，既要确认其股东地位，又不愿意承担责任。据被告所知，创建公司的另一股东是陈大卫而非原告，被告在密云路经营是经工商行政管理局登记的，并非非法经营。《会议协议》未加盖公章，没有法律效力。创建公司依法成立，没有理由终止或解散。

　　思考：案例中原告与被告之间的股东权益纠纷产生的原因是什么？股东具有哪些权益和责任？如何认定有限责任公司股东的资格？

　　（资料来源：上海启康医疗康复器械有限公司诉汪谓文公司股东权益纠纷案. 法律咨询网. 2008-06-26.）

案例 2

格林柯尔的"资本包装术"

2000 年，顾雏军投资的格林柯尔在中国香港创业板上市，一举融资 5.5 亿港币，并由此在内地资本市场开始了翻云覆雨。自 2001 年起，顾雏军控制的格林柯尔公司先后收购了广东科龙电器、美菱电器、亚星客车、ST 襄轴等多家上市公司，控制的总资产达到 130 多亿元。2005 年 1 月 20 日，顾雏军登上第二届"胡润资本控制 50 强"榜首。格林柯尔是如何扩张的？

顺德格林柯尔的身世。

2001 年 10 月 1 日，顺德格林柯尔企业发展有限公司（简称顺德格林柯尔）成立，注册资本为 12 亿元人民币，顾雏军以 10.8 亿元出资额拥有 90% 的股权，包括以 1.8 亿元的货币和 9 亿元的知识产权出资。顾善鸿（顾雏军父亲）以货币出资 1.2 亿元拥有 10% 的股权。

当月，顺德格林柯尔收购科龙电器 20.6% 的股权。

2002 年 5 月 14 日，顾雏军从科龙电器划拨 1.87 亿元资金到设在天津的格林柯尔制冷剂（中国）有限公司（简称天津格林柯尔）的账户上，当日天津格林柯尔与顺德格林柯尔发生数额为 1.8 亿元、1.7 亿元、1.6 亿元、1.5 亿元的四笔资金对倒，合计放大为 6.6 亿元。顾雏军将此 6.6 亿元作为天津格林柯尔对顺德格林柯尔的现金出资。同时，顾雏军及顾善鸿原享有的货币出资 3 亿元也转让天津格林柯尔。随后，顺德格林柯尔变更工商登记，天津格林柯尔以货币出资 9.6 亿元人民币拥有 80% 股权，顾雏军则以其专利投入享有 20% 股权。

江西格林柯尔的创业史——"资本包装术"的范本。

江西格林柯尔于 2002 年 6 月 24 日成立。公司最初注册资本为 2400 万美元，股东为天津格林柯尔和注册子英属维尔京群岛的格林柯尔企业控股有限公司（简称格林柯尔企业控股），两公司均为顾雏军私人所有的格林柯尔系公司。前者以现金 1080 万美元入股，后者以 120 万美元现金加一项专利入股，专利估值 1.26 亿元人民币（折合 1521 万美元），其中 1200 万美元作为注册资本。

一年后，格林柯尔企业控股的此项专利（名为"顾氏热力循环热工装置的工作价质"），被再度估值为 5.32 亿人民币，作为顾雏军个人出资，注入 2003 年 6 月成立的扬州格林柯尔创业投资有限公司（简称扬州格林柯尔）。

江西格林柯尔创立未久，第三家股东进入。这家股东名为格林柯尔资本有限公司（简称格林柯尔资本公司），注册地为英属维尔京群岛，与格林柯尔企业控股同为顾雏军私人公司。2002 年 9 月，这家公司在南昌经济技术开发区获得 2378 亩熟地，格林柯尔资本公司一次付清 476 万元土地出让金。当年 11 月，上述土地被估值为 4.71 亿元人民币（折合 5689 万美元），其作为格林柯尔资本公司对江西格林柯尔的注资，其中 5100 万美元作为实收资本。

两年后的 2004 年 7 月，江西格林柯尔再次增资，新增资本来自格林柯尔企业控股，其同样以一项专利折资入股，作价 2000 万美元，全部作为注册资本注入。

　　思考：实收资本对于公司的意义何在？顾雏军为什么要在顺德格林柯尔、江西格林柯尔的实收资本上做文章？在本案例中，顺德格林柯尔、江西格林柯尔资本扩张中出现的问题，相关责任应该由谁来承担？

　　（资料来源：龙雪晴. 2005. 顾雏军全调查. 财经网. 2005-09-05.）

阅读材料

中华人民共和国公司法

企业会计准则——基本准则

企业会计准则第 22 号——金融工具确认和计量

企业会计准则第 37 号——金融工具列报

中华人民共和国财政部. 2006. 企业会计准则——应用指南. 北京：中国财政经
　　济出版社.

中华人民共和国财政部会计司编写组. 2007. 企业会计准则讲解. 北京：人民出
　　版社.

第十二章 费 用

学习目的与要求

通过本章学习，了解费用的概念和分类；掌握费用的确认和计量；熟练掌握期间费用的核算；重点掌握生产成本的概念及生产费用的归集和分配。

第一节 费 用 概 述

一、费用的概念

费用是指企业在日常活动中发生的、会导致所有者权益减少的、与向所有者分配利润无关的经济利益的总流出。

费用具有以下几方面的特征

(1) 费用是企业在日常活动中发生的经济利益的流出，而不是偶发的交易或事项中发生的经济利益的流出；

(2) 费用可能表现为资产的减少或负债的增加，或者二者兼而有之；

(3) 费用会导致所有者权益的减少。

二、费用与资产、成本和损失的关系

费用是资产的耗费，成本是按一定对象所归集的费用，是对象化了的费用。费用与一定的会计期间相联系，成本与一定种类和数量的产品相联系。费用源于日常活动，而损失通常源于偶发交易或事项。

三、费用的分类

费用按经济内容进行分类，分为劳动对象方面的费用、劳动手段方面的费用和活劳动方面的费用三大类。费用一般可分为以下九类：外购材料、外购燃料、外购动力、工资、职工福利费、折旧费、利息支出、税费、其他支出。

费用按经济用途分类，首先划分为应计入产品成本、劳务成本的费用和不应计入产品成本、劳务成本的费用两大类。应计入产品成本、劳务成本的费用继续划分为直接费用和间接费用。其中直接费用包括直接材料、直接人工和其他直接费用；间接费用指制造费用。不应计入产品成本、劳务成本的费用（期间费用）

继续划分为销售费用、管理费用和财务费用。

按照费用同产量之间的关系，可以把费用分为固定费用和变动费用。所谓固定费用，是指产量在一定范围内，不随产品产量的变动而变动的费用。所谓变动费用，是指随着产品产量的变动而变动的费用。

四、费用的确认与计量

（一）费用的确认

费用只有在经济利益很可能流出从而导致企业资产减少或者负债增加、且经济利益的流出额能够可靠计量时才能予以确认。

在具体会计实务中，形成了费用确认的一般原则，即划分收益性支出和资本性支出原则、权责发生制原则和配比原则。划分收益性支出和资本性支出原则是按照支出效益涉及的期间来确认费用，如某项支出的效益涉及几个会计年度（或几个营业周期），该项支出则应予以资本化，如果某项支出的效益仅涉及本会计年度（或一个营业周期），就应将其作为收益性支出。权责发生制原则就是根据支出上的效益是否发挥作用来判断该项支出是否应确认为费用。配比原则是按照费用与收入的关联关系来确认费用的实现。结合收入来确认费用的配比原则表现为以下几个方面：按因果关系直接确认；按系统且合理的分配方法加以确认；按期间配比确认。

（二）费用的计量

通常的费用计量标准是实际成本。费用的实际成本按企业为取得商品或劳务而放弃的资源的实际价值来计量。

第二节　生 产 成 本

一、生产成本的概念

生产成本是指一定时期生产产品所发生的直接费用和间接费用的总和。生产成本是相对于一定的产品而言所发生的费用，它是按照产品品种等成本计算对象对当期发生的费用进行归集所形成的。企业的产品成本项目可以根据企业的具体情况自行设定。生产成本一般分为直接材料、燃料及动力、直接人工和制造费用等。

二、生产成本核算应设置的账户

为了核算企业进行工业性生产所发生的各项生产费用，包括生产各种产品

（产成品、自制半成品等）、自制材料、自制工具及自制设备等，企业应当设置"生产成本"科目。

为了分别核算基本生产成本和辅助生产成本，企业还应在"生产成本"科目下，分别设置"基本生产成本"和"辅助生产成本"两个明细科目。"基本生产成本"明细科目核算企业基本生产车间为完成企业主要生产目的而进行的产品生产所发生的生产费用，用以计算基本生产的产品成本。"辅助生产成本"明细科目核算企业辅助生产车间为基本生产服务而进行的产品生产和劳务供应所发生的生产费用，用以计算辅助生产产品和劳务成本。

三、生产费用的归集和分配

企业发生的各项生产费用，应按成本核算对象分别归集，属于直接材料、直接人工等直接费用，直接计入基本生产成本和辅助生产成本；其他间接费用先在"制造费用"科目归集，月度终了，再按一定的分配标准，分配计入有关的产品成本。

产品生产中消耗的各种材料物资的货币表现就是材料费用。在一般情况下，它包括产品生产中消耗的原料、主要材料、辅助材料和外购半成品等。工资是根据职工劳动的数量和质量，以货币形式支付给劳动者的劳动报酬。工资总额的组成内容是由国家统一规定的，工资总额包括以下六项内容：计时工资、计件工资、奖金、津贴和补贴、加班加点工资、特殊情况下支付的工资。

制造费用是企业生产车间为生产产品和提供劳务而发生的各项间接费用。制造费用作为一种间接费用，在发生时一般无法直接判定其应归属的成本核算对象，因而不能直接计入产品成本中，它必须按费用发生的地点进行归集，月度终了，再采用一定的方法在各成本核算对象间进行分配，然后才能计入各成本核算对象的成本中。

制造费用主要包括以下内容：①间接用于产品生产的费用，如物料消耗，车间生产用房及建筑物折旧费、修理费、经营租赁费和保险费，车间生产用的照明费、取暖费、运输费、劳动保护费以及季节性停工和生产用固定资产修理期间的停工损失等；②直接用于产品生产，但管理上不要求或者核算上不便于单独核算，因而没有专设成本项目的费用，如机器设备的折旧费、修理费、经营租赁费和保险费，生产工具摊销，设计制图费和试验费；③车间用于组织和管理生产的费用，包括车间管理人员工资及福利费，车间管理用房和设备的折旧费、修理费、经营租赁费和保险费，车间管理用具摊销，车间管理用照明费、水费、取暖费、差旅费和办公费等。

辅助生产主要是为基本生产服务的，它所生产的产品和劳务，大部分都被基本生产车间和管理部门所消耗，一般很少对外销售。分配单一产品或劳务费用的常用方法有：直接分配法、一次交互分配法、计划成本分配法、代数分配法和顺序分配法等。

　　工业企业生产过程中发生的各项生产费用，经过在各种产品之间的归集和分配，都已集中登记在"生产成本明细账"和"产品成本计算单"中。在"产品成本计算单"中的合计数，减去交库废料价值后，就是该产品本月发生的费用。如果月初、月末都有在产品，本月发生的生产费用加上月初在产品成本之后的合计数额，还要在完工产品和在产品之间进行分配，计算完工产品成本。通过在产品成本的计算，生产费用在完工产品和月末在产品之间进行分配后，就可以确定完工产品的成本，根据计算的完工产品成本，从有关"产品成本计算单"中转出，编制"完工产品成本汇总计算表"计算出完工产品总成本和单位成本。

四、生产成本的主要账务处理

　　发生各项直接生产费用，借记"生产成本——基本生产成本"、"生产成本——辅助生产成本"科目，贷记"银行存款"、"原材料"、"应付职工薪酬"等科目。

　　发生各项制造费用，借记"制造费用"科目，贷记"银行存款"、"原材料"、"应付职工薪酬"、"累计折旧"等科目。

　　月度终了，将制造费用分配计入有关的成本核算对象，借记"生产成本——基本生产成本"、"生产成本——辅助生产成本"科目，贷记"制造费用"科目。

　　辅助生产车间提供的产品和劳务，月末按照一定的分配标准分配给各受益对象，借记"生产成本——基本生产成本"、"在建工程"、"管理费用"、"销售费用"等科目，贷记"生产成本——辅助生产成本"科目。

　　已经生产完成并验收入库的产成品及入库的自制半成品，月末，借记"库存商品"等科目，贷记"生产成本——基本生产成本"科目。

第三节　期间费用

　　期间费用是指企业当期发生的，但不能直接归集于某个特定产品成本的费用。由于难以判定其所归属的产品，因而不能列入产品制造成本，而在发生的当期直接记入当期损益。期间费用主要包括销售费用、管理费用和财务费用。

一、销售费用

　　销售费用是指企业在销售商品和材料、提供劳务的过程中发生的各项费用，包括保险费、包装费、展览费和广告费、商品维修费、预计产品质量保证损失、运输费、装卸费等以及为销售本企业商品而专设的销售机构（含销售网点、售后服务网点等）的职工薪酬、业务费、折旧费等经营费用。

二、管理费用

管理费用是企业为组织和管理企业生产经营所发生的各种费用，包括企业在筹建期间内发生的开办费、董事会和行政管理部门在企业的经营管理中发生的或者应由企业统一负担的公司经费（包括行政管理部门职工工资及福利费、物料消耗、低值易耗品摊销、办公费和差旅费等）、工会经费、董事会费（包括董事会成员津贴、会议费和差旅费等）、聘请中介机构费、咨询费（含顾问费）、诉讼费、业务招待费、房产税、车船使用税、土地使用税、印花税、技术转让费、矿产资源补偿费、研究费用、排污费等。

三、财务费用

财务费用是企业为筹集生产经营所需资金等发生的筹资费用，包括利息支出（减利息收入）、汇兑损益及相关的手续费、企业发生的现金折扣或收到的现金折扣等。

重点与难点

重点：费用的概念及特征，费用与资产、成本和损失的关系，费用的分类，费用的确认与计量，生产成本的概念，生产成本核算应设置的账户，生产费用的归集和分配，在产品成本的计算和完工产品成本的结转，销售费用、管理费用、财务费用的内容和账务处理。

难点：费用与资产、成本和损失的关系，费用的确认原则，产品成本项目及其核算，期间费用的内容及其核算。

关键问题

1. 费用与资产、成本和损失有什么关系？
2. 费用按其经济内容可分为哪几类？
3. 费用按其经济用途可分为哪几类？
4. 费用确认的一般原则有哪些？
5. 企业的产品成本项目包括哪些内容？
6. 生产成本核算应设置哪些账户？
7. 什么是期间费用？包括哪些内容？

真题实训及解析

一、真题实训（第 1～8 题为单项选择题，第 9～13 题为多项选择题）

▲1. 甲公司为增值税一般纳税人，适用的增值税税率为 17%。20×7 年 1 月甲公司董事会决定将本公司生产的 500 件产品作为福利发放给公司管理人员。该批产品的单件成本为 1.2 万元，市场销售价格为每件 2 万元（不含增值税）。不考虑其他相关税费，甲公司在 20×7 年因该项业务应计入管理费用的金额为（　　）万元。

　　A. 600　　　　　　　B. 770　　　　　　　C. 1 000　　　　　　　D. 1 170

▲2. 研究开发活动无法区分研究阶段和开发阶段的，当期发生的研究开发支出应在资产负债表日确认为（　　）。

　　A. 无形资产　　　B. 管理费用　　　C. 研发支出　　　D. 营业外支出

★3. 下列各项中，不应计入管理费用的是（　　）。

　　A. 发生的排污费　　　　　　　　B. 发生的矿产资源补偿费

　　C. 管理部门固定资产报废净损失　　D. 发生的业务招待费

★4. 甲公司 20×8 年年度发生的有关交易或事项如下：

　　(1) 因出租房屋取得租金收入 120 万元；

　　(2) 因处置固定资产产生净收益 30 万元；

　　(3) 收到联营企业分派的现金股利 60 万元；

　　(4) 因收发差错造成存货短缺净损失 10 万元；

　　(5) 管理用机器设备发生日常维护支出 40 万元；

　　(6) 办公楼所在地块的土地使用权摊销 300 万元；

　　(7) 持有的交易性金融资产公允价值上升 60 万元；

　　(8) 因存货市价上升转回上年计提的存货跌价准备 100 万元。

　　要求：根据上述资料，不考虑其他因素，回答下列问题。

　　(1) 甲公司 20×8 年度因上述交易或事项而确认的管理费用金额是（　　）。

　　A. 240 万元　　　B. 250 万元　　　C. 340 万元　　　D. 350 万元

　　(2) 上述交易或事项对甲公司 20×8 年度营业利润的影响是（　　）。

　　A. −10 万元　　　B. −40 万元　　　C. −70 万元　　　D. 20 万元

★5. 下列各项关于现金折扣会计处理的表述中，正确的是（　　）。

　　A. 现金折扣在实际发生时计入财务费用

　　B. 现金折扣在实际发生时计入销售费用

　　C. 现金折扣在确认销售收入时计入财务费用

　　D. 现金折扣在确认销售收入时计入销售费用

★6. 下列项目中，不属于借款费用的是（　　　）。

　　A. 外币借款发生的汇兑损失　　　　　B. 借款过程中发生的承诺费

　　C. 发行公司债券发生的折价　　　　　D. 发行公司债券溢价的摊销

★7. 甲公司为股份有限公司，20×3 年 7 月 1 日为新建生产车间而向商业银行借入专门借款 2 000 万元，年利率为 4%，款项已存入银行。至 20×3 年 12 月 31 日，因建筑地面上建筑物的拆迁补偿问题尚未解决，建筑地面上原建筑物尚未开始拆迁；该项借款存入银行所获得的利息收入为 19.8 万元。甲公司 20×3 年就上述借款应予以资本化的利息为（　　　）万元。

　　A. 0　　　　　　　B. 0.2　　　　　　　C. 20.2　　　　　　　D. 40

★8. 甲公司 20×7 年 1 月 1 日发行面值总额为 10 000 万元的债券，取得的款项专门用于建造厂房。该债券是分期付息、到期还本债券，期限为 4 年，票面年利率为 10%，每年 12 月 31 日支付当年利息。该债券年实际利率为 8%。债券发行价格总额为 10 662.10 万元，款项已存入银行。厂房于 20×7 年 1 月 1 日开工建造，20×7 年度累计发生建造工程支出 4 600 万元。经批准，当年甲公司将尚未使用的债券资金投资于国债，取得投资收益 760 万元。20×7 年 12 月 31 日工程尚未完工，该在建工程的账面余额为（　　　）。

　　A. 4 692.97 万元　　　　　　　　　　B. 4 906.21 万元

　　C. 5 452.97 万元　　　　　　　　　　D. 5 600 万元

★9. 下列各项中，应作为职工薪酬计入相关资产成本或当期损益的有（　　　）。

　　A. 为职工支付的补充养老保险

　　B. 因解除职工劳动合同支付的补偿款

　　C. 为职工进行健康检查而支付的体检费

　　D. 因向管理人员提供住房而支付的租金

　　E. 按照工资总额一定比例计提的职工教育经费

★10. 下列各项中，应当计入当期损益的有（　　　）。

　　A. 经营租赁中出租人发生的金额较大的初始直接费用

　　B. 经营租赁中承租人发生的金额较大的初始直接费用

　　C. 融资租赁中出租人发生的金额较大的初始直接费用

　　D. 融资租赁中承租人发生的金额较大的初始直接费用

　　E. 融资租入不需要安装即可投入使用的设备发生的融资费用

▲11. 下列各项中，应纳入职工薪酬核算的有（　　　）。

　　A. 工会经费　　　　　　　　　　　　B. 职工养老保险费

　　C. 职工住房公积金　　　　　　　　　D. 辞退职工经济补偿

★12. 企业为购建固定资产专门借入的款项所发生的借款费用，停止资本化的时点有（　　　）。

A. 所购建固定资产已达到或基本达到设计要求或合同要求时

B. 固定资产的实体建造工作已经全部完成或实质上已经完成时

C. 继续发生在所购建固定资产上的支出金额很少或者几乎不再发生时

D. 需要试生产的固定资产在试生产结果表明资产能够正常生产出合格产品时

★13. 在符合借款费用资本化条件的会计期间，下列有关借款费用的会计处理中，符合现行会计制度规定的有（　　　）。

A. 为购建固定资产借入的外币专门借款发生的汇兑差额，应计入建造成本

B. 为购建固定资产借入专门借款发生的金额重大的辅助费用，应计入建造成本

C. 为购建固定资产借款资本化的利息金额，不应超过当期专门借款实际发生的利息

D. 为购建固定资产活动发生正常中断且持续时间连续超过 3 个月的，中断期间的利息应计入建造成本

E. 为购建固定资产活动发生非正常中断且中断时间未超过 3 个月的，中断期间的利息应计入建造成本

二、参考答案及解析

1. D

【解析】相关的分录处理

借：应付职工薪酬　　　　　　　　　　　　　　　　　　1 170

　　贷：主营业务收入　　　　　　　　　　　　　　　　　　　1 000

　　　　应交税费——应交增值税（销项税额）　　　　　　　　170

借：主营业务成本　　　　　　　　　　　　　　　　　　600

　　贷：库存商品　　　　　　　　　　　　　　　　　　　　　600

借：管理费用　　　　　　　　　　　　　　　　　　　1 170

　　贷：应付职工薪酬　　　　　　　　　　　　　　　　　　1 170

2. B

【解析】研究开发活动无法区分研究阶段和开发阶段的，根据谨慎性的要求费用化，计入当期损益，所以答案为选项 B。

3. C

【解析】选项 C 应计入营业外支出。

4.（1）D

【解析】管理费用＝10＋40＋300＝350（万元）

（2）C

【解析】甲公司 20×8 年营业利润的影响额＝120－10－40－300＋60＋100＝
－70（万元）

5. A

【解析】收入的金额不扣除现金折扣，实际发生时计入财务费用，因此选项
BCD 的说法不正确。

6. C

【解析】本题的考核点是借款费用的范围。借款费用是指企业因借款而发生
的利息、折价或者溢价的摊销和辅助费用以及因外币借款而发生的汇兑差额。发
行公司债券发生的折价是应付债券账面价值的组成内容，只有发行公司债券发生
的折价摊销，才是借款费用的组成内容。

7. A

【解析】本题的考核点是借款利息资本化。借款利息资本化应同时满足 3 个
条件：资产支出已经发生；借款费用已经发生；为使资产达到预定可使用状态所
必要的购建活动已经开始。按照规定，必要的购建活动是指资产的实体建造工
作，本题实体建造尚未开始，故 20×3 年末该专门借款利息不符合利息资本化的
条件，资本化金额为零。同时，存款利息收入不属于借款费用的范畴，与资本化
无关。

8. A

【解析】资本化期间为 20×7 年全年。

20×7 年利息费用＝应付债券摊余成本×实际利率×期限＝10 662.10×
8%×1＝852.97（万元）

借款费用资本化金额＝852.97－760＝92.97（万元）

20×7 年年末在建工程账面余额＝4 600＋92.97＝4 692.97（万元）。

9. ABCDE

10. BE

【解析】选项 A，经营租赁中出租人发生的初始直接费用，金额较大的应当
资本化，在整个经营租赁期内按照与确认租金收入相同的基础分期计入当期损
益；选项 C，应该作为应收融资租赁款入账价值的一部分；选项 D，应该作为租
入资产的入账价值。

11. ABCD

【解析】上述选项均属于职工薪酬的核算范围。

12. ABCD

【解析】本题的考核点是停止资本化时点。在固定资产达到预定可使用状态
时，借款费用应当停止资本化，具体表现为：固定资产的实体建造（包括安装）
工作已经全部完成或者实质上已经完成；所购置或者建造的固定资产与设计要求

或者合同要求相符合或者基本相符；继续发生在所购建固定资产上的支出金额很少或者几乎不再发生；如果所购建固定资产需要试生产或者试运行，则在试生产结果表明资产能够正常生产出合格产品时，或者试运行结果表明资产能够正常运转或者营业时，就应当认为资产已经达到预定可使用状态，借款费用应当停止资本化。

13. ABCDE

【解析】以上选项均正确。

案例实训

案例 1

利息费用该资本化还是费用化？

1993 年 7 月 12 日，重庆渝港钛白粉股份有限公司（简称渝钛白）在深交所挂牌上市。公司上市时正值钛白粉项目建设期，而上市仅融资 7 000 万元，近 10 亿元的工程建设资金几乎全靠银行贷款，平均每年负担银行利息高达 8 000 多万元。仅就 1997 年而言，为该项工程发生的借款利息及应付债券利息就有 8 064 万元。

钛白粉项目为国家重点项目，目标是建成年产 1.5 万吨硫酸法金红石型钛白粉工程，工程于 1992 年 1 月破土动工，1995 年 6 月完成主体工程建设，8 月 18 日投料试生产，11 月 20 日生产出金红石型高档钛白粉产品，并经国家指定检验部门检测，质量达到国家标准。由于该钛白粉装置还不够完善和当时缺乏流动资金及与英国 ICI 公司合资谈判的需要，公司自 1996 年 3 月起停产整改，直至 1997 年 7 月开始批量生产。1997 年度共生产出 1 680 吨钛白粉。

注册会计师在审计中发现并认为：从该事项的经济实质来看，工程既已投入使用，而且能够生产合格产品，创造效益，说明该工程已经达到预定可使用状态；而 1997 年发生的借款利息及应付债券利息 8 064 万元，渝钛白将其资本化计入了钛白粉工程成本，应调整计入财务费用。而渝钛白则认为，钛白粉工程项目不同于一般的基建项目，一方面，钛白粉这种基础化工产品不同于普通商品，对各项技术指标的要求非常严格，需要通过反复试生产，逐步调整质量、消耗等指标，直到生产出合格的产品才能投放市场，而试生产期间的试产品性能不稳定，是不能投放市场的；另一方面，原料的腐蚀性很强，如生产钛白粉的主要原料是硫酸，一旦停工，就会淤积于管道、容器中，再次开工前，就必须进行彻底的清洗、维护，并调试设备。因此，钛白粉项目交付使用进入投资回报期、产生效益前，还有一个过渡期，即整改和试生产期间，这仍属于工程在建期。因此，项目建设期的借款利息及应付债券利息 8 064 万元理应资本化计入钛白粉工程成本。

案例背景

重庆渝港钛白粉股份有限公司前身是重庆渝港钛白粉有限公司，于 1990 年 9 月 4 日经原国家对外经济贸易合作部批准，由重庆化工厂和香港中渝实业有限公司出资成立的中外合资企业。公司主导产品钛白粉是世界上性能最佳、应用最广、用量最大的白色无机颜料，目前暂无发现替代品。目前公司钛白粉的销售量在世界无机化工产品中名列第三，是国内生产高档金红石型钛白粉的最大企业。

1992 年 5 月 9 日，重庆市经济体制改革委员会同意在原公司基础上改组设立股份公司，1992 年 5 月 20 日，经中国人民银行重庆市分行批准，公司向社会公开发行股票 3 600 万股股票，并于 1993 年 7 月 12 日在深交所挂牌上市。后公司因 1996~1998 年连续 3 年亏损被深圳证券交易所决定自 1999 年 7 月 5 日起暂停上市。公司于 2001 年 2 月 27 日公布了 2000 年度报告，会计报表由重庆天健会计师事务所审计并出具了标准无保留意见的审计报告。因在宽限期内的会计年度盈利，公司于 2001 年 3 月 2 日向中国证监会提出了恢复上市的申请并被受理。

其中，1998 年 4 月 29 日，渝钛白公司公布了其 1997 年年报，并刊登了重庆会计师事务所于 1998 年 3 月 8 日出具的否定意见审计报告，这是我国证券市场中有关上市公司的首份否定意见审计报告。导致注册会计师出具否定意见审计报告的根源主要就在于对渝钛白 1997 年度发生的借款利息及应付债券利息 8 064 万元的不同会计处理之争。

思考：注册会计师为何认为 8 064 万元利息不能计入钛白粉工程成本，而应该计入财务费用？

（资料来源：李晓慧. 2002. 会计报表风险审计实务分析系列之十. 中国财经网. 2002-06-06.）

案例 2

钛白粉借款费用的会计处理

根据《企业会计准则——借款费用》第 77 条规定：当所购置或建造的固定资产达到预定可使用状态时，应当停止其借款费用的资本化，以后发生的借款费用计入当期损益。从渝钛白该项交易的经济实质来看，钛白粉工程于 1992 年 1 月破土动工，1995 年 6 月完成主体工程建设，8 月 18 投料试生产，11 月 20 日生产出金红石型高档钛白粉产品，并经国家指定检验部门检测，质量达到国家标准，说明该工程已达到预定可使用状态。且公司在 1995 年年报中指出："公司 1995 年度的建设项目主要反映为已于 1995 年 6 月份竣工并试车投产成功的金红石型钛白粉工程的建设，钛白粉项目的建设已于本年度全部完成。"所以工程应当被判定为已经完工交付使用，按照"实质重于形式"原则，有关 8 064 万元利息费用应当停止资本化，作为财务费用计入当期损益。

至于工程未能达到设计生产能力，特别是 1997 年的产量只有 1 680 吨，这一产量与设计能力 1.5 万吨相差很远，并非"工程未完工"所致，主要原因是缺乏流动资金。公司 1993~1997 年年报数据如表 12-1 所示。

表 12-1　年报数据　　　　　　　　　　单位：元

年　份	流动资产合计	流动负债合计	营运资金
1993	118 114 544	215 446 839	−97 332 295
1994	190 005 596	59 389 939	130 615 657
1995	73 511 701	69 300 046	4 211 655
1996	80 657 387	146 985 572	−66 328 185
1997	82 938 364	915 200 174	−832 261 810

由此可见，该公司的流动资金在 1997 年时严重不足，因此在批量生产时远远满足不了钛白粉项目设计要求的产量对流动资金的需求。

另外，由公司 1996 年年报和 1997 年年报可知，1996 年其已出现 1 000 多万元的亏损，而 1997 年在未对该笔利息费用进行调整的情况下，又出现了 3 136 万元的亏损，可见这笔利息费用不管是否调整，渝钛白公司当年都属于亏损，只不过是亏多亏少的问题。所以表面上这一笔利息费用如何处理，对渝钛白公司来说似乎并不重要。但实际上，如果这笔 8 064 万元的会计事项按公司会计处理方法，最多只是一般性的亏损，但如按照会计师事务所的方法来处理，对该会计事项调整之后，1997 年亏损额则高达 11 200 万元，而现有的股东权益仅为 3 290 万元，与其原有的注册资本 13 000 万元相比，仅剩下 25% 左右，这样，其持续经营的能力就值得怀疑，整个公司就将资不抵债，则属于另一种性质的亏损了。因而，这一笔业务的处理就显得非常重要了。对会计报表使用者来说，作为证券市场的投资者，他们投资证券的意图是非常清楚的，即试图通过证券市场获得利益。如果上述会计事项不调整，就会严重误导依赖财务报表进行投资决策的证券买卖者。因此，从各方面因素来考虑，重庆会计师事务所的决定是相对合理的。

当然需要注意的是，渝钛白的此项会计处理也是有其特定历史背景的，因为现行的《企业会计准则——借款费用》是于 2006 年 2 月颁布的（根据 2001 年 1 月颁布的借款费用准则修订），而渝钛白的此项会计处理是发生在准则颁布之前的，该公司执行的是《股份制试点企业会计制度》，而当时的渝钛白也没想到国家后来制定的会计制度会对借款利息费用的处理进行一刀切，并更强调谨慎性原则。

思考：现行《企业会计准则——借款费用》对借款利息费用的会计处理是如何规定的？又是如何体现谨慎性原则的？

（资料来源：李晓慧. 2002. 会计报表风险审计实务分析系列之十. 中国财经网. 2002-06-06.）

阅读材料

葛家澍，林志军. 2002. 现代西方会计理论. 厦门：厦门大学出版社.

企业会计准则——基本准则

中华人民共和国财政部. 2006. 企业会计准则——应用指南. 北京：中国财政经济出版社.

中华人民共和国财政部会计司编写组. 2007. 企业会计准则讲解. 北京：人民出版社.

第十三章　收入和利润

通过本章学习，了解收入的概念、特征与分类，让渡资产使用权收入的确认与计量，建造合同的特征及合同收入与合同费用的确认与计量；掌握各种特定销售方式下收入的确认与计量，劳务收入的确认与计量，营业外收入与营业外支出的主要内容；重点掌握销售商品收入的确认条件及运用，销售折扣、折让与退回的会计处理，利润的构成，所得税费用的会计处理方法，本年利润的计算与结转，净利润的分配程序与会计处理方法。

第一节　收　　入

一、收入概述

收入是指企业在日常活动中形成的、会导致所有者权益增加的、与所有者投入资本无关的经济利益的总流入。

收入具有以下几方面特征。

(1) 收入是从企业的日常活动中产生的，而不是从偶发的交易或事项中产生的。

(2) 收入可能表现为企业资产的增加或负债的减少，或者二者兼而有之。

(3) 收入会导致企业所有者权益的增加。

(4) 收入不包括所有者向企业投入资本导致的经济利益流入。

按照企业所从事日常活动的性质，收入可以分为销售商品收入、提供劳务收入和让渡资产使用权收入。按照日常活动在企业中所处的地位，收入可以分为主营业务收入和其他业务收入。

二、销售商品收入的确认与计量

(一) 销售商品收入的确认条件

销售商品收入同时满足下列条件的，才能予以确认。

(1) 企业已将商品所有权上的主要风险和报酬转移给购货方。

　　现行准则规定，企业已将商品所有权上的主要风险和报酬转移给购货方，是指与商品所有权有关的主要风险和报酬同时转移。与商品所有权有关的风险，是指商品可能发生减值或毁损等形成的损失；与商品所有权有关的报酬，是指商品价值增值或通过使用商品等产生的经济利益。

　　判断企业是否已将商品所有权上的主要风险和报酬转移给购货方，应当关注交易的实质，并结合所有权凭证的转移进行判断。通常情况下，转移商品所有权凭证并交付实物后，商品所有权上的主要风险和报酬随之转移。有些情况下，企业已将商品所有权凭证或实物交付给购货方，但商品所有权上的主要风险和报酬并未随之转移。

　　企业可能在以下几种情况仍保留商品所有权上的主要风险和报酬：①企业销售的商品在质量、品种、规格等方面不符合合同规定的要求，又未根据正常的保证条款予以弥补，因而仍负有责任；②企业销售商品的收入是否能够取得，取决于代销方或受托方销售该商品的收入是否能够取得；③企业尚未完成售出商品的安装或检验工作，而此项安装或检验任务又是销售合同的重要组成部分；④销售合同中规定了购货方在特定情况下有权退货的条款，而企业又不能确定退货的可能性。

　　如果企业只保留了商品所有权上的次要风险，则销售成立，企业应当确认相应的收入。

　　有些情况下，企业已将商品所有权上的主要风险和报酬转移给购货方，但所有权凭证尚未转移（如分期收款销售）或实物尚未交付（如交款提货销售）。则企业应当确认相应的收入。

　　（2）企业既没有保留通常与所有权相联系的继续管理权，也没有对已售出的商品实施有效控制。

　　（3）收入的金额能够可靠计量。

　　（4）相关的经济利益很可能流入企业。

　　（5）相关的已发生或将发生的成本能够可靠计量。

（二）商业折扣、现金折扣、销售折让与销售退回

　　商业折扣是指企业为促进商品销售而在商品标价上给予的价格扣除。销售商品涉及商业折扣的，应当按照扣除商业折扣后的金额确定销售商品收入金额。

　　现金折扣是指债权人为鼓励债务人在规定的期限内付款而向债务人提供的债务扣除。销售商品涉及现金折扣的，应当按照扣除现金折扣前的金额确定销售商品收入金额。

　　销售折让是指企业因售出商品的质量不合格等原因而在售价上给予的减让。发生在收入确认之前的销售折让，销货方应直接从原定的销售价格中扣除给予购

货方的销售折让，作为实际销售价格，确认收入。企业已经确认销售商品收入的售出商品发生销售折让的，应当在发生时冲减当期销售商品收入。

销售退回是指企业售出的商品由于质量、品种不符合要求等原因而发生的退货。未确认收入的销售退回，只需将已记入"发出商品"科目的商品成本转回"库存商品"科目。企业已经确认销售商品收入的售出商品发生销售退回的，应当在发生时冲减当期销售商品收入。

（三）特殊销售商品业务的会计处理

1. 托收承付

托收承付是指收款人根据购销合同发货后委托其开户银行向异地付款人收取款项，付款人验单或验货后向其开户银行承兑付款的一种方式。现行准则规定，销售商品采用托收承付方式的，在办妥托收手续时确认收入。

2. 分期收款销售

分期收款销售是指商品已经交付，但货款分期收回的一种销售方式。在这种销售方式下，销货方应当于商品交付给购货方时，按照从购货方已收或应收的合同或协议价款确认收入。

现行准则规定，从购货方已收或应收的合同或协议价款，通常为公允价值。某些情况下，合同或协议明确规定销售商品需要延期收取价款，如分期收款销售商品，实质上具有融资性质的，应当按照应收的合同或协议价款的现值确定其公允价值。应收的合同或协议价款与其公允价值之间的差额，应当在合同或协议期间内，按照应收款项的摊余成本和实际利率计算确定的摊销金额，冲减财务费用。

3. 委托代销

视同买断方式是指由委托方和受托方签订协议，委托方按协议价收取所代销的货款，实际售价可由受托方自定，实际售价与协议价之间的差额归受托方所有的销售方式。现行准则规定，当委托方向受托方交付商品并开具发票账单后，即可满足销售商品收入的确认条件，委托方应按应收的协议价款确认收入。受托方对收到的代销商品应作为商品购进处理，将商品售出后，按实际售价确认为销售收入，并向委托方开具代销清单、支付协议价款。

收取手续费方式是指受托方根据所代销的商品数量向委托方收取手续费的销售方式。受托方收取的手续费属于劳务收入。这种代销方式与视同买断方式相比，主要特点是，受托方通常应按照委托方规定的价格销售，不得自行改变售价。现行准则规定，受托方将商品售出后，应根据代销商品的数量和合同约定的收费方式，计算应收取的手续费，确认为劳务收入，不确认销售商品收入。委托方收到受托方开来的代销清单时，根据所列已售商品金额确认收入，应付的代销手续费计入当期销售费用。

4. 附有销售退回条件的商品销售

附有销售退回条件的商品销售是指购买方依照有关协议有权退货的销售方式。在这种销售方式下，如果企业能够按照以往的经验对退货的可能性作出合理估计的，应在发出商品时，将估计不会发生退货的部分确认收入，估计可能发生退货的部分，不确认收入；如果企业不能合理地确定退货的可能性，则在售出商品的退货期满时确认收入。

5. 分期预收款销售

分期预收款销售是指购买方在商品尚未收到前按合同约定分期付款，销售方在收到最后一次付款时才交货的销售方式。在这种销售方式下，预收的货款作为一项负债，记入"预收账款"科目或"应收账款"科目，不能确认收入，待交付商品时再确认销售收入。

6. 以旧换新销售

以旧换新销售是指销售方在销售商品的同时回收与所售商品相同的旧商品。现行准则规定，销售商品采用以旧换新方式的，销售的商品应当按照销售商品收入确认条件确认收入，回收的商品作为购进商品处理。

7. 商品需要安装和检验的销售

商品需要安装和检验的销售是指售出的商品需要经过安装、检验等过程的销售方式。现行准则规定，销售商品需要安装和检验的，在购买方接受商品及安装和检验完毕前，不确认收入，待安装和检验完毕时确认收入。如果安装程序比较简单，可在发出商品时确认收入。

8. 订货销售

订货销售是指已收到全部或部分货款而库存没有现货，需要通过制造等程序才能将商品交付购买方的销售方式。在这种销售方式下，应在商品交付给购买方时确认营业收入的实现，预收的货款作为一项负债，记入"预收账款"科目或"应收账款"科目。

9. 售后回购

采用售后回购方式销售商品的，收到的款项应确认为负债；回购价格大于原售价的，差额应在回购期间按期计提利息，计入财务费用。有确凿证据表明售后回购交易满足销售商品收入确认条件的，销售的商品按售价确认收入，回购的商品作为购进商品处理。

10. 售后租回

采用售后租回方式销售商品的，收到的款项应确认为负债；售价与资产账面价值之间的差额，应当采用合理的方法进行摊销，作为折旧费用或租金费用的调整。有确凿证据表明认定为经营租赁的售后租回交易是按照公允价值达成的，销售的商品按售价确认收入，并按账面价值结转成本。

三、提供劳务收入的确认与计量

（一）劳务收入确认与计量的基本原则

1. 提供劳务交易的结果在资产负债表日能够可靠估计

企业在资产负债表日提供劳务交易的结果能够可靠估计的，应当采用完工百分比法确认提供劳务收入。完工百分比法，是指按照提供劳务交易的完工进度确认收入与费用的方法。

提供劳务交易的结果能够可靠估计，是指同时满足下列条件：①收入的金额能够可靠计量；②相关的经济利益很可能流入企业；③交易的完工进度能够可靠确定；④交易中已发生和将发生的成本能够可靠计量。

企业应当在资产负债表日按照提供劳务收入总额乘以完工进度扣除以前会计期间累计已确认提供劳务收入后的金额，确认当期提供劳务收入；同时按照提供劳务估计总成本乘以完工进度扣除以前会计期间累计已确认劳务成本后的金额，结转当期劳务成本。

本年确认的收入＝劳务总收入×本年末止劳务的完工进度－以前年度已确认的收入

本年确认的费用＝劳务总成本×本年末止劳务的完工进度－以前年度已确认的费用

2. 提供劳务交易的结果在资产负债表日不能够可靠估计

企业在资产负债表日提供劳务交易的结果不能够可靠估计的，应当分别按下列情况处理。

（1）已经发生的劳务成本预计能够得到补偿的，按照已经发生的劳务成本金额确认提供劳务收入，并按相同金额结转劳务成本。

（2）已经发生的劳务成本预计不能够得到补偿的，应当将已经发生的劳务成本计入当期损益，不确认提供劳务收入。

（二）销售商品和提供劳务的分拆

企业与其他企业签订的合同或协议包括销售商品和提供劳务时，销售商品部分和提供劳务部分能够区分且能够单独计量的，应当将销售商品的部分作为销售商品处理，将提供劳务的部分作为提供劳务处理。

销售商品部分和提供劳务部分不能够区分，或虽能区分但不能够单独计量的，应当将销售商品部分和提供劳务部分全部作为销售商品处理。

（三）下列提供劳务满足收入确认条件的，应按规定确认收入

（1）安装费，在资产负债表日根据安装的完工进度确认收入。安装工作是商品销售附带条件的，安装费在确认商品销售实现时确认收入。

（2）宣传媒介的收费，在相关的广告或商业行为开始出现于公众面前时确认收入。广告的制作费，在资产负债表日根据制作广告的完工进度确认收入。

（3）为特定客户开发软件的收费，在资产负债表日根据开发的完工进度确认收入。

（4）包括在商品售价内可区分的服务费，在提供服务的期间内分期确认收入。

（5）艺术表演、招待宴会和其他特殊活动的收费，在相关活动发生时确认收入。收费涉及几项活动的，预收的款项应合理分配给每项活动，分别确认收入。

（6）申请入会费和会员费只允许取得会籍，所有其他服务或商品都要另行收费的，在款项收回不存在重大不确定性时确认收入。申请入会费和会员费能使会员在会员期内得到各种服务或商品，或者以低于非会员的价格销售商品或提供服务的，在整个受益期内分期确认收入。

（7）属于提供设备和其他有形资产的特许权费，在交付资产或转移资产所有权时确认收入；属于提供初始及后续服务的特许权费，在提供服务时确认收入。

（8）长期为客户提供重复的劳务收取的劳务费，在相关劳务活动发生时确认收入。

四、让渡资产使用权收入的确认与计量

让渡资产使用权收入包括利息收入、使用费收入等。让渡资产使用权收入同时满足下列条件的，才能予以确认：①相关的经济利益很可能流入企业；②收入

的金额能够可靠计量。

企业应当分别按下列情况确定让渡资产使用权收入金额。

(1) 利息收入金额，按照他人使用本企业货币资金的时间和实际利率计算确定。

(2) 使用费收入金额，按照有关合同或协议约定的收费时间和方法计算确定。

第二节　利　润

一、利润及其构成

利润是指企业在一定会计期间的经营成果。利润包括收入减去费用后的净额、直接计入当期利润的利得和损失等。

直接计入当期利润的利得和损失，是指应当计入当期损益、会导致所有者权益发生增减变动的、与所有者投入资本或者向所有者分配利润无关的利得或者损失。

营业利润＝营业收入－营业成本－营业税金及附加－销售费用－管理费用－财务费用－资产减值损失＋/－公允价值变动损益＋/－投资损益

营业收入＝主营业务收入＋其他业务收入

营业成本＝主营业务成本＋其他业务成本

利润总额＝营业利润＋营业外收入－营业外支出

净利润＝利润总额－所得税费用

二、营业外收入和营业外支出

(一) 营业外收入

营业外收入是企业发生的与日常活动无直接关系的各项利得。营业外收入主要包括：①非流动资产处置利得；②非货币性资产交换利得；③债务重组利得；④罚没利得；⑤政府补助；⑥无法支付的应付款项；⑦捐赠利得；⑧盘盈利得。

(二) 营业外支出

营业外支出是企业发生的与日常活动无直接关系的各项损失。营业外支出主要包括：①非流动资产处置损失；②非货币性资产交换损失；③债务重组损失；④罚款支出；⑤捐赠支出；⑥非常损失；⑦盘亏损失。

三、利润的结转

企业应当设置"本年利润"科目，用于核算企业当期实现的净利润或发生的净亏损。

四、利润的分配

企业当期实现的净利润，加上年初未分配利润后的数额，为可供分配的利润。可供分配的利润，按下列顺序进行分配：①提取法定盈余公积；②提取任意盈余公积；③分派现金股利或利润；④分派股票股利。

企业应当设置"利润分配"科目，核算企业利润的分配（或亏损的弥补）和历年分配（或弥补）后的余额。并在其下设置"提取法定盈余公积"、"提取任意盈余公积"、"应付现金股利或利润"、"转作股本的股利"、"盈余公积补亏"和"未分配利润"等明细科目，进行明细核算。

第三节　所　得　税

一、所得税费用的概念

所得税费用是指根据《企业会计准则》的要求确认的应从当期利润总额中扣除的所得税费用，包括当期所得税和递延所得税费用（或收益）。

二、暂时性差异的类型

暂时性差异是指资产或负债的账面价值与其计税基础之间的差额。暂时性差异按照对未来期间应税金额的影响，分为应纳税暂时性差异和可抵扣暂时性差异。

（一）应纳税暂时性差异

应纳税暂时性差异是指在确定未来收回资产或清偿负债期间的应纳税所得额时，将导致产生应税金额的暂时性差异。资产的账面价值大于其计税基础或负债的账面价值小于其计税基础，会产生应纳税暂时性差异。

（二）可抵扣暂时性差异

可抵扣暂时性差异是指在确定未来收回资产或清偿负债期间的应纳税所得额时，将导致产生可抵扣金额的暂时性差异。资产的账面价值小于其计税基础或负债的账面价值大于其计税基础，会产生可抵扣暂时性差异。

三、资产和负债的计税基础

（一）资产的计税基础

资产的计税基础是指企业收回资产账面价值过程中，计算应纳税所得额时按照税法规定可以从应税经济利益中抵扣的金额，即该项资产在未来使用或最终处置时，税法允许作为成本或费用于所得税前列支的金额。

（二）负债的计税基础

负债的计税基础是指负债的账面价值减去未来期间计算应纳税所得额时按照税法规定可予以抵扣的金额。

四、递延所得税资产和递延所得税负债

递延所得税资产＝可抵扣暂时性差异×适用税率

递延所得税负债＝应纳税暂时性差异×适用税率

五、所得税费用的确认和计量

所得税费用（或收益）＝当期所得税＋递延所得税费用（或减递延所得税收益）

其中：递延所得税费用（或收益）＝递延所得税负债－递延所得税资产

重点与难点

重点：收入的概念及特征，收入的分类，销售商品收入的确认条件，销售商品收入的计量及账务处理，特定销售方式下收入的确认与计量，销售折扣、折让与退回的会计处理，提供劳务收入的确认与计量，让渡资产使用权收入的确认与计量，建造合同收入的确认与计量，利润的构成，营业外收入与营业外支出的内容，所得税费用的会计处理，利润的结转与分配。

难点：销售商品收入的确认条件，分期收款销售、委托代销方式的会计处理，销售折扣、折让与退回的会计处理，利润的构成，所得税费用的会计处理方法，利润的结转与分配。

关键问题

1. 什么是收入？有什么特征？如何分类？

2. 销售商品收入的确认应同时满足哪些条件？

3. 如何确认分期收款销售方式的销售收入？

4. 如何确认委托代销方式的销售收入？

5. 什么是销售折扣？如何进行会计处理？

6. 什么是销售折让？如何进行会计处理？

7. 什么是销售退回？如何进行会计处理？

8. 什么是劳务收入？应如何确认？

9. 什么是让渡资产使用权收入？应如何确认？

10. 什么是利润？由哪些内容构成？

11. 营业外收入和营业外支出包括哪些主要内容？

12. 什么是当期所得税？什么是所得税费用？两者之间有什么联系？

13. 什么是暂时性差异？包括哪些类型？如何确定差异金额？

14. 什么是递延所得税资产和递延所得税负债？

15. 什么是资产和负债的计税基础？应如何确定？

16. 如何计算和结转净利润？

17. 净利润应按什么程序进行分配？如何进行会计处理？

真题实训及解析

一、真题实训（第 1～15 题为单项选择题，第 16～19 题为多项选择题，第 20 题为计算及会计处理题，第 21～24 题为综合题）

★1. 20×6 年 4 月 1 日，甲公司签订一项承担某工程建造任务的合同，该合同为固定造价合同，合同金额为 800 万元。工程自 20×6 年 5 月开工，预计 20×8 年 3 月完工。甲公司 20×6 年实际发生成本 216 万元，结算合同价款 180 万元；至 20×7 年 12 月 31 日止累计实际发生成本 680 万元，结算合同价款 300 万元。甲公司签订合同时预计合同总成本为 720 万元，因工人工资调整及材料价格上涨等原因，20×7 年年末预计合同总成本为 850 万元。20×7 年 12 月 31 日甲公司对该合同应确认的预计损失为（　　）。

A. 0　　　　　　B. 10 万元　　　　　C. 40 万元　　　　　D. 50 万元

★2. 下列各项中，应计入营业外收入的是（　　）。

A. 债务重组利得

B. 处置长期股权投资产生的收益

C. 出租无形资产取得的收入

D. 处置投资性房地产取得的收入

★3. 甲公司 20×7 年 12 月 3 日与乙公司签订产品销售合同。合同约定，甲公司向乙公司销售 A 产品 400 件，单位售价 650 元（不含增值税），增值税税率为 17%；乙公司应在甲公司发出产品后 1 个月内支付款项，乙公司收到 A 产品后 3 个月内如发现质量问题有权退货。A 产品单位成本为 500 元。

甲公司于 20×7 年 12 月 10 日发出 A 产品，并开具增值税专用发票。根据历史经验，甲公司估计 A 产品的退货率为 30%。至 20×7 年 12 月 31 日止，上述已销售的 A 产品尚未发生退回。

按照税法规定，销货方于收到购货方提供的《开具红字增值税专用发票申请单》时开具红字增值税专用发票，并作减少当期应纳税所得额处理。甲公司适用的所得税税率为25%，预计未来期间不会变更；甲公司预计未来期间能够产生足够的应纳税所得额以利用可抵扣暂时性差异。

甲公司于20×7年度财务报告批准对外报出前，A产品尚未发生退回；至20×8年3月3日止，20×7年出售的A产品实际退货率为35%。

要求：根据上述资料，不考虑其他因素，回答下列问题。

(1) 甲公司因销售A产品对20×7年度利润总额的影响是（　　）。

A. 0　　　　　B. 4.2万元　　　C. 4.5万元　　　D. 6万元

(2) 甲公司因销售A产品于20×7年度确认的递延所得税费用是（　　）。

A. —0.45万元　B. 0万元　　　C. 0.45万元　　　D. —1.5万元

(3) 下列关于甲公司20×8年A产品销售退回会计处理的表述中，正确的是（　　）。

A. 原估计退货率的部分追溯调整原已确认的收入

B. 高于原估计退货率的部分追溯调整原已确认的收入

C. 原估计退货率的部分在退货发生时冲减退货当期销售收入

D. 高于原估计退货率的部分在退货发生时冲减退货当期的收入

★4. 20×7年2月5日，甲公司资产管理部门建议管理层将一闲置办公楼群用于出租。20×7年2月10日，董事会批准关于出租办公楼的方案并明确出租办公楼和意图在短期内不会发生变化。当日，办公楼群成本为3 200万元，已计提折旧为2 100万元，未计提减值准备，公允价值为2 400万元，甲公司采用公允价值模式对投资性房地产进行后续计量。

20×7年2月20日，甲公司承租方签订办公楼租赁合同，租赁期为自20×7年3月1日起2年，年租金为360万元。

办公楼群20×7年12月31日的公允价值为2 600万元，20×8年12月31日的公允价值为2 640万元。

20×9年3月1日，甲公司收回租赁期届满的办公楼群并对外出售，取得价款2 800万元。

要求：根据上述资料，不考虑其他因素，回答下列问题。

(1) 甲公司将自用房地产转换为投资性房地产的时点是（　　）。

A. 20×7年2月5日　　　　　　B. 20×7年2月10日

C. 20×7年2月20日　　　　　　D. 20×7年3月1日

(2) 甲公司20×9年度因出售办公楼而应确认的损益金额是（　　）。

A. 160万元　　　B. 400万元　　　C. 1 460万元　　　D. 1 700万元

★5. 甲公司20×8年12月31日应收乙公司账款2 000万元，按照当时估计已计提坏账准备200万元。20×9年2月20日，甲公司获悉乙公司于20×9年2月

18 日向法院申请破产。甲公司估计应收乙公司账款全部无法收回。甲公司按照净利润的 10％提取法定盈余公积，20×8 年度账务报表于 20×9 年 4 月 20 日经董事会批准对外报出。不考虑其他因素。甲公司因该资产负债表日后事项减少 20×8 年 12 月 31 日未分配利润的金额是（　　）。

A. 180 万元　　　B. 1 620 万元　　　C. 1 800 万元　　　D. 2 000 万元

★6. 甲公司为增值税一般纳税人，适用的增值税税率为 17％。20×9 年度，甲公司发生的有关交易或事项如下：

（1）甲公司以账面价值为 50 万元、市场价格为 65 万元的一批库存商品向乙公司投资，取得乙公司 2％的股权。甲公司取得乙公司 2％股权后，对乙公司不具有控制、共同控制和重大影响。

（2）甲公司以账面价值为 20 万元、市场价格为 25 万元的一批库存商品交付丙公司，抵偿所欠丙公司款项 32 万元。

（3）甲公司领用账面价值为 30 万元、市场价格为 32 万元的一批原材料，投入在建工程项目。

（4）甲公司将账面价值为 10 万元、市场价格为 14 万元的一批库存商品作为集体福利发放给职工。

上述市场价格等于计税价格，均不含增值税。

要求：根据上述资料，不考虑其他因素，回答下列问题。

（1）甲公司 20×9 年度因上述交易或事项应当确认的收入是（　　）。

A. 90 万元　　　B. 104 万元　　　C. 122 万元　　　D. 136 万元

（2）甲公司 20×9 年度因上述交易或事项应当确认的利得是（　　）。

A. 2.75 万元　　　B. 7 万元　　　C. 17.75 万元　　　D. 21.75 万元

★7. 甲公司为从事国家重点扶持的公共基础设施建设项目的企业，根据税法规定，20×9 年度免交所得税。甲公司 20×9 年度发生的有关交易或事项如下：

（1）以盈余公积转增资本 5 500 万元；

（2）向股东分配股票股利 4 500 万元；

（3）接受控股股东的现金捐赠 350 万元；

（4）外币报表折算差额本年增加 70 万元；

（5）因自然灾害发生固定资产净损失 1 200 万元；

（6）因会计政策变更调减年初留存收益 560 万元；

（7）持有的交易性金融资产公允价值上升 60 万元；

（8）因处置联营企业股权相应结转原计入资本公积贷方的金额 50 万元；

（9）因可供出售债务工具公允价值上升在原确认的减值损失范围内转回减值准备 85 万元。

要求：根据上述资料，不考虑其他因素，回答下列问题。

（1）上述交易或事項對甲公司 20×9 年度營業利潤的影響是（　　）。

　　A. 110 萬元　　　B. 145 萬元　　　C. 195 萬元　　　D. 545 萬元

（2）上述交易或事項對甲公司 20×9 年 12 月 31 日所有者權益總額的影響是（　　）。

　　A. −5 695 萬元　　B. −1 195 萬元　　C. −1 145 萬元　　D. −635 萬元

★8. 下列各項中，不應計入營業外支出的是（　　）。

　　A. 支付的合同違約金

　　B. 發生的債務重組損失

　　C. 向慈善機構支付的捐贈款

　　D. 在建工程建設期間發生的工程物資盤虧損失

★9. 下列各項關於因颱風災害而發生的停工損失會計處理的表述中，正確的是（　　）。

　　A. 作為管理費用計入當期損益

　　B. 作為製造費用計入產品成本

　　C. 作為非正常損失計入營業外支出

　　D. 作為當期已售產成品的銷售成本

▲10. 企業對具有商業實質且換入資產或換出資產的公允價值能夠可靠計量的非貨幣性資產，在換出庫存商品且其公允價值不含增值稅的情況下，下列會計處理中，正確的是（　　）。

　　A. 按庫存商品的公允價值確認營業收入

　　B. 按庫存商品的公允價值確認主營業務收入

　　C. 按庫存商品公允價值高於賬面價值的差額確認營業外收入

　　D. 按庫存商品公允價值低於賬面價值的差額確認資產減值損失

▲11. 20×7 年 1 月 1 日，甲公司採用分期收款方式向乙公司銷售大型商品一套，合同規定不含增值稅的銷售價格為 900 萬元，分兩次於每年 12 月 31 日等額收取，假定在現銷方式下，該商品不含增值稅的銷售價格為 810 萬元，不考慮其他因素，甲公司 20×7 年應確認的銷售收入為（　　）萬元。

　　A. 270　　　　　B. 300　　　　　C. 810　　　　　D. 900

▲12. 20×7 年 1 月 2 日，甲公司與乙公司簽訂不可撤銷的租賃合同，以經營租賃方式租入乙公司一台機器設備，專門用於生產 M 產品，租賃期為 5 年，年租金為 120 萬元。因 M 產品在使用過程中產生嚴重的環境污染，甲公司自 20×9 年 1 月 1 日起停止生產該產品，當日 M 產品庫存為零，假定不考慮其他因素，該事項對甲公司 20×9 年度利潤總額的影響為（　　）萬元。

　　A. 0　　　　　　B. 120　　　　　C. 240　　　　　D. 360

▲13. 20×7 年 11 月，甲公司因污水排放對環境造成污染被周圍居民提起訴訟。

20×7 年 12 月 31 日，该案件尚未一审判决。根据以往类似案例及公司法律顾问的判断，甲公司很可能败诉。如败诉，预计赔偿 2 000 万元的可能性为 70%，预计赔偿 1 800 万元的可能性为 30%。假定不考虑其他因素，该事项对甲公司 20×7 年利润总额的影响金额为（ ）万元。

  A. －1 800 B. －1 900 C. －1 940 D. －2 000

▲14. 下列关于收入的表述中，不正确的是（ ）。

  A. 企业已将商品所有权上的主要风险和报酬转移给购货方是确认商品销售收入的必要前提

  B. 企业提供劳务交易的结果能够可靠估计的，应采用完工百分比法确认提供劳务收入

  C. 企业与其客户签订的合同或协议包括销售商品和提供劳务的，在销售商品部分和提供劳务部分不能区分的情况下，应当全部作为提供劳务处理

  D. 销售商品相关的已发生或将发生的成本不能可靠计量的，已收到的价款不应确认为收入

▲15. 甲社会团体的个人会员每年应交纳会费 200 元，交纳期间为每年 1 月 1 日至 12 月 31 日，当年未按时交纳会费的会员下年度自动失去会员资格。该社会团体共有会员 1 000 人。至 20×9 年 12 月 31 日，800 人交纳当年会费，150 人交纳了 20×9～20×1 年的会费，50 人尚未交纳当年会费，该社会团体 20×9 年度应确认的会费收入为（ ）元。

  A. 190 000 B. 200 000 C. 250 000 D. 260 000

▲16. 下列各项中，属于民间非营利组织应确认为捐赠收入的有（ ）。

  A. 接受劳务捐赠   B. 接受有价证券捐赠

  C. 接受公用房捐赠   D. 接受货币资金捐赠

★17. 下列各项中，属于利得的有（ ）。

  A. 出租无形资产取得的收益

  B. 投资者的出资额大于其在被投资单位注册资本中所占份额的金额

  C. 处置固定资产产生的净收益

  D. 非货币性资产换出资产的账面价值低于其公允价值的差额

  E. 以现金清偿债务形成的债务重组收益

★18. 20×7 年 1 月 1 日，甲公司与乙公司签订一项建造合同。合同约定：甲公司为乙公司建设一条高速公路，合同总价款 80 000 万元；工期为 2 年。与上述建造合同相关的资料如下：

  (1) 20×7 年 1 月 10 日开工建设，预计总成本 68 000 万元。至 20×7 年 12 月 31 日，工程实际发生成本 45 000 万元，由于材料价格上涨等因素预计还将发生工程成本 45 000 万元；工程结算合同价款 40 000 万元，实际收到价款 36 000

万元。

(2) 20×7 年 10 月 6 日，经商议，乙公司书面同意追加合同价款 2 000 万元。

(3) 20×8 年 9 月 6 日，工程完工并交付乙公司使用。至工程完工时，累计实际发生成本 89 000 万元；累计工程结算合同价款 82 000 万元，累计实际收到价款 80 000 万元。

(4) 20×8 年 11 月 12 日，收到乙公司支付的合同奖励款 400 万元。同日，出售剩余物资产生收益 250 万元。

假定建造合同的结果能够可靠估计，甲公司按累计实际发生的合同成本占合同预计总成本的比例确定其完工进度。

要求：根据上述资料，不考虑其他因素，回答下列问题。

(1) 下列各项关于甲公司上述建造合同会计处理的表述中，正确的有（　　）。

A. 追加的合同价款计入合同收入

B. 收到的合同奖励款计入合同收入

C. 出售剩余物资产生的收益冲减合同成本

D. 工程施工大于工程结算的金额作为存货项目列示

E. 预计总成本超过总收入部分减去已确认合同损失后的金额确认为当期合同损失

(2) 下列各项关于甲公司 20×7 年度和 20×8 年度利润表列示的表述中，正确的有（　　）。

A. 20×7 年度营业收入 41 000 万元

B. 20×7 年度营业成本 45 000 万元

C. 20×8 年度营业收入 41 400 万元

D. 20×8 年度营业成本 43 750 万元

E. 20×7 年度资产减值损失 4 000 万元

★19. 下列各项交易或事项中，不会影响发生当期营业利润的有（　　）。

A. 计提应收账款坏账准备

B. 出售无形资产取得净收益

C. 开发无形资产时发生符合资本化条件的支出

D. 自营建造固定资产期间处置工程物资取得净收益

E. 以公允价值进行后续计量的投资性房地产持有期间公允价值发生变动

★20. 20×6 年 2 月 1 日，甲建筑公司（简称甲公司）与乙房地产开发商（简称乙公司）签订了一份住宅建造合同，合同总价款为 12 000 万元，建造期限 2 年，乙公司于开工时预付 20%的合同价款。甲公司于 20×6 年 3 月 1 日开工建设，估计工程总成本为 10 000 万元。至 20×6 年 12 月 31 日，甲公司实际发生成本

5 000 万元。由于建筑材料价格上涨，甲公司预计完成合同尚需发生成本 7 500 万元。为此，甲公司于 20×6 年 12 月 31 日要求增加合同价款 600 万元，但未能与乙公司达成一致意见。

20×7 年 6 月，乙公司决定将原规划的普通住宅升级为高档住宅，与甲公司协商一致，增加合同价款 2 000 万元。20×7 年度，甲公司实际发生成本 7 150 万元，年底预计完成合同尚需发生 1 350 万元。

20×8 年 2 月底，工程按时完工，甲公司累计实际发生工程成本 13 550 万元。

假定：（1）该建造合同的结果能够可靠估计，甲公司采用累计实际发生合同成本占合同预计总成本的比例确定完工进度；

（2）甲公司 20×6 年度的财务报表于 20×7 年 1 月 10 日对外提供，此时仍未就增加合同价款事宜与乙公司达成一致意见。

要求：

计算甲公司 20×6～20×8 年应确认的合同收入、合同费用，并编制甲公司与确认合同收入、合同费用及计提和转回合同预计损失相关的会计分录。

★21. 甲公司为综合性百货公司，全部采用现金结算方式销售商品。20×8 年度和 20×9 年度，甲公司发生的有关交易或事项如下：

（1）20×9 年 7 月 1 日，甲公司开始代理销售由乙公司最新研制的 A 商品。销售代理协议约定，乙公司将 A 商品全部交由甲公司代理销售；甲公司采用收取手续费的方式为乙公司代理销售 A 商品，代理手续费收入按照乙公司确认的 A 商品销售收入（不含销售退回商品）的 5% 计算；顾客从购买 A 商品之日起 1 年内可以无条件退还。20×9 年度，甲公司共计销售 A 商品 600 万元，至年末尚未发生退货。由于 A 商品首次投放市场，甲公司乙公司均无法估计其退货的可能性。

（2）20×9 年 10 月 8 日，甲公司向丙公司销售一批商品，销售总额为 6 500 万元。该批已售商品的成本为 4 800 万元。根据与丙公司签订的销售合同，丙公司从甲公司购买的商品自购买之日起 6 个月内可以无条件退货。根据以往的经验，甲公司估计该批商品的退货率为 10%。

（3）20×8 年 1 月 1 日，甲公司董事会批准了管理层提出的客户忠诚度计划。该客户忠诚度计划为：办理积分卡的客户在甲公司消费一定金额时，甲公司向其授予奖励积分，客户可以使用奖励积分（每一奖励积分的公允价值为 0.01 元）购买甲公司经营的任何一种商品；奖励积分自授予之日起 3 年内有效，过期作废；甲公司采用先进先出法确定客户购买商品时使用的奖励积分。

20×8 年度，甲公司销售各类商品共计 70 000 万元（不包括客户使用奖励积分购买的商品），授予客户奖励积分共计 70 000 万分，客户使用奖励积分共计

36 000万分。20×8年年末，甲公司估计20×8年度授予的奖励积分将有60%使用。

20×9年度，甲公司销售各类商品共计100 000万元（不包括代理乙公司销售的A商品），授予客户奖励积分共计100 000万分，客户使用奖励积分40 000万分。20×9年年末，甲公司估计20×9年度授予的奖励积分将有70%使用。本题不考虑增值税及其他因素。

要求：

根据资料（1），判断甲公司20×9年度是否应当确认销售代理手续费收入，并说明判断依据。如果甲公司应当确认销售代理手续费收入，计算其收入金额。

根据资料（2），判断甲公司20×9年度是否应当确认销售收入，并说明判断依据。如果甲公司应当确认销售收入，计算其收入金额。

根据资料（3），计算甲公司20×8年度授予奖励积分的公允价值、因销售商品应当确认的销售收入以及因客户使用奖励积分应当确认的收入，并编制相关会计分录。

根据资料（3），计算甲公司20×9年度授予奖励积分的公允价值、因销售商品应当确认的销售收入以及因客户使用奖励积分应当确认的收入，并编制相关会计分录。

▲22. 宁南公司为上市公司，主要从事家用电器的生产和销售，产品销售价格为公允价格。20×9年，宁南公司由于受国际金融危机的影响，出口业务受到了较大冲击。为应对金融危机，宁南公司积极开拓国内市场，采用多种销售方式增加收入。20×9年度，宁南公司有关销售业务及其会计处理如下（不考虑增值税等相关税费）。

(1) 20×9年1月1日，为扩大公司的市场品牌效应，宁南公司与甲公司签订商标权出租合同。合同约定：甲公司可以在5年内使用宁南公司的某商标生产X产品，期限为20×9年1月1日至20×3年12月31日，甲公司每年向宁南公司支付100万元的商标使用费；宁南公司在该商标出租期间不再使用该商标。该商标是宁南公司20×6年1月1日购入的，初始入账价值为250万元，预计使用年限为10年，预计净残值为零，采用直线法摊销。相关会计处理为：①确认其他业务收入500万元；②结转其他业务成本175万元。

(2) 宁南公司开展产品以旧换新业务，20×9年度共销售A产品1 000台，每台销售价格为0.2万元，每台销售成本为0.12万元；同时，回收1 000台旧产品作为原材料验收入库，每台回收价格为0.05万元，款项均已收付。相关会计处理为：①确认主营业务收入200万元；②结转主营业务成本120万元；③确认原材料50万元。

(3) 20×9年6月30日，宁南公司与乙公司签订销售合同，以800万元价格向乙公司销售一批 B 产品；同时签订补充合同，约定于 20×9 年 7 月 31 日以 810 万元的价格将该批 B 产品购回。B 产品并未发出，款项已于当日收存银行。该批 B 产品成本为 650 万元。7 月 31 日，宁南公司从乙公司购回该批 B 产品，同时支付有关款项。相关会计处理为：①6 月 30 日确认主营业务收入 800 万元；②6 月 30 日结转主营业务成本 650 万元；③7 月 31 日确认财务费用 10 万元。

（4）宁南公司为推销 C 产品，承诺购买该新产品的客户均有 6 个月的试用期，如客户试用不满意，可无条件退货，20×9 年 12 月 1 日，C 产品已交付买方，售价为 100 万元，实际成本为 90 万元。20×9 年 12 月 31 日，货款 100 万元尚未收到，相关会计处理为：①确认主营业务收入 100 万元；②结转主营业务成本 90 万元。

（5）20×9 年 12 月 1 日，宁南公司委托丙公司销售 D 产品 1 000 台，商品已经发出，每台成本为 0.4 万元。合同约定：宁南公司委托丙公司按每台 0.6 万元的价格对外销售 D 产品，并按销售价格的 10% 向丙公司支付劳务报酬。20×9 年 12 月 31 日，宁南公司收到丙公司对外销售 D 产品 500 台的通知。相关的会计处理为：①12 月 1 日确认主营业务收入 600 万元；②12 月 1 日结转主营业务成本 400 万元；③12 月 1 日确认销售费用 60 万元；④12 月 31 日未进行会计处理。

（6）20×9 年 12 月 31 日，宁南公司与丁公司签订销售合同，采用分期收款方式向丁公司销售一批 E 产品，合同约定销售价格是 4 000 万元，从 20×9 年 12 月 31 日起分 5 年于次年的 12 月 31 日等额收取。该批 E 产品的成本为 3 000 万元。如果采用现销方式，该批 E 产品销售价格为 3 400 万元。相关的会计处理为：①12 月 31 日确认营业外收入 4 000 万元；②12 月 31 日结转主营业务成本 3 000万元；③12 月 31 日确认财务费用 200 万元。

要求：

根据上述材料，逐笔分析，判断（1）～（6）笔经济业务中各项会计处理是否正确；如不正确，请说明正确的会计处理（金额单位用万元表示）。

▲23.（1）1 月 31 日，向甲公司销售 100 台 A 机器设备，单位销售价格为 40 万元，单位销售成本为 30 万元，未计提存货跌价准备；设备已发出，款项尚未收到。合同约定，甲公司在 6 月 30 日前有权无条件退货。当日，南云公司根据以往经验，估计该批机器设备的退货率为 10%。6 月 30 日，收到甲公司退回的 A 机器设备 11 台并验收入库，89 台 A 机器设备的销售款项收存银行。南云公司发出该批机器设备时发生增值税纳税义务，实际发生销售退回时可以冲回增值税额。

（2）3 月 25 日，向乙公司销售一批 B 机器设备，销售价格为 3 000 万元，销售成本为 2 800 万元，未计提存货跌价准备；该批机器设备已发出，款项尚未收到。南云公司和乙公司约定的现金折扣条件为：2/10，1/20，n/30。4 月 10 日，收到乙公司支付的款项。南云公司计算现金折扣时不考虑增值税额。

　　(3) 6 月 30 日，在二级市场转让持有的丙公司 10 万股普通股股票，相关款项 50 万元已收存银行。该股票是上年度购入，初始取得成本为 35 万元，作为交易性金融资产核算；已确认相关公允价值变动收益 8 万元。

　　(4) 9 月 30 日，采用分期预收款方式向丁公司销售一批 C 机器设备。合同约定，该批机器设备销售价格为 580 万元；丁公司应在合同签订时预付 50% 货款（不含增值税额），剩余款项应于 11 月 30 日支付，并由南云公司发出 C 机器设备。9 月 30 日，收到丁公司预付的货款 290 万元并存入银行；11 月 30 日，发出该批机器设备，收到丁公司支付的剩余货款及全部增值税额并存入银行。该批机器设备实际成本为 600 万元，已计提存货跌价准备 30 万元。南云公司发出该批机器时发生增值税纳税义务。

　　(5) 11 月 30 日，向戊公司转让一项无形资产，相关款项 200 万元已收存银行；适用的营业税税率为 5%。该项无形资产的成本为 500 万元，已摊销 340 万元，已计提无形资产减值准备 30 万元。

　　(6) 12 月 1 日，向庚公司销售 100 台 D 机器设备，销售价格为 2 400 万元；该批机器设备总成本为 1 800 万元，未计提存货跌价准备；该批机器设备尚未发出，相关款项已收存银行，同时发生增值税纳税义务。合同约定，南云公司应于 20×1 年 5 月 1 日按 2 500 万元的价格（不含增值税额）回购该批机器设备。12 月 31 日，计提当月与该回购交易相关的利息费用（利息费用按月平均计提）。

　　要求：

　　根据上述资料，逐笔编制南云公司相关业务的会计分录（"应交税费"科目要求写出明细科目及专栏名称，金额单位用万元表示）。

▲24. 甲公司为上市公司，主要从事开发、生产、安装各种大型水电设备和提供技术服务，适用的增值税税率为 17%。20×7 年，该公司签订了以下销售和劳务合同，并据此进行了收入的确认和计量。

　　(1) 1 月 1 日，与乙公司签订了一份期限为 18 个月、不可撤销、固定价格的销售合同。合同约定：自 20×7 年 1 月 1 日起 18 个月内，甲公司负责向乙公司提供 A 设备 1 套，并负责安装调试和培训设备操作人员，合同总价款 12 000 万元。乙公司对 A 设备分别交付阶段和安装调试阶段进行验收。各阶段一经乙公司验收，与所有权相关的风险和报酬正式由甲公司转移给乙公司。20×7 年 12 月 31 日甲公司应向乙公司交付 A 设备，A 设备价款为 10 500 万元（不含增值税）；20×8 年 4 月 30 日甲公司应负责完成对 A 设备的安装调试，安装调试费 1 000 万元；20×8 年 6 月 30 日甲公司应负责完成对乙公司 A 设备操作人员的培训，培训费 500 万元。

　　合同执行后，截至 20×7 年 12 月 31 日，甲公司已将 A 设备交付乙公司并经乙公司验收合格，A 设备生产成本为 9 000 万元，尚未开始安装调试。

甲公司考虑到 A 设备安装调试没有完成，在 20×7 年财务报表中没有对销售 A 设备确认营业收入。

（2）7 月 1 日，与丙公司签订了一份销售合同，约定甲公司采用分期收款方式向丙公司销售 B 设备 1 套，价款为 6 000 万元（不含增值税），分 6 次于 3 年内等额收取（每半年末收款一次）。

B 设备生产成本为 5 400 万元，在现销方式下，该设备的销售价格为 5 800 万元（不含增值税）。20×7 年 12 月 31 日，甲公司将 B 设备运抵丙公司且经丙公司验收合格，同时开出增值税专用发票（注明增值税 170 万元）。

甲公司在 20×7 年财务报表中就 B 设备销售确认了营业收入 1 000 万元，同时结转营业成本 900 万元。

（3）8 月 1 日，与丁公司签订了一份销售合同，约定向丁公司销售 C 设备 1 台，销售价格为 9 000 万元（不含增值税）。

9 月 30 日，甲公司将 C 设备运抵丁公司并办妥托收承付手续。C 设备生产成本为 7 000 万元。11 月 6 日，甲公司收到丁公司书面函件，称其对 C 设备试运行后，发现 1 项技术指标没有完全达到合同规定的标准，影响了设备质量，要求退货。甲公司认为，该设备本身不存在质量问题，相关指标未达到合同规定标准不影响设备使用。至甲公司对外披露 20×7 年年报时，双方仍有争议，拟请相关专家进行质量鉴定。

甲公司认为 C 设备已发出，办妥托收承付手续，且不存在质量问题。在 20×7 年财务报表中就 C 设备销售确认了营业收入 9 000 万元，同时结转营业成本 7 000 万元。

（4）9 月 1 日，与戊公司签订了一份安装工程劳务合同，约定负责为戊公司安装 D 设备 1 套，合同金额为 1 000 万元，合同期 12 个月。

截至 20×7 年 12 月 31 日，甲公司实际发生安装工程成本 400 万元，但对该项安装工程的完工进度无法做出可靠估计。甲公司仍按合同规定履行自己的义务，戊公司也承诺继续按合同规定履行其义务。

甲公司在 20×7 年财务报表中将发生的安装工程成本 400 万元全部计入了当期损失，未确认营业收入。

要求：

根据上述资料，分别分析、判断甲公司的会计处理是否正确，并简要说明理由；如不正确，说明正确的会计处理原则。

二、参考答案及解析

1. B

【解析】20×7 年 12 月 31 日的完工进度＝680/850×100％＝80％，所以

20×7 年 12 月 31 日应确认的预计损失＝(850－800)×(1－80％)＝10（万元）。

2. A

【解析】选项 B 应计入投资收益，选项 CD 均应计入其他业务收入。

3. (1) B

【解析】甲公司因销售 A 产品对 20×7 年度利润总额的影响＝400×(650－500)×(1－30％)＝42 000（元）

(2) A

【解析】20×7 年 12 月 31 日确认估计的销售退回，会计分录为

借：主营业务收入（260 000×30％）　　　　　　　　　78 000
　　贷：主营业务成本（200 000×30％）　　　　　　　　　60 000
　　　　其他应付款（60 000×30％）　　　　　　　　　　18 000

其他应付款的账面价值为 18 000 元，计税基础为 0，产生可抵扣暂时性差异 18 000 元，应确认递延所得税资产 18 000×25％＝4 500 元。

(3) D

【解析】实际退货发生在 20×7 年度财务报表批准报出后，销售退回不属于日后调整项。原估计退货的部分在销售当月的期末已经冲减了收入和成本，因此在退货发生时不再冲减退货当期销售收入，而高于原估计退货率的部分在退货发生时应当冲减退货当期的收入。

4. (1) B

【解析】自用房地产转为投资性房地产的时点应该是董事会批准相关的议案时。

(2) C

【解析】因出售办公楼而应确认损益的金额＝2 800－2 640＋[2 400－(3 200－2 100)]＝1 460（万元），具体的核算如下

自用转为投资性房地产时

借：投资性房地产　　　　　　　　　　　　　　　　　2 400
　　贷：固定资产清理　　　　　　　　　　　　　　　　1 100
　　　　资本公积——其他资本公积　　　　　　　　　　1 300

对外出售时

借：其他业务成本　　　　　　　　　　　　　　　　　2 640
　　贷：投资性房地产　　　　　　　　　　　　　　　　2 640
借：银行存款　　　　　　　　　　　　　　　　　　　2 800
　　贷：其他业务收入　　　　　　　　　　　　　　　　2 800
借：资本公积——其他资本公积　　　　　　　　　　　1 300
　　贷：其他业务成本　　　　　　　　　　　　　　　　1 300

借：公允价值变动损益（2 640—2 400）   240
　　贷：其他业务成本   240

5. B

【解析】减少未分配利润的金额＝（2 000—200）×（1—10％）＝1 620（万元）。

6. （1）B

【解析】甲公司 20×9 年度因上述交易或事项应当确认的收入＝65＋25＋
14＝104（万元）。

（2）A

【解析】甲公司 20×9 年度因上述交易或事项应当确认的利得＝32—25×
1.17＝2.75（万元）。

7. （1）C

【解析】上述交易或事项对甲公司 20×9 年度营业利润的影响＝60＋50＋
85＝195（万元）。

（2）B

【解析】上述交易或事项对甲公司 20×9 年 12 月 31 日所有者权益总额的影
响＝350＋70—1 200—560＋60＋85＝—1 195（万元）。

8. D

【解析】在建工程建设期间发生的工程物资盘亏损失应计入在建工程成本。

9. C

【解析】由于台风灾害而发生的停工损失，属于非正常损益，应当作为营业
外支出处理。

10. B

【解析】按照非货币性资产准则，这种情况下应按照库存商品的公允价值确
认主营业务收入，按照其成本结转主营业务成本。

11. C

【解析】分期收款方式下

借：长期应收款   900
　　贷：主营业务收入   810
　　　　递延收益   90

12. D

【解析】属于亏损合同，没有合同标的物，应确认的损失＝120×5—120×
2＝360（万元）。

13. D

【解析】该事项对甲公司 20×7 年利润总额的影响金额可能性为 70％的
2 000 万元的损失。

14. C

【解析】销售商品部分和提供劳务部分不能够区分，或虽能区分但不能够单独计量的，应当将销售商品部分和提供劳务部分全部作为销售商品处理。

15. A

【解析】有50人的会费没有收到，不符合收入确认条件。应确认的会费收入＝200×（800＋150）＝190 000（元）。

16. BCD

【解析】非营利组织的捐赠收入为民间非营利组织接受其他单位或者个人捐赠所取得的收入。对于捐赠承诺和劳务捐赠，不予以确认，但应在会计报表中披露。所以选项A是不正确的，即不予以确认的。

17. CE

【解析】选项A计入其他业务收入，属于收入；选项B属于额外支付的价款，属于损失；选项D，如果换出的资产为存货，那么换出存货的公允价值应确认为收入，按账面价值结转成本，公允价值与账面价值的差额不属于利得。

18.（1）ABCDE

（2）ABCE

【解析】20×7年的完工进度＝45 000/（45 000＋45 000）＝50％

20×7年应确认的营业收入＝82 000×50％＝41 000（万元）

20×7年应确认的营业成本＝90 000×50％＝45 000（万元）

20×7年应确认的资产减值损失＝（90 000－82 000）×50％＝4 000（万元）

20×8年应确认的营业收入＝82 400－41 000＝41 400（万元）

20×8年应确认的营业成本＝（89 000－250）×100％－45 000－4 000＝39 750（万元）

19. BCD

【解析】出售无形资产取得的净收益应当计入营业外收入，不影响发生当期的营业利润；开发无形资产发生的符合资本化条件的支出，计入无形资产成本，不影响当期营业利润；自营建造固定资产期间处置工程物资取得的净收益应当冲减在建工程成本，不计入当期营业利润。

20. 参考答案

（1）20×6年完工进度＝5 000/（5 000＋7 500）×100％＝40％

20×6年应确认的合同收入＝12 000×40％＝4 800（万元）

20×6年应确认的合同费用＝（5 000＋7 500）×40％＝5 000（万元）

20×6年应确认的合同毛利＝4 800－5 000＝－200（万元）。

20×6年年末应确认的合同预计损失＝（12 500－12 000）×（1－40％）＝300（万元）。

借：工程施工——合同成本　　　　　　　　　　　　　　　　　5 000
　　贷：原材料　　　　　　　　　　　　　　　　　　　　　　　　　5 000
借：主营业务成本　　　　　　　　　　　　　　　　　　　　5 000
　　贷：主营业务收入　　　　　　　　　　　　　　　　　　　　　4 800
　　　　工程施工——合同毛利　　　　　　　　　　　　　　　　　　200
借：资产减值损失　　　　　　　　　　　　　　　　　　　　300
　　贷：存货跌价准备　　　　　　　　　　　　　　　　　　　　　　300

（2）20×7年完工进度＝（5 000＋7 150）/（5 000＋7 150＋1 350）×100%＝90%

20×7年应确认的合同收入＝（12 000＋2 000）×90%－4 800＝7 800（万元）

20×7年应确认的合同费用＝13 500×90%－5 000＝7 150（万元）

20×7年应确认的合同毛利＝7 800－7 150＝650（万元）

借：工程施工——合同成本　　　　　　　　　　　　　　　　7 150
　　贷：原材料　　　　　　　　　　　　　　　　　　　　　　　　7 150
借：主营业务成本　　　　　　　　　　　　　　　　　　　　7 150
　　　工程施工——合同毛利　　　　　　　　　　　　　　　　　650
　　贷：主营业务收入　　　　　　　　　　　　　　　　　　　　　7 800
借：存货跌价准备　　　　　　　　　　　　　　　　　　　　300
　　贷：资产减值损失　　　　　　　　　　　　　　　　　　　　　　300

（3）20×8年完工进度＝100%

20×8年应确认的合同收入＝14 000－4 800－7 800＝1 400（万元）

20×8年应确认的合同费用＝13 550－5 000－7 150＝1 400（万元）

20×8年应确认的合同毛利＝1 400－1 400＝0（万元）

借：工程施工——合同成本　　　　　　　　　　　　　　　　1 400
　　贷：原材料　　　　　　　　　　　　　　　　　　　　　　　　1 400
借：主营业务成本　　　　　　　　　　　　　　　　　　　　1 400
　　贷：主营业务收入　　　　　　　　　　　　　　　　　　　　　1 400

21. 参考答案

（1）甲公司20×9年度不应当确认销售A商品的代理手续费收入。

判断依据：按照会计准则规定，如果不能合理估计退货可能性的，附有销售退回条件的商品销售应在售出商品退货期满时确认收入。甲公司代理乙公司销售A商品收取的手续费收入，按照乙公司确认的A商品销售收入（不含销售退回商品）的5%计算，由于甲公司和乙公司均无法估计A商品退货的可能性，甲公司无法计算代理销售A商品收取的手续费收入。因此，甲公司不应确认代理销售A商品的手续费收入。

（2）甲公司 20×9 年度应当确认销售给丙公司商品的收入。

判断依据：按照会计准则规定，附有销售退回条件的商品销售，根据以往经验能够合理估计退货可能性的，应在发出商品时确认收入。

甲公司 20×9 年度应当确认销售给丙公司商品的收入金额＝6 500×90％＝5 850（万元）

（3）甲公司 20×8 年度授予奖励积分的公允价值＝70 000×0.01＝700（万元）

20×8 年度因销售商品应当确认的销售收入＝70 000－700＝69 300（万元）

20×8 年度因客户使用奖励积分应当确认的收入＝被兑换用于换取奖励的积分数额/预期将兑换用于换取奖励的积分总数×递延收益余额＝36 000/（70 000×60％）×700＝600（万元）

```
借：银行存款                                          70 000
      贷：主营业务收入                                          69 300
          递延收益                                                700
借：递延收益                                             600
      贷：主营业务收入                                            600
```

或在客户兑换积分时

```
借：递延收益（36 000×0.01）                           360
      贷：主营业务收入                                            360
```

年末，按照预期将兑换用于换取奖励的积分总数调整收入

```
借：递延收益（600－360）                               240
      贷：主营业务收入                                            240
```

（4）甲公司 20×9 年度授予奖励积分的公允价值＝100 000×0.01＝1 000（万元）

20×9 年度因销售商品应当确认的销售收入＝100 000－1 000＝99 000（万元）

20×9 年度因客户使用奖励积分应当确认的收入＝100＋（40 000－100/0.01）/（100 000×70％）×1 000＝528.57（万元）

```
借：银行存款                                         100 000
      贷：主营业务收入                                          99 000
          递延收益                                              1 000
借：递延收益                                           528.57
      贷：主营业务收入                                           528.57
```

或在客户兑换积分时

```
借：递延收益（40 000×0.01）                           400
```

　　　贷：主营业务收入 400

年末，按照预期将兑换用于换取奖励的积分总数调整收入

　　借：递延收益（528.57－400） 128.57

　　　贷：主营业务收入 128.57

22. 参考答案

　　事项（1）中①和②都不正确，宁南公司应在出租该商标权的五年内每年确认 100 万元的其他业务收入，并将当年对应的商标权摊销金额 25（250/10）万元确认为其他业务成本。

　　事项（2）中所有的处理都是正确的。

　　事项（3）中①和②的处理不正确，③的处理是正确的。具有融资性质的售后回购，商品所有权上的风险与报酬并没有转移，不能确认收入、结转成本，应于 6 月 30 日确认其他应付款 800 万元。

　　事项（4）中①和②的处理不正确，以附有销售退回条件方式销售商品，无法估计退货率的，应在退货期满时确认收入、结转成本，因为 C 产品为新产品，不能合理估计退货率，所以宁南公司不应当在当期确认收入、结转成本，仅应将发出的 90 万元的库存商品计入"发出商品"科目。

　　事项（5）中所有的处理都是错误的。以支付手续费方式委托代销商品的，委托方应在收到受托方开具的代销清单时根据售出的商品数量相应的确认收入和结转成本，并在此时确认这部分售出商品的销售费用。宁南公司应在 12 月 1 日发出商品的时候将这 400 万元的商品转入"发出商品"科目。在月底收到代销清单时，按照售出的 500 台商品确认主营业务收入 300 万元，结转主营业务成本 200 万元，并同时确认 30 万元的销售费用。

　　事项（6）中①和③的处理不正确，②的处理是正确的。

　　分期收款方式销售商品的，需按应收的合同或协议价款的公允价值（本题为现销价格 3 400 万元）确认收入，收入金额与合同约定价格 4 000 万元之间的差额作为未实现融资收益，在合同约定收款期间内以实际利率法进行摊销。所以本题中应该确认收入 3 400 万元，结转成本 3 000 万元，并将差额 600 万元确认为未实现融资收益。

23. 参考答案

　　事项一：

　　20×0 年 1 月 31 日

　　借：应收账款 4 680

　　　贷：主营业务收入 4 000

　　　　应交税费——应交增值税（销项税） 680

　　借：主营业务成本 3 000

　　　　贷：库存商品　　　　　　　　　　　　　　　　3 000
　　借：主营业务收入　　　　　　　　　　　　　400
　　　　贷：主营业务成本　　　　　　　　　　　　　　300
　　　　　　预计负债　　　　　　　　　　　　　　　100
20×0 年 6 月 30 日
　　借：库存商品　　　　　　　　　　　　　　　330
　　　　应交税费——应交增值税（440×17％）　　74.8
　　　　主营业务收入　　　　　　　　　　　　　40
　　　　预计负债　　　　　　　　　　　　　　　100
　　　　贷：主营业务成本　　　　　　　　　　　　　　30
　　　　　　应收账款（440×1.17）　　　　　　　　　514.8
　　借：银行存款（89×40×1.17）　　　　　　　4 165.2
　　　　贷：应收账款　　　　　　　　　　　　　　　4 165.2
事项二：
20×0 年 3 月 25 日
　　借：应收账款　　　　　　　　　　　　　　　3 510
　　　　贷：主营业务收入　　　　　　　　　　　　　3 000
　　　　　　应交税费——应交增值税（销项税）　　　510
　　借：主营业务成本　　　　　　　　　　　　　2 800
　　　　贷：库存商品　　　　　　　　　　　　　　　2 800
20×0 年 4 月 10 日
　　借：银行存款　　　　　　　　　　　　　　　3 480
　　　　财务费用（3 000×1％）　　　　　　　　30
　　　　贷：应收账款（3 000×1.17）　　　　　　　　3 510
事项三：
20×0 年 6 月 30 日
　　借：银行存款　　　　　　　　　　　　　　　50
　　　　公允价值变动损益　　　　　　　　　　　8
　　　　贷：交易性金融资产——成本　　　　　　　　35
　　　　　　　　　　　　　——公允价值变动　　　　8
　　　　　　投资收益　　　　　　　　　　　　　　　15
事项四：
20×0 年 9 月 30 日
　　借：银行存款　　　　　　　　　　　　　　　290
　　　　贷：预收账款　　　　　　　　　　　　　　　290

20×0 年 11 月 30 日

借：银行存款　　　　　　　　　　　　　　388.6
　　预收账款　　　　　　　　　　　　　　290
　　　贷：主营业务收入　　　　　　　　　　580
　　　　　应交税费——应交增值税（销项税）　　98.6
借：主营业务成本　　　　　　　　　　　　570
　　存货跌价准备　　　　　　　　　　　　30
　　　贷：库存商品　　　　　　　　　　　　600

事项五：

20×0 年 11 月 30 日

借：银行存款　　　　　　　　　　　　　　200
　　累计摊销　　　　　　　　　　　　　　340
　　无形资产减值准备　　　　　　　　　　30
　　　贷：无形资产　　　　　　　　　　　　500
　　　　　应交税费——应交营业税（200×5%）　10
　　　　　营业外收入　　　　　　　　　　　60

事项六：

20×0 年 12 月 1 日

借：银行存款（2 400×1.17）　　　　　　　2 808
　　　贷：其他应付款　　　　　　　　　　　2 400
　　　　　应交税费——应交增值税（销项税额）　408

20×0 年 12 月 31 日

借：财务费用［（2 500−2 400）÷5］　　　　20
　　　贷：其他应付款　　　　　　　　　　　20

24. 参考答案

（1）甲公司的会计处理不正确。

理由：甲公司与乙公司签订的合同包括销售商品和提供劳务，销售商品部分和提供劳务部分能够区分且能够单独计量，应当将销售商品的部分作为销售商品处理，将提供劳务的部分作为提供劳务处理。

A 设备所有权上的主要风险和报酬已由甲公司转移给了乙公司，应当确认 A 设备销售收入。

正确处理：甲公司应在 20×7 年确认销售 A 设备营业收入 10 500 万元，同时结转营业成本 9 000 万元。或甲公司应按 A 设备价款确认营业收入，同时结转相应营业成本。

（2）甲公司的会计处理不正确。

理由：甲公司采用分期收款方式进行的 B 设备销售，其延期收取的价款具有融资性质，应按合同或协议价款的公允价值（未来现金流量现值或设备现销价格）确认销售收入。

正确处理：甲公司在 20×7 年应就 B 设备销售确认营业收入 5 800 万元，同时结转营业成本 5 400 万元。或甲公司在 20×7 年应按 B 设备现销价格确认营业收入，同时结转营业成本 5 400 万元。

（3）甲公司的会计处理不正确。

理由：甲公司尚未将 C 设备所有权的主要风险和报酬转移给丁公司，不应确认相关销售收入。

正确处理：甲公司不应对 C 设备销售确认营业收入和结转营业成本。

（4）甲公司的会计处理不正确。

理由：甲公司当年发生的安装工程成本预计能够收回，应按预计能够收回的安装工程成本金额确认营业收入和结转营业成本。

正确处理：甲公司应在 20×7 年就该项安装工程确认营业收入 400 万元，同时结转营业成本 400 万元。

案例实训

案例 1

科龙电器虚增收入

科龙电器（000921）发布未审计的半年报称：关于 2004 年本公司人民币 5.76 亿元的货物销售事项的跟踪，前任审计师在其 2004 年度审计报告的审计意见中提出本公司对两家国内客户销售人民币 5.76 亿元的货物，但未能从客户取得直接的回函确认，而且截至 2004 年 12 月 31 日该笔货款尚未收回。本公司董事会与管理当局对此事作了积极的跟踪，该事项的跟踪处理情况如下：经查证，前任审计意见中所提及的人民币 5.76 亿元的销售，是依据本公司 2004 年向两家客户实际开销售发票金额人民币 2.03 亿元，加上本公司 2004 年底向两家客户已出库未开票货物补记收入人民币 4.27 亿元，再减去本公司 2004 年对两家客户确认的退货人民币 0.54 亿元后计算得来的。而实际上本公司 2004 年向两家客户实际开销售发票金额人民币 2.03 亿元中有人民币 1.21 亿元属于本公司对 2003 年度的已出库未开票货物补开发票，该笔销售本公司在 2003 年已经确认了销售收入，所以当中只有人民币 0.82 亿元包含在本公司 2004 年度的收入中，本公司 2004 年度实际上向该两家客户销售了人民币 4.27 亿元，加上人民币 0.82 亿元，总共人民币 5.09 亿元的货物，其中已经收到货款的销售为人民币 0.78 亿元，另外人民币 4.31 亿元的货物由于该两家客户到期未能付款，在本公司要求下已将货物陆续退回本公司，该批退回的货物大部分已经在 2005 年上半年销售给其他客户。对于该笔人民币 4.31 亿元的退货，由于占 2004 年度对该客户的销售比例不正常，并且前任审计师对该笔销售的真实性作出怀疑，本公司管理层认为该笔人民币 4.31 亿元的销售在 2004 年确认收入不适当，所以本公司按追溯调整法进行了处理，此项追溯调整调减了本公司 2005 年年初未分配利润人民币 1.12亿元。

这个解释表明，科龙电器 2004 年度确实虚增巨额的收入和利润，而实际上，从该解释我们也可以发现，计入 2003 年度 1.2 亿元收入确认也是有疑问的，怀疑计入 2004 年度更恰当；事实上，2003 年度确认收入有多少属于 2004 年度可能还有进一步核查，这只是一份管理层没有变动情况下未审计的半年报，相信还有更多的财务舞弊手法还未为人所知。实际上，结合 2004 年报对提取退货准备的解释，可以判断科龙 2003 年度也犯了同样的错误，至少有 1.2 亿元收入怀疑是虚构的或有提前确认之嫌：

此前有消息称：2002 年 12 月，科龙针对当月销售出台了一个销售政策，要点如下：①空调淡季当旺季；②经销商 12 月打款享受 9 月的贴息政策；③经销商用科龙账上金额提货，享受提货奖励和年度奖励；④经销商可以不把货提走，科龙的各分公司仓库调整出部分位置放经销商的货；⑤如 2003 年价格调整，享受补差政策；⑥如经销商所提之货，旺季不能销售，可换货；⑦12 月的客户发票全部留在科龙各分公司，用于退货冲账。

现在分析这段话，可信度非常高。调节经销商库存是企业最常用的会计数字游戏手法之一，填塞渠道极端表现是假销售及假退货，科龙 2003 年度退回 2 亿多元也怀疑是使用填塞渠道游戏的迹象；此外，科龙还怀疑使用了臭名昭著的开票持有方式，这种销售方式经销商连货都没提，还放在科龙电器的仓库中（当然这个仓库也可能是他秘密租赁的），科龙电器两个经销商 2005 年上半年发生 4.31 亿元的销售退回，怀疑根本就是虚构收入或未转移货物所有权的收入确认。

（资料来源：申草 . 2005. 中国上市公司九大收入陷阱案例分析. 新浪财经http://finance. sina. com. cn. 2005-11-07.）

案例 2

丰乐种业虚假收入

据证监罚字〔2004〕43 号公布的事实，丰乐种业自 1997 年 4 月发行上市至2001 年底共计投入募集资金和自有资金 68 800 万元进行证券投资，获利 11 794万元，其中有 38 300 万元属募集资金，丰乐种业将证券投资转回的收益及相关补贴收入冲销虚构主营业务收入及由此形成的应收款项，其实际证券投资收益金额小于各年虚构主营业务利润，此项差额形成丰乐种业各年度的虚增利润，累计虚增利润 4 006 万元；1997～2001 年年底，丰乐种业虚做各类农作物种子销售 19 100 万元，同时，累计冲销虚构主营业务收入 1 100 万元，累计虚构主营业务成本 2 200 万元，实际虚构主营业务收入 18 000 万元，虚构主营业务利润 15 800 万元。

　　丰乐种业主要造假手法与东方电子相似，就是将炒股收益粉饰为主营收益，但与东方电子不同的是，丰乐种业除了 4 006 万元虚构利润没有填平及 552 万元收益性支出资本化外，1997～2001 年，丰乐种业虚构在建工程 18 666 万元，这一点是东方电子所没有的，为什么会有如此巨额虚构的在建工程呢？原来，丰乐种业主要通过"在建工程"转移募集资金炒股，通过借记在建工程、贷记银行存款方式达到了一箭双雕目的：一方面虚构募集资金使用情况，另一方面不体现资金真实使用目的，炒股收益通过冲抵虚构的应收账款回笼资金，实际上证监会认定的三种违法行为有内在关联，主线是挪用募集资金炒股虚增主营收益。

　　截至 2003 年年末，丰乐种业总资产为 8.55 亿元，净资产为 4.04 亿元，2003 年主营收入 3.82 亿元，净利润 0.15 亿元，一家小型上市公司涉嫌亿元造假，在建工程最高时点有 18 666 万元虚构，会计师竟然没有发现造假，实在是匪夷所思。

　　思考：根据案例 1 和案例 2，分析企业是如何虚增收入的，其目的何在。

　　（资料来源：申草. 2005. 中国上市公司九大收入陷阱案例分析. 新浪财经 http：// finance. sina. com. cn. 2005-11-07.）

阅读材料

企业会计准则——基本准则
企业会计准则第 14 号——收入
企业会计准则第 15 号——建造合同
企业会计准则第 18 号——所得税
程春晖. 2000. 全面收益会计研究. 大连：东北财经大学出版社.
中华人民共和国财政部. 2006. 企业会计准则——应用指南. 北京：中国财政经济出版社.
中华人民共和国财政部会计司编写组. 2007. 企业会计准则讲解. 北京：人民出版社.

第十四章　财务报告

通过本章学习，了解财务报表的种类及编制的基本要求；明确各种财务报表的作用；掌握资产负债表、利润表、现金流量表及所有者权益变动表的编制原理和基本的编制方法，如资产负债表主要项目的填列、利润表及其附表的数据来源、经营活动现金流量各项目的填列方法等。

第一节　财务报告概述

一、财务报告的内容

财务报告是指企业对外提供的反映企业某一特定日期的财务状况和某一会计期间的经营成果、现金流量等会计信息的文件。财务报告包括财务报表和其他应当在财务报告中披露的相关信息和资料。

财务报表是对企业财务状况、经营成果和现金流量的结构性表述。财务报表至少应当包括下列组成部分：①资产负债表；②利润表；③现金流量表；④所有者权益（或股东权益）变动表；⑤附注。

二、财务报告的目标

财务报告的目标是向财务报告使用者提供与企业财务状况、经营成果和现金流量等有关的会计信息，反映企业管理层受托责任履行情况，有助于财务报告使用者作出经济决策。财务报告使用者包括投资者、债权人、政府及其有关部门和社会公众等。

财务报告的作用主要表现在以下几个方面。

（1）有助于财务报告使用者了解企业的财务状况、经营成果和现金流量，并据以作出经济决策、进行宏观经济管理。

（2）有助于考核企业管理层经济责任的履行情况。

（3）有助于企业管理层加强经营管理、提高经济效益。

三、财务报告的种类

一般意义上的财务报告分为财务报表和其他财务报告，这里的分类是指财务报表的分类。

财务报表按编报时间可分为中期财务报表和年度财务报表；按编报主体不同，可分为个别财务报表和合并财务报表。

四、财务报告的编制原则

财务报告的编制原则包括：①报表内容真实可靠；②信息具有相关性；③体现效益大于成本原则。

五、财务报表列报的基本要求

（一）财务报表编制基础

企业应当以持续经营为基础，根据实际发生的交易和事项，按照《企业会计准则——基本准则》和其他各项会计准则的规定进行确认和计量，在此基础上编制财务报表。

（二）财务报表列报的一致性

财务报表项目的列报应当在各个会计期间保持一致，不得随意变更，但下列情况除外。

（1）会计准则要求改变财务报表项目的列报。

（2）企业经营业务的性质发生重大变化后，变更财务报表项目的列报能够提供更可靠、更相关的会计信息。

（三）财务报表列报的重要性原则

性质或功能不同的项目，应当在财务报表中单独列报，但不具有重要性的项目除外。性质或功能类似的项目，其所属类别具有重要性的，应当按其类别在财务报表中单独列报。

重要性，是指财务报表某项目的省略或错报会影响使用者据此作出经济决策的，该项目具有重要性。重要性应当根据企业所处环境，从项目的性质和金额大小两方面予以判断。

（四）财务报表项目的抵消

财务报表中的资产项目和负债项目的金额、收入项目和费用项目的金额不得相互抵消，但其他会计准则另有规定的除外。资产项目按扣除减值准备后的净额列示，不属于抵消。非日常活动产生的损益，以收入扣减费用后的净额列示，不属于抵消。

（五）财务报表中的比较信息

当期财务报表的列报，至少应当提供所有列报项目上一可比会计期间的比较数据以及与理解当期财务报表项目相关的说明，但其他会计准则另有规定的除外。

（六）财务报表列报的其他内容

企业至少应当在财务报表的显著位置上披露下列各项：①编报企业的名称；②资产负债表日或财务报表涵盖的会计期间；③人民币金额单位；④财务报表是合并财务报表的，应当予以标明。

第二节　资产负债表

一、资产负债表的性质、作用及局限性

资产负债表是反映企业在某一特定日期的财务状况的会计报表。

资产负债表的作用：①提供某一日期的资产总额及其构成；②提供某一日期的负债总额及其构成；③反映所有者拥有的权益；④提供进行财务分析的基本资料。

资产负债表的局限性：①资产项目计价方法不统一；②部分有价值的经济资源未能在资产负债表报告；③资产负债表的信息包含了许多主观判断及估计数；④理解资产负债表的涵义必须依靠报表阅读者的判断。

二、资产负债表的结构

（一）资产负债表项目的分类

资产和负债应当分流动资产和非流动资产、流动负债和非流动负债列示。

（二）资产负债表的格式

资产负债表的表首包括：报表名称、编制单位、编制日期、报表编号、货币计量单位。

资产负债表的正表（主体）两种格式：①报告式——上下结构；②账户式——左右结构。各项目均对比填列"期末余额"和"年初余额"。

三、资产负债表的编制

资产负债表"年初余额"栏内各项数字，应根据上年年末资产负债表"期末

余额"栏内所列数字填列。如果上年度资产负债表规定的各个项目的名称和内容与本年度不一致，应对上年年末资产负债表各项目的名称和数字按照本年度的规定进行调整，填入表中"年初余额"栏内。

资产负债表"期末余额"栏内各项数字，一般应当根据资产、负债和所有者权益期末余额填列。主要的填列方法如下：①根据总账科目的余额直接填列；②根据有关明细账科目的余额计算填列；③根据总账科目和明细账科目的余额分析计算填列；④根据有关科目余额减去其备抵科目余额后的净额填列；⑤综合运用上述填列方法分析填列。

第三节　利　润　表

一、利润表的性质、作用和局限

利润表是反映企业在一定会计期间的经营成果的会计报表（动态报表）。

利润表的作用：①反映一定会计期间的收入实现情况；②反映一定会计期间的费用耗费情况；③反映生产经营活动的成果；④提供进行财务分析的基本资料。

二、不同收益计量观

一是根据资产负债表来确定公司的利润，也称资产负债观或净资产法；二是根据利润表来确定公司的收益，也称收入费用观或交易法。

（一）资产负债观

资产负债观是指通过对照前后期资产负债表的所有者权益（净资产）来确定企业在一定期间所实现的收益；所有者权益增加为利润，减少为亏损（但在此期间由所有者追加投资和分红引起的净资产变动除外）。资产负债观的理论基础是资本保全概念，即只有原资本已得到维持或成本已经弥补之后，才能确认损益。资本保全又分为货币资本保全和实物资本保全。货币资本保全者强调资本是一种货币现象，认为收益等于企业资产超过投入原始资本的货币金额；而实物资本保全者主张资本是一种实物现象，它所代表的是一种实际生产能力，企业资产超过原生产能力的部分即为收益。二者在价格变动对资产、负债影响的处理方面不同，货币资本保全将影响计入收益，而实物资本保全则将影响直接计入所有者权益。

（二）收入费用观

收入费用观是指通过设置收入、费用类账户，遵循配比原则计算当期利润，它以一定期间发生的交易或其他事项所产生的收入及费用之间的差额作为当期的收益。在收入费用观下，本期收益包括的内容，会计理论上存在着两种截然不同的观点：当期营业观点和损益满计观点。当期营业观点着重反映企业的经营管理水平，即着重于计量企业的效率。损益满计观点认为，收益是除股利分配和资本交易外特定时期内所有的交易或企业重估价所确认的权益的总变化。

利润表的局限：①货币计量的局限；②历史成本计价的局限；③许多费用是估计数；④多种会计方法的选用会影响不同公司收益的比较；⑤利润表多半按功能性分类，不利于预测未来利润及现金流量。

三、利润表的格式

利润表的表首包括：报表名称、编制单位、编制日期、报表编号、货币计量单位。

利润表的正表（主体）有两种格式：①单步式；②多步式。

四、利润表的编制

利润表"上期金额"栏内各项数字，应根据上年该期利润表"本期金额"栏内所列数字填列。如果上年该期利润表规定的各个项目的名称和内容同本期不相一致，应对上年该期利润表各项目的名称和数字按本期的规定进行调整，填入利润表"上期金额"栏内。

利润表"本期金额"栏内各项数字一般应根据损益类科目的发生额分析填列。

第四节　现金流量表

一、现金流量表的性质和作用

现金流量表是指反映企业在一定会计期间现金和现金等价物流入和流出的报表。

现金流量表的作用包括以下几方面。

（1）现金流量表可以提供企业的现金流量信息，从而对企业整体财务状况作出客观评价。

（2）通过现金流量表可以对企业的支付能力和偿债能力以及企业对外部资金的需求情况作出较为可靠的判断。

（3）通过现金流量表不但可以了解企业当前的财务状况，还可以预测企业未来的发展情况。

（4）便于报表使用者评估报告期内与现金有关和无关的投资及筹资活动。

二、现金流量表的编制基础

现金流量表是以现金为基础编制的,这里的现金包括以下几部分。

(1) 库存现金:企业持有的、可随时用于支付的现金限额,也就是"库存现金"科目核算的现金。

(2) 银行存款:企业存在金融企业、随时可以用于支付的存款,它与"银行存款"科目核算的银行存款基本一致,主要区别是它是可以随时用于支付的银行存款,如结算户存款、通知存款等,而不包括定期存款。

(3) 其他货币资金:企业存在金融企业有特定用途的资金,也就是"其他货币资金"科目核算的货币资金。

(4) 现金等价物:企业持有的期限短、流动性强、易于转换为已知金额现金、价值变动风险很小的投资。"期限短",一般是指从购买日起三个月内到期。典型的现金等价物是自购买日起三个月内到期的债券投资。股票投资由于其变现金额不确定,不属于现金等价物。

三、现金流量的分类

现金流量表应当分别经营活动、投资活动和筹资活动列报现金流量。

(一) 经营活动现金流量

经营活动是指企业投资活动和筹资活动以外的所有交易和事项。对于工商企业而言,经营活动主要包括:销售商品、提供劳务、购买商品、接受劳务、支付税费等。经营活动产生的现金流量至少应当单独列示反映下列信息的项目:①销售商品、提供劳务收到的现金;②收到的税费返还;③收到其他与经营活动有关的现金;④购买商品、接受劳务支付的现金;⑤支付给职工及为职工支付的现金;⑥支付的各项税费;⑦支付其他与经营活动有关的现金。

(二) 投资活动现金流量

投资活动是指企业长期资产的购建和不包括在现金等价物范围的投资及其处置活动。投资活动产生的现金流量至少应当单独列示反映下列信息的项目:①收回投资收到的现金;②取得投资收益收到的现金;③处置固定资产、无形资产和其他长期资产收回的现金净额;④处置子公司及其他营业单位收到的现金净额;⑤收到其他与投资活动有关的现金;⑥购建固定资产、无形资产和其他长期资产支付的现金;⑦投资支付的现金;⑧取得子公司及其他营业单位支付的现金净额;⑨支付其他与投资活动有关的现金。

（三）筹资活动现金流量

筹资活动是指导致企业资本及债务规模和构成发生变化的活动。这里所说的债务，指对外举债，包括向银行借款、发行债券等。应付账款、应付票据等商业应付款属于经营活动，不属于筹资活动。筹资活动产生的现金流量至少应当单独列示反映下列信息的项目：①吸收投资收到的现金；②取得借款收到的现金；③收到其他与筹资活动有关的现金；④偿还债务支付的现金；⑤分配股利、利润或偿付利息支付的现金；⑥支付其他与筹资活动有关的现金。

（四）特殊项目现金流量的分类

自然灾害损失、保险索赔等特殊项目，应当根据其性质，分别归并到经营活动、投资活动和筹资活动现金流量类别中单独列报。

四、现金流量表的列报方法

企业应当采用直接法列示经营活动产生的现金流量。直接法，是指通过现金收入和现金支出的主要类别列示经营活动的现金流量。

在现金流量表附注中采用间接法计算经营活动现金流量。间接法，是指以净利润为起算点，调整不涉及经营活动的净利润项目、不涉及现金的净利润项目、与经营活动有关的非现金流动资产的变动、与经营活动有关的流动负债的变动等，据此计算出经营活动现金流量净额。

五、现金流量表的结构

第一部分：正表
（1）经营活动产生的现金流量。
（2）投资活动产生的现金流量。
（3）筹资活动产生的现金流量。
（4）汇率变动对现金及现金等价物的影响。
（5）现金及现金等价物净增加额。
（6）期末现金及现金等价物余额。
第二部分：附注
1. 补充资料
（1）将净利润调节为经营活动现金流量。
（2）不涉及现金收支的重大投资和筹资活动。
（3）现金及现金等价物净变动情况。
正表第一项与补充资料第一项，金额应当核对相符；正表第五项与补充资料第三项，金额应当核对相符。

2. 取得或处置子公司及其他营业单位的有关信息

3. 现金和现金等价物

六、现金流量表的项目

（一）经营活动产生的现金流量

（1）"销售商品、提供劳务收到的现金"项目，反映企业销售商品、提供劳务实际收到的现金（含销售收入和应向购买者收取的增值税销项税额），具体包括：本期销售商品、提供劳务收到的现金以及前期销售商品、提供劳务本期收到的现金和本期预收的款项，减去本期销售本期退回的商品和前期销售本期退回的商品支付的现金。企业销售材料和代购代销业务收到的现金，也在本项目反映。

（2）"收到的税费返还"项目，反映企业本期收到的增值税、消费税、营业税、所得税、关税和教育费附加返还等各种税费返还款。

（3）"收到其他与经营活动有关的现金"项目，反映企业在报告期内除上述各项目外，收到的其他与经营活动有关的现金，如收到押金、收到退回的备用金、收到经营租赁的租金、收到罚款、接受现金捐赠以及流动资产损失中由个人赔偿的现金收入等。如果价值较大，应单列项目反映。

（4）"购买商品、接受劳务支付的现金"项目，反映企业购买材料、商品、接受劳务实际支付的现金，包括支付的货款及与货款一并支付的增值税进项税额，具体包括：本期购买商品、接受劳务支付的现金以及本期支付前期购买商品、接受劳务的未付款项和本期预付款项，减去本期发生的购货退回收到的现金。

（5）"支付给职工及为职工支付的现金"项目反映企业本期实际支付给职工的工资、奖金、各种津贴和补助等职工薪酬以及为职工缴纳养老保险、失业保险、医疗保险、商业保险、住房公积金等各项职工薪酬而支付的现金。

本项目不包括支付的离退休人员的各项费用和支付给在建工程人员的职工薪酬等。支付的离退休人员的各项费用，在"支付其他与经营活动有关的现金"项目中反映；支付给在建工程人员的工资，在"购建固定资产、无形资产和其他长期资产支付的现金"项目中反映。

（6）"支付的各项税费"项目，反映企业按规定支付的各项税费，包括本期发生并支付的税费以及本期支付以前各期发生的税费和本期预交的税费，如支付的增值税、消费税、营业税、所得税、印花税、房产税、土地增值税、车船使用税以及教育费附加、矿产资源补偿费等。

本项目不包括应计入固定资产价值的耕地占用税与处置固定资产或无形资产有关的营业税等。

（7）"支付其他与经营活动有关的现金"项目，反映企业在报告期内除上述各项目外，支付的其他与经营活动有关的现金，如支付办公费用、支付业务招待费、支付保险费、支付销售费用、退还押金、支付差旅费、支付经营租赁的租金、支付罚款及捐出的现金等。如果价值较大，应单列项目反映。

（二）投资活动产生的现金流量

（1）"收回投资收到的现金"项目，反映企业在报告期内出售、转让或到期收回除现金等价物以外的交易性金融资产、可供出售金融资产、长期股权投资而收到的现金以及收回债权投资本金而收到的现金。

（2）"取得投资收益收到的现金"项目，反映企业在报告期内因股权性投资而取得的现金股利，从子公司、联营企业和合营企业分回利润而收到的现金以及因债权性投资而取得的现金利息收入，包括在现金等价物范围内的债券投资，其利息收入在本项目中反映。

（3）"处置固定资产、无形资产和其他长期资产收回的现金净额"项目，反映企业在报告期内出售、报废、毁损固定资产，出售无形资产及其他长期资产时因取得价款收入、保险赔偿收入等收到的现金扣除与之相关的现金支出后的净额。由于自然灾害等原因造成的固定资产等长期资产损失而收到的保险赔偿收入，也在本项目中反映。

（4）"处置子公司及其他营业单位收到的现金净额"项目，反映企业处置子公司及其他营业单位收到的现金减去相关处置费用后的净额。

（5）"收到其他与投资活动有关的现金"项目，反映企业在报告期内除上述各项目外，收到的其他与投资活动有关的现金。如果价值较大，应单列项目反映。

（6）"购建固定资产、无形资产和其他长期资产支付的现金"项目，反映企业在报告期内购买、建造固定资产，取得无形资产和其他长期资产所支付的现金，包括购买固定资产支付的价款及增值税款、建造工程支付的现金以及支付的应由在建工程和无形资产负担的职工薪酬的现金支出。

本项目不包括为购建固定资产而发生的借款利息资本化部分以及融资租入固定资产支付的租赁费。购建固定资产发生的借款利息资本化部分以及融资租入固定资产支付的租赁费，应在"支付其他与筹资活动有关的现金"项目中反映。

（7）"投资支付的现金"项目，反映企业在报告期内进行现金等价物以外的权益性投资和债权性投资所支付的现金，包括企业取得除现金等价物以外的交易性金融资产、持有至到期投资、可供出售金融资产、长期股权投资所支付的价款以及支付的佣金、手续费等附加费用。

企业购买股票或债券时，实际支付的价款中包含的已宣告但尚未发放的现金股利或已到付息期但尚未领取的债券利息，应在"支付其他与投资活动有关的现金"项目中反映。收回上述现金股利或债券利息，应在"收到其他与投资活动有关的现金"项目中反映。

（8）"取得子公司及其他营业单位支付的现金净额"项目，反映企业购买子公司及其他营业单位出价中以现金支付的部分，减去子公司及其他营业单位持有的现金和现金等价物后的净额。

（9）"支付其他与投资活动有关的现金"项目，反映企业在报告期内除上述各项目外，支付的其他与投资活动有关的现金。如果价值较大，应单列项目反映。

（三）筹资活动产生的现金流量

（1）"吸收投资收到的现金"项目，反映企业在报告期内以发行股票、债券等方式筹集资金实际收到的款项净额（发行收入减去支付的佣金、手续费、宣传费、咨询费、印刷费等发行费用）。

（2）"取得借款收到的现金"项目，反映企业在报告期内因举借各种短期借款、长期借款所收到的现金。

（3）"收到其他与筹资活动有关的现金"项目，反映企业在报告期内除上述各项目外，收到的其他与筹资活动有关的现金。如果价值较大，应单列项目反映。

（4）"偿还债务支付的现金"项目，反映企业在报告期内偿还借款和到期债券的本金所支付的现金。

（5）"分配股利、利润或偿付利息支付的现金"项目，反映企业在报告期内实际支付的现金股利、支付给其他投资单位的利润或用现金支付的借款利息、债券利息。

（6）"支付其他与筹资活动有关的现金"项目，反映企业在报告期内除上述各项目外，支付的其他与筹资活动有关的现金。如果价值较大，应单列项目反映。

（四）汇率变动对现金的影响

反映企业外币现金流量及境外子公司的现金流量折合为人民币时，所采用的现金流量发生日的汇率或平均汇率折合的人民币金额与"现金及现金等价物净增加额"中外币现金净增加额按期末汇率折合的人民币金额之间的差额。

（五）将净利润调节为经营活动现金流量

（1）"资产减值准备"项目，属于实际没有支付现金的费用，应予以加回。

（2）"固定资产折旧、油气资产折耗、生产性生物资产折旧"项目，属于实际没有支付现金的费用，应予以加回。

（3）"无形资产摊销"项目，属于实际没有支付现金的费用，应予以加回。

（4）"长期待摊费用摊销"项目，属于实际没有支付现金的费用，应予以加回。

（5）"处置固定资产、无形资产和其他长期资产的损失"项目（收益以"一"号填列），属于不涉及经营活动（而是投资活动）的费用或收益，应予以加回或扣除。

（6）"固定资产报废损失"项目（收益以"一"号填列），属于不涉及经营活动（而是投资活动）的费用或收益，应予以加回或扣除。

（7）"公允价值变动损失"项目（收益以"一"号填列），属于不涉及经营活动（而是投资活动或筹资活动）的费用或收益，应予以加回或扣除。

（8）"财务费用"项目（收益以"一"号填列），属于不涉及经营活动（而是投资活动或筹资活动）的费用或收益，应予以加回或扣除。

（9）"投资损失"项目（收益以"一"号填列），属于不涉及经营活动（而是投资活动）的费用或收益，应予以加回或扣除。

（10）"递延所得税资产减少"项目（增加以"一"号填列），属于实际没有支付现金的费用或实际没有收到现金的收益，应予以加回或扣除。

（11）"递延所得税负债增加"项目（减少以"一"号填列），属于实际没有支付现金的费用或实际没有收到现金的收益，应予以加回或扣除。

（12）"存货的减少"项目（增加以"一"号填列），属于与经营活动有关的非现金流动资产的变动。在不存在赊购的情况下，存货减少，说明本期耗用的存货有一部分是期初存货，耗用这部分存货并没有现金流出，应予以加回；存货增加，说明本期购进的存货除耗用外还余留了一部分，购进这部分存货也支付了现金，应予以扣除。

（13）"经营性应收项目的减少"项目（增加以"一"号填列），属于与经营活动有关的非现金流动资产的变动。经营性应收项目，主要是指应收账款、应收票据、预付账款和其他应收款中与经营活动有关的部分（包括应收的增值税销项税额）。经营性应收项目减少，说明本期收到的现金大于利润表中确认的销售收入，应予以加回；经营性应收项目增加，说明本期利润表中确认的销售收入有一部分并未收到现金，应予以减去。

（14）"经营性应付项目的增加"项目（减少以"一"号填列），属于与经营活动有关的流动负债的变动。经营性应付项目，主要是指应付账款、应付票据、预收账款、应付职工薪酬、应交税费和其他应付款中与经营活动有关的部分（包括应付的增值税进项税额）。经营性应付项目增加，说明本期利润表中确认的销售成本有一部分并未支付现金，应予以加回；经营性应付项目减少，说明本期支付的现金大于利润表中确认的销售成本，应予以减去。

（六）不涉及现金收支的重大投资和筹资活动

反映企业一定期间内影响资产或负债但不形成该期现金收支的重大投资和筹

资活动的信息。这些投资和筹资活动虽然不涉及现金收支，但对以后各期的现金流量有重大影响。

第五节　所有者权益变动表

一、所有者权益变动表的性质

所有者权益变动表应当反映构成所有者权益的各组成部分当期的增减变动情况。当期损益、直接计入所有者权益的利得和损失、与所有者（或股东）的资本交易导致的所有者权益的变动，应当分别列示。

二、所有者权益变动表的格式

所有者权益变动表的表首包括：报表名称、编制单位、编制日期、报表编号、货币计量单位。

所有者权益变动表的正表（主体）各项目均对比填列"本年金额"和"上年金额"。

三、所有者权益变动表的编制

"上年金额"栏内各项数字，应根据上年度所有者权益变动表"本年金额"栏内所列数字填列。如果上年度所有者权益变动表规定的各个项目的名称和内容同本年度不一致，应对上年度各项目的名称和数字按本年的规定进行调整，填入所有者权益变动表"上年金额"栏内。

"本年金额"栏内各项数字一般应根据"实收资本（或股本）"、"资本公积"、"盈余公积"、"利润分配"、"库存股"、"以前年度损益调整"等科目的发生额填列。

企业的净利润及其分配情况作为所有者权益变动的组成部分，不需要单独设置利润分配表列示。

第六节　财务报表附注

一、财务报表附注的含义

附注是对在资产负债表、利润表、现金流量表和所有者权益变动表等报表中列示项目的文字描述或明细资料以及对未能在这些报表中列示项目的说明等。

二、财务报表附注的形式

财务报表附注的形式包括：①旁注；②附表；③底注。

三、财务报表附注的内容

附注一般应当按照下列顺序披露。

（1）财务报表的编制基础。

（2）遵循《企业会计准则》的声明。

（3）重要会计政策的说明，包括财务报表项目的计量基础和会计政策的确定依据等。

（4）重要会计估计的说明，包括下一会计期间内很可能导致资产、负债账面价值重大调整的会计估计的确定依据等。

（5）会计政策和会计估计变更及差错更正的说明。

（6）对已在资产负债表、利润表、现金流量表和所有者权益变动表中列示的重要项目的进一步说明，包括终止经营税后利润的金额及其构成情况等。

（7）或有和承诺事项、资产负债表日后非调整事项、关联方关系及其交易等需要说明的事项。

企业应当在附注中披露在资产负债表日后、财务报告批准报出日前提议或宣布发放的股利总额和每股股利金额（或向投资者分配的利润总额）。

下列各项未在与财务报表一起公布的其他信息中披露的，企业应当在附注中披露：①企业注册地、组织形式和总部地址；②企业的业务性质和主要经营活动；③母公司及集团最终母公司的名称。

第七节　中期财务报告

一、中期财务报告概述

中期财务报告是指以中期为基础编制的财务报告。中期是指短于一个完整的会计年度的报告期间。中期财务报告包括月度财务报告、季度财务报告、半年度财务报告，也包括年初至本中期末的财务报告。

中期财务报告至少应当包括：资产负债表、利润表、现金流量表和附注。

中期财务报告的编制有助于提高会计信息质量、完善上市公司信息披露制度、规范企业行为。

二、中期财务报告的编制

中期财务报告的编制应遵循以下一些原则：①与年度财务报告相一致的会计

政策原则；②重要性原则；③应遵循及时性原则。

中期财务报告的确认与计量的基本原则：①中期会计要素的确认和计量原则应当与年度财务报表相一致；②中期会计计量应当以年初至本中期末为基础；③中期采用的会计政策应当与年度财务报告相一致，会计政策、会计估计变更应当符合规定。

中期财务报告准则规定，上年度编制合并报表的，中期期末应当编制合并财务报表。

中期财务报告附注应当以年初至本中期末为编制基础，对自上年度资产负债表日之后发生的重要交易或者事项进行披露。

重点与难点

重点：财务会计报告的内容、目标、分类和编制原则，财务报表列报的基本要求，资产负债表的性质及作用，资产负债表的局限性，资产负债表的结构，资产负债表的编制，利润表的性质及作用，两种不同收益计量观，利润表的局限性，利润表的格式，利润表的编制，现金流量表的性质及作用，现金流量表的编制基础，现金流量的分类，经营活动现金流量的列报方法，现金流量表的结构，现金流量表的编制原理与方法，所有者权益变动表的性质，所有者权益变动表的格式，所有者权益变动表的编制，提供财务报表附注的原因，财务报表附注的形式，中期财务报告的概念及作用，中期财务报告的理论基础，中期财务报告的编制原则与编制要求，中期财务报告的附注披露。

难点：财务报表列报的基本要求，资产负债表的编制，资产负债观与收入费用观，利润表的编制，现金流量表的编制基础，经营活动现金流量列报的直接法与间接法，现金流量表的编制原理与方法，所有者权益变动表的编制，财务报表附注的形式。

关键问题

1. 什么是财务会计报告？其编制目的和主要构成内容是什么？

2. 财务报表列报的基本要求有哪些？

3. 什么是资产负债表？其作用如何？

4. 什么是利润表？其作用如何？

5. 什么是现金流量表？其作用如何？

6. 现金流量表的编制基础是什么？

7. 现金流量表对现金流量是如何分类的？

8. 什么是经营活动现金流量列报的直接法和间接法？

9. 什么是财务报表附注？包括哪些内容？

真题实训及解析

一、**真题实训**（第1～10题为单项选择题，第11～22题为多项选择题，第23～24题为计算及会计处理题）

▲1. 下列各项中，属于企业经营活动中产生的现金流量的是（　　）。

A. 收到的税费返还款　　　　　　B. 取得借款收到的现金

C. 分配股利支付的现金　　　　　D. 取得投资收益收到的现金

▲2. 下列各项中，属于投资活动产生的现金流量的是（　　）。

A. 分派现金股利支付的现金　　　B. 购置固定资产支付的现金

C. 接受投资收到的现金　　　　　D. 偿还公司债券利息支付的现金

▲3. 甲公司20×8年3月在上年度财务会计报告批准报出前发现一台管理用固定资产未计提折旧，属于重大差错。该固定资产是20×6年6月接受乙公司捐赠取得。根据甲公司的折旧政策，该固定资产20×6年应计提折旧100万元，20×7年应计提折旧200万元。假定甲公司按净利润的10%提取法定盈余公积，不考虑所得税等其他因素，甲公司20×7年度资产负债表"未分配利润"项目"年末数"应调减的金额为（　　）万元。

A. 90　　　　　B. 180　　　　　C. 200　　　　　D. 270

▲4. 甲公司20×7年度归属于普通股股东的净利润为4 000万元。20×7年1月1日，甲公司发行在外普通股股东数为8 000万股；20×7年4月1日，新发行普通股股数2 000万股。甲公司于20×8年7月1日宣告分派股票股利，以20×7年12月31日总股本为基数每10股送5股。假定不考虑其他因素，甲公司20×8年比较利润表中列示的20×7年基本每股收益为（　　）元。

A. 0.267　　　　　B. 0.281　　　　　C. 0.314　　　　　D. 0.333

▲5. 企业将净利润调节为经营活动现金流量时，下列各项中，属于调整减少现金流量的项目是（　　）。

A. 存货的减少　　　　　　　　　B. 无形资产摊销

C. 公允价值变动收益　　　　　　D. 经营性应付项目的增加

▲6. 20×0年12月31日，甲公司对一起未决诉讼确认的预计负债为800万元。20×1年3月6日，法院对该起诉讼判决，甲公司应赔偿乙公司600万元；甲公司和乙公司均不再上诉。甲公司的所得税税率为25%，按净利润的10%提取法定盈余公积，20×0年度财务报告批准报出日为20×1年3月31日，预计未来期间能够取得足够的应纳税所得额用以抵扣可抵扣暂时性差异。不考虑其他因素，该事项导致甲公司20×0年12月31日资产负债表"未分配利润"项目"期末余额"调整增加的金额为（　　）万元。

  A. 135   B. 150   C. 180   D. 200

▲7. 对于以现金结算的股份支付，可行权日后相关负债公允价值发生变动的，其变动金融应在资产负债日计入财务报表的项目是（ ）。

  A. 资本公积   B. 管理费用

  C. 营业外支出   D. 公允价值变动收益

★8. 甲公司 20×1 年度发生的管理费用为 2 200 万元，其中：以现金支付退休职工统筹退休金 350 万元和管理人员工资 950 万元，存货盘亏损失 25 万元，计提固定资产折旧 420 万元，无形资产摊销 200 万元，计提坏账准备 150 万元，其余均以现金支付。假定不考虑其他因素，甲公司 20×1 年度现金流量表中"支付的其他与经营活动有关的现金"项目的金额为（ ）万元。

  A. 105   B. 455   C. 475   D. 675

★9. 企业编制现金流量表将净利润调节为经营活动现金流量时，在净利润基础上调整减少现金流量的项目是（ ）。

  A. 存货的减少   B. 无形资产摊销

  C. 待摊费用的增加   D. 经营性应付项目的增加

★10. 根据现行会计制度的规定，下列交易或事项中，不影响股份有限公司利润表中营业利润金额的是（ ）。

  A. 计提存货跌价准备

  B. 出售原材料并结转成本

  C. 按产品数量支付专利技术转让费

  D. 清理管理用固定资产发生的净损失

★11. 下列交易或事项产生的现金流量中，属于投资活动产生的现金流量的有（ ）。

  A. 为购建固定资产支付的耕地占用税

  B. 为购建固定资产支付的已资本化的利息费用

  C. 因火灾造成固定资产损失而收到的保险赔款

  D. 最后一次支付分期付款购入固定资产的价款

★12. 下列各项中，属于企业经营活动产生的现金流量的有（ ）。

  A. 收到的出口退税款

  B. 收到交易性金融资产投资的现金股利

  C. 转让无形资产所有权取得的收入

  D. 出租无形资产使用权取得的收入

  E. 为其他单位提供代销服务收到的款项

★13. 下列有关分部报告的表述中，符合现行规定的有（ ）。

  A. 分部报告应当披露每个报告分部的净利润

B. 分部收入应当分别对外交易收入和对其他分部收入予以披露

C. 在分部报告中应将递延所得税资产作为分部资产单独予以披露

D. 应根据企业风险和报酬的主要来源和性质确定分部的主要报告形式

E. 编制合并会计报表的情况下应当以合并会计报表为基础披露分部信息

★14. 下列有关中期财务报告的表述中，符合现行规定的有（　　）。

A. 中期会计报表应当采用与年度会计报表相一致的会计政策

B. 中期会计报表附注应当以会计年度年初至本中期末为基础编制

C. 中期会计报表项目重要性程度的判断应当以预计的年度财务数据为基础

D. 对于会计年度内不均匀取得的收入，在中期会计报表中不能采用预计方法处理

E. 对于会计年度内不均匀发生的费用，在中期会计报表中不能采用预提方法处理

★15. 下列与分部报告有关的表述中，正确的有（　　）。

A. 分部报告是企业财务报告的一个组成部分

B. 分部报告信息可以用以更好地评估企业的风险和报酬

C. 分部报告的形式分为主要分部报告形式和次要分部报告形式

D. 以业务分部或地区分部为主要报告形式时，应披露对企业内其他分部交易的收入

E. 母公司的会计报表和合并报表一并提供时，分部报告只需在合并报表基础上提供

★16. 下列有关分部报告的表述中，正确的有（　　）。

A. 新增某个报告分部时，应同时将该报告分部以前年度相关分部信息予以重编

B. 以业务分部作为主要报告形式时，所得税费用无需作为分部会计信息予以披露

C. 企业资产总额中存在不归属于任何一个分部的资产时，应将该资产作为未分配项目在分部报告中列示

D. 某一分部的营业收入，营业利润（亏损）及可辨认资产均达到全部分部合计数 90％ 时，不需单独提供分部报告

E. 企业的风险和报酬同时强烈地受其产品和劳务的差异及经营所在地区的差异影响时，应采用业务分部作为主要分部报告形式

★17. 编制分部报告确定业务分部时，应当考虑的主要因素有（　　）。

A. 生产过程的性质

B. 产品或劳务的性质

C. 销售产品或提供劳务所使用的方法

　　D. 购买产品或接受劳务的客户的类型

　　E. 生产产品或提供劳务所处的法律环境

▲18. 下列各项中，应作为资产负债表中资产列报的有（　　）。

　　A. 委托加工物资　　　　　　　　B. 受托代销商品

　　C. 融资租入固定资产　　　　　　D. 经营租入固定资产

▲19. 下列发生于报告年度资产负债表日至财务报告批准报出日之间的各事项中，应调整报告年度财务报表相关项目金额的有（　　）。

　　A. 董事会通过报告年度利润分配预案

　　B. 发现报告年度财务报告存在重要会计差错

　　C. 资产负债表日未决诉讼结案，实际判决金额与已确认预计负债不同

　　D. 新证据表明存货在报告年度资产负债表日的可变现净值与原估计不同

▲20. 下列有关分部报告的表述中，正确的有（　　）。

　　A. 企业应当区分主要报告形式和次要报告形式披露分部信息

　　B. 分部信息主要报告形式无需披露分部资产总额和分部负债总额

　　C. 对外提供合并财务报表的企业应以合并财务报表为基础披露分部信息

　　D. 披露的分部信息应与合并财务报表或企业财务报表中的总额信息相衔接

▲21. 20×0 年 1 月 1 日，甲公司采用分期收款方式向乙公司销售一批商品，合同约定的销售价值为 5 000 万元，分 5 年于每年 12 月 31 日等额收取，该批商品成本为 3 800 万元。如果采用现销方式，该批商品的价格为 4 500 万元，不考虑增值税等因素，20×0 年 1 月 1 日，甲公司该项销售业务对账务报表相关项目的影响中，正确的有（　　）。

　　A. 增加长期应收款 4 500 万元　　　B. 增加营业成本 3 800 万元

　　C. 增加营业收入 5 000 万元　　　　D. 减少存货 3 800 万元

★22. 甲公司 20×9 年度发生的有关交易或事项如下：

　　(1) 出售固定资产收到现金净额 60 万元。该固定资产的成本为 90 万元，累计折旧为 80 万元，未计提减值准备。

　　(2) 以现金 200 万元购入一项无形资产，本年度摊销 60 万元，其中 40 万元计入当期损益，20 万元计入在建工程的成本。

　　(3) 以现金 2 500 万元购入一项固定资产，本年度计提折旧 500 万元，全部计入当期损益。

　　(4) 存货跌价准备期初余额为零，本年度计提存货跌价准备 920 万元。

　　(5) 递延所得税资产期初余额为零，本年因计提存货跌价准备确认递延所得税资产 230 万元。

　　(6) 出售本年购入的交易性金融资产，收到现金 200 万元。该交易性金融资产的成本为 100 万元，持有期间公允价值变动收益为 50 万元。

（7）期初应收账款为 1 000 万元，本年度销售产品实现营业收入 6 700 万元，本年度因销售商品收到现金 5 200 万元，期末应收账款为 2 500 万元。甲公司 20×9 年度实现净利润 6 500 万元。

要求：根据上述资料，不考虑其他因素，回答下列问题。

（1）甲公司在编制 20×9 年度现金流量表的补充资料时，下列各项中，应当作为净利润调节项目的有（　　　）。

A. 固定资产折旧　　　　　　　　　B. 资产减值准备

C. 应收账款的增加　　　　　　　　D. 处置固定资产的收益

E. 递延所得税资产的增加

（2）下列各项关于甲公司 20×9 年度现金流量表列报的表述中，正确的有（　　　）。

A. 筹资活动现金流入 200 万元

B. 投资活动现金流入 260 万元

C. 经营活动现金流入 5 200 万元

D. 投资活动现金流出 2 800 万元

E. 经营活动现金流量净额 6 080 万元

★23. 甲公司为上市公司，20×6～20×8 年的有关资料如下：

（1）20×6 年 1 月 1 日发行在外普通股股数为 82 000 万股。

（2）20×6 年 5 月 31 日，经股东大会同意并经相关监管部门核准，甲公司以 20×6 年 5 月 20 日为股权登记日，向全体股东每 10 股发放 1.5 份认股权证，共计发放 12 300 万份认股权证，每份认股权证可以在 20×7 年 5 月 31 日按照每股 6 元的价格认购 1 股甲公司普通股。

20×7 年 5 月 31 日，认股权证持有人全部行权，甲公司收到认股权证持有人交纳的股款 73 800 万元。20×7 年 6 月 1 日，甲公司办理完成工商变更登记，将注册资本变更为 94 300 万元。

（3）20×8 年 9 月 25 日，经股东大会批准，甲公司以 20×8 年 6 月 30 日股份 94 300 万股为基数，向全体股东每 10 股派发 2 股股票股利。

（4）甲公司归属于普通股股东的净利润 20×6 年度为 36 000 万元，20×7 年度为 54 000 万元，20×8 年度为 40 000 万元。

（5）甲公司股票 20×6 年 6 月～12 月平均市场价格为每股 10 元，20×7 年 1 月至 20×7 年 5 月平均市场价格为每股 12 元。

本题假定不存在其他股份变动因素。

要求：

（1）计算甲公司 20×6 年度利润表中列示的基本每股收益和稀释每股收益。

（2）计算甲公司 20×7 年度利润表中列示的基本每股收益和稀释每股收益。

(3) 计算甲公司 20×8 年度利润表中列示的基本每股收益和稀释每股收益及经重新计算的比较数据。

▲24. 甲上市公司（简称甲公司）为增值税一般纳税人，适用的增值税税率为17%；除特别说明外，不考虑除增值税以外的其他相关税费；所售资产未发生减值；销售商品为正常的生产经营活动，销售价格为不含增值税的公允价格；商品销售成本在确认销售收入时逐笔结转。

(1) 20×7 年 12 月甲公司发生下列经济业务：

① 12 月 1 日，甲公司与 A 公司签订委托代销商品协议。协议规定，甲公司以支付手续费方式委托 A 公司代销 W 商品 100 件，A 公司对外销售价格为每件3 万元，未出售的商品 A 公司可以退还甲公司；甲公司按 A 公司对外销售价格的 1%向 A 公司支付手续费，在收取 A 公司代销商品款时扣除。该 W 商品单位成本为 2 万元。

12 月 31 日，甲公司收到 A 公司开来的供销清单，已对外销售 W 商品 60件；甲公司开具的增值税专用发票注明，销售价格 180 万元，增值税额 30.6 万元；同日，甲公司收到 A 公司交来的代销商品款 208.8 万元并存入银行，应支付 A 公司的手续费 1.8 万元已扣除。

② 12 月 5 日，收到 B 公司退回的 X 商品一批及税务机关开具的进货退回相关证明，销售价格为 100 万元，销售成本为 70 万元；该批商品已于 11 月确认收入，但款项尚未收到，且未计提坏账准备。

③ 12 月 10 日，与 C 公司签订一项为期 5 个月的非工业性劳务合同，合同总收入为 200 万元，当天预收劳务款 20 万元。12 月 31 日，经专业测量师对已提供的劳务进行测量，确定该项劳务的完工程度为 30%。至 12 月 31 日，实际发生劳务成本 40 万元（假定均为职工薪酬），估计为完成合同还将发生劳务成本90 万元（假定均为职工薪酬）。该项劳务应交营业税（不考虑其他流转税费），税率为 5%，假定该项劳务交易的结果能够可靠计量。

④ 12 月 15 日，出售确认为交易性金融资产的 D 公司股票 1 000 万股，出售价款 3 000 万元已存入银行。当日出售前，甲公司持有 D 公司股票 1 500 万股，账面价值为 4 350 万元（其中，成本为 3 900 万元，公允价值变动为 450 万元）。12 月 31 日，D 公司股票的公允价值为每股 3.30 元。

⑤ 12 月 31 日，以本公司生产的产品作为福利发放给职工。发放给生产工人的产品不含增值税的公允价值为 200 万元，实际成本为 160 万元；发放给行政管理人员的产品不含增值税的公允价值为 100 万元，实际成本为 80 万元。产品已发放给职工。

⑥ 12 月 31 日，采用分期收款方式向 E 公司销售 Z 大型设备一套，合同约定的销售价格为 3 000 万元，从 20×8 年起分 5 年于每年 12 月 31 日收取。该大

型设备的实际成本为 2 000 万元。如采用现销方式，该大型设备的销售价格为 2 500 万元。商品已经发出，甲公司尚未开具增值税专用发票。

（2）20×7 年甲公司除上述业务以外的业务的损益资料如下表所示。

利润表

编制单位：甲公司　　　　　　　　　20×7 年度　　　　　　　　　　单位：万元

项　目	金　额
一、营业收入	5 000
减：营业成本	4 000
营业税金及附加	50
销售费用	200
管理费用	300
财务费用	30
资产减值损失	0
加：公允价值变动收益	0
投资收益	100
二、营业利润	520
加：营业外收入	70
减：营业外支出	20
三、利润总额	570

要求：

（1）根据上述资料，逐笔编制甲公司相关业务的会计分录；

（2）计算甲公司 20×7 年度利润表部分项目的金额（"应交税费"科目要求写出明细科目及专栏名称；金额单位用万元表示）。

二、参考答案及解析

1. A

【解析】选项 BC 属于筹资活动，选项 D 属于投资活动。

2. B

【解析】选项 ACD 都是筹资活动的现金流量。

3. D

【解析】甲公司 2007 年度资产负债表"未分配利润"项目"年末数"应调减的金额＝(100＋200)×(1－10%)＝270(万元)。

4. B

【解析】2007 年发行在外普通股加权平均数＝8 000×1.5＋2 000×1.5×9/12＝14 250(万股)；基本每股收益＝4 000/14 250＝0.281(元)。

5. C

【解析】公允价值变动损失是净利润减少，但这部分损失并没有影响经营活动现金流量，所以应该调整加回。公允价值变动收益的处理相反，即需要调整减去。

6. A

【解析】账务处理如下

借：预计负债　　　　　　　　　　　　　　　　　　　　800

　　贷：以前年度损益调整　　　　　　　　　　　　　　　　　200

　　　　其他应付款　　　　　　　　　　　　　　　　　　　　600

借：以前年度损益调整——调整所得税费用　　　　　　　200

　　贷：递延所得税资产　　　　　　　　　　　　　　　　　　200

借：应交税费——应交所得税　　　　　　　　　　　　　150

　　贷：以前年度损益调整——调整所得税费用　　　　　　　　150

借：以前年度损益调整　　　　　　　　　　　　　　　　150

　　贷：盈余公积　　　　　　　　　　　　　　　　　　　　　15

　　　　利润分配——未分配利润　　　　　　　　　　　　　　135

7. D

【解析】以现金结算的股份支付，可行权日后企业不再确认相关成本费用，负债的公允价值变动计入公允价值变动损益的，反映在利润表中的项目是公允价值变动收益项目。

8. B

【解析】本题的考核点是支付的其他与经营活动有关现金的计算。支付的其他与经营活动有关的现金=管理费用-管理人员工资-存货盘亏损失-计提固定资产折旧-无形资产摊销-计提坏账准备=2200-950-25-420-200-150=455（万元）。

9. C

【解析】待摊费用的增加应调整减少现金流量；其余应调整增加现金流量。

10. D

【解析】选项A计提存货跌价准备要计入资产减值损失；选项B出售原材料并结转成本要计入其他业务收入和其他业务成本；选项C按产品数量支付专利技术转让费要计入管理费用；选项D清理管理用固定资产发生的净损失要计入营业外支出。因为营业外支出的位置在利润表中是在营业利润后面，因此本题正确的答案是选项D。

11. AC

【解析】本题的考核点是投资活动现金流量的概念。投资活动是指企业长期资产的购建和不包括在现金等价物范围内的投资及其处置活动。为购建固定资产支付的耕地占用税作为投资活动，计入"购入固定资产、无形资产和其他长期资产所支付的现金"项目；因火灾造成固定资产损失而收到的保险赔款，作为投资活动，计入"处置固定资产、无形资产和其他长期资产而收到的现金净额"项目；为购建固定资产支付的已资本化的利息费用，作为筹资活动，计入"分配股利、利润和偿付利息所支付的现金"项目；最后一次支付分期付款购入固定资产的价款，作为筹资活动，计入"支付的其他与筹资活动有关的现金"项目。因此，正确答案为选项 AC。

12. ADE

【解析】收到交易性金融资产投资的现金股利、转让无形资产所有权取得的收入应作为投资活动的现金流入；其余项目应作为经营活动产生的现金流量。

13. BDE

【解析】在分部报告中应将递延所得税资产不能作为分部资产单独予以披露。

14. ABDE

【解析】中期会计报表项目重要性程度的判断应当以当期财务数据为基础，而不是全年预计数。

15. ABCDE

【解析】本题的考核点是分部报告的概念和会计处理。分部报告是企业财务报告的一个组成部分，属于会计报表附注的内容；分部报告信息揭示了不同分部的风险和报酬，可以用以更好地评估企业的风险和报酬；分部报告的形式分为主要分部报告形式和次要分部报告形式；分部营业收入分为对外部客户的营业收入和与企业其他分部交易的收入，以业务分部或地区分部为主要报告形式时，应披露对企业内其他分部交易的收入；母公司的会计报表和合并报表一并提供时，分部报告只需在合并报表基础上列报。

16. ABCDE

【解析】本题的考核点是分部报告披露。以上说法均符合规定。

17. ABCDE

【解析】在确定业务分部时应当考虑以下主要因素：产品或劳务的性质；生产过程的性质；购买产品或接受劳务的客户的类型或类别；销售产品或提供劳务所使用的方法；生产产品或提供劳务所处的法律环境。

18. ABC

【解析】选项 B 属于委托方的商品，受托代销商品和受托代销商品款对存货一个增加一个减少，最终不影响存货项目的金额，为了管理和核算的方便，应列入资产负债表中的存货项目；选项 D 属于出租方的资产，不属于承租方的资产。

19. BCD

【解析】本题考核的是资产负债表日后调整事项的判断。选项 A 属于非调整事项。

20. ACD

【解析】选项 B，分部信息主要报告形式需要披露分部资产总额和分部负债总额。

21. ABD

22. （1）ABCDE

　　（2）BCDE

【解析】选项 A，根据题目条件没有介绍筹资活动，因此无法确定其金额。选项 B，投资活动现金流入＝60＋200＝260（万元）；选项 C，经营活动现金流入＝（6 700－2 500＋1 000）＝5 200（万元）；选项 D 投资活动现金流出＝200＋2 500＋100＝2 800（万元）；选项 E，经营活动现金流量净额＝6 500－50＋40＋500＋920－230－100＋（1 000－2 500）＝6 080（万元）。

23. 参考答案

（1）20×6 年度每股收益计算如下：

20×6 年发行在外普通股加权平均数＝82 000（万股）

基本每股收益＝36 000/82 000＝0.44（元/股）

20×6 年调整增加的普通股股数＝（12 300－12 300×6/10）×7/12＝2 870（万股）

稀释每股收益＝36 000/（82 000＋2 870）＝0.42（元/股）

（2）20×7 年度每股收益计算如下：

20×7 年发行在外普通股加权平均数＝82 000＋12 300×7/12＝89 175（万股）

基本每股收益＝54 000/89 175＝0.61（元/股）

由于期末不存在其他稀释性因素，所以稀释每股收益＝基本每股收益＝0.61（元/股）

（3）20×8 年度每股收益计算如下：

20×8 年发行在外普通股加权平均数＝（82 000＋12 300）×1.2＝113 160（万股）

20×8 年基本每股收益＝40 000/113 160＝0.35（元/股）

稀释每股收益＝基本每股收益＝0.35（元/股）

20×7 年度发行在外普通股加权平均数＝82 000×1.2＋12 300×1.2×7/12＝107 010（万股）

20×7 年度基本每股收益＝54 000/107 010＝0.50（元/股）

20×7 年度稀释每股收益＝54 000/107 010＝0.50（元/股）

24. 参考答案

（1）根据上述资料，逐笔编制甲公司相关业务的会计分录。

① 12 月 1 日

借：发出商品（100×2）　　　　　　　　　　　　　200

　　　贷：库存商品　　　　　　　　　　　　　　　　　　200

12 月 31 日

借：应收账款　　　　　　　　　　　　　　　　　210.6

　　　贷：主营业务收入　　　　　　　　　　　　　　　　180

　　　　应交税费——应交增值税（销项税额）　　　　30.6

借：主营业务成本（60×2）　　　　　　　　　　　120

　　　贷：发出商品　　　　　　　　　　　　　　　　　　120

借：银行存款　　　　　　　　　　　　　　　　　208.8

　　销售费用　　　　　　　　　　　　　　　　　　1.8

　　　贷：应收账款　　　　　　　　　　　　　　　　　210.6

② 12 月 5 日

借：主营业务收入　　　　　　　　　　　　　　　100

　　应交税费——应交增值税（销项税额）　　　　17

　　　贷：应收账款　　　　　　　　　　　　　　　　　117

借：库存商品　　　　　　　　　　　　　　　　　70

　　　贷：主营业务成本　　　　　　　　　　　　　　　　70

③ 12 月 10 日

借：银行存款　　　　　　　　　　　　　　　　　20

　　　贷：预收账款　　　　　　　　　　　　　　　　　　20

12 月 31 日

借：劳务成本　　　　　　　　　　　　　　　　　40

　　　贷：应付职工薪酬　　　　　　　　　　　　　　　　40

借：预收账款　　　　　　　　　　　　　　　　　60

　　　贷：其他业务收入（200×30%）　　　　　　　　　60

借：其他业务成本［（40+90）×30%］　　　　　39

　　　贷：劳务成本　　　　　　　　　　　　　　　　　　39

借：营业税金及附加　　　　　　　　　　　　　　3

　　　贷：应交税费——应交营业税（60×3%）　　　　　3

④ 12 月 15 日

借：银行存款　　　　　　　　　　　　　　　　3 000

　　　贷：交易性金融资产——成本（3 900×1 000/1 500）　2 600

———公允价值变动（450×1 000/1 500） 300

    投资收益   100

  借：公允价值变动损益   300

    贷：投资收益   300

12 月 31 日

借：交易性金融资产——公允价值变动 ［500×3.3－（4 350－2 600－300）］

                 200

    贷：公允价值变动损益   200

⑤ 12 月 31 日

借：生产成本   234

  管理费用   117

    贷：应付职工薪酬   351

借：应付职工薪酬   351

    贷：主营业务收入（200＋100）   300

      应交税费——应交增值税（销项税额）   51

借：主营业务成本（160＋80）   240

    贷：库存商品   240

⑥ 12 月 31 日

借：长期应收款   3 000

    贷：主营业务收入   2 500

      未实现融资收益   500

借：主营业务成本   2 000

    贷：库存商品   2 000

（2）计算甲公司 2007 年度利润表部分项目的金额。

利润表

编制单位：甲公司   20×7 年度   单位：万元

项 目	金 额	调整后金额
一、营业收入	5 000	7 940(5 000＋180－100＋60＋300＋2 500)
减：营业成本	4 000	6 329(4 000＋120－70＋39＋240＋2 000)
营业税金及附加	50	53(50＋3)
销售费用	200	201.8（200＋1.8）
管理费用	300	417(300＋117)
财务费用	30	30
资产减值损失	0	0

续表

项　目	金　额	调整后金额
加：公允价值变动收益		−100（−300＋200）
投资收益	100	500（100＋100＋300）
二、营业利润	520	1 309.2
加：营业外收入	70	70
减：营业外支出	20	20
三、利润总额	570	1 359.2

案例实训

案例 1

"中华珠宝"的陨落

　　西安达尔曼是我国珠宝首饰业首家股份上市企业，曾被誉为"中华珠宝第一股"。公司于 1993 年以定向募集方式设立，主要从事珠宝，玉器的加工和销售。1996 年 12 月，公司在上交所挂牌上市，并于 1998～2001 年两次配股，在股市募集资金共 7.17 亿元，西安翠宝首饰集团公司一直是达尔曼第一大股东，翠宝集团名为集体企业，实际上完全由许宗林一手控制。

　　从公司报表数据看，1997～2003 年，达尔曼销售收入合计 18 亿元，净利润合计 4.12 亿元，资产总额比上市时增长 5 倍，达到 22 亿元。净资产增长 4 倍，达到 12 亿元。在 2003 年之前，公司各项财务数据呈现均衡增长。然而，2003 年公司首次出现净亏损，主营业务收入由 2002 年的 3.16 亿元下降到 2.14 亿元，亏损达 1.4 亿元，每股收益为 −0.49 元，同时，公司的重大违规担保事项浮出水面，涉及 3.45 亿元人民币、133.5 万美元；还有重大质押事项，涉及 5.18 亿元人民币。

　　2004 年 5 月 10 日，达尔曼被上交所实行特别处理，变更为"ST 达尔曼"，同时证监会对公司涉嫌虚假陈述行为立案调查。2004 年 8 月，因众多法律诉讼公司资产已被法院查封，银行账户被冻结，生产经营已经停滞，不再具备持续经营能力，编制会计报表的持续经营假设不再合理。由于所掌握的财务资料有限，公司董事会、监事会及经营层不能保证半年度财务报表的公允性，公司 2004 年半年报无法在法定期限内披露。2004 年 9 月，公司发布重大事项公告，称有大额贷款担保和质押贷款，而后公布了公司主要财务指标：截至 2004 年 6 月 30 日，净利润由 2003 年 12 月 31 日的 1 608 万元减少到 −144 443 万元，每股收益由 0.056 元减少到 −0.54 元，经营活动产生的现金流量净额由 14 494 万元减少到一78 835万元。该公告显示，截至2004年6月30日，公司总资产锐减为13亿元，净资产—3.46亿元，仅半年时间亏损额高达14亿元，不仅抵消了上市以来大部分业绩，而且濒临破产退市。此后，达尔曼股价一路狂跌，2004年12月30日跌破一元面值。因未依法披露2004年半年年度报告，公司股票于2005年1月10日起被暂停上市，截至2005年3月9日，在暂停上市后两个月仍未披露2004年半年度报告被终止上市，成为中国第一个因无法披露定期报告而遭退市的上市公司。

2005年5月17日，证监会公布了对达尔曼及相关人员的行政处罚决定书（证监罚字［2005］10号），指控达尔曼虚构销售收入、虚增利润，通过虚签建设施工合同和设备采购合同、虚假付款、虚增工程设备价款等方式虚增在建工程，重大信息（主要涉及公司对外担保、重大资产的抵押和质押、重大事项）未披露或未及时披露。同时，证监会还处罚了担任达尔曼审计工作的三名注册会计师，理由是注册会计师在对货币资金、存货项目的审计过程中，未能充分勤勉尽责，未能揭示4.27亿元的大额定期存单质押情况和未能识别1.06亿元虚假钻石毛坯。

调查表明，达尔曼从上市到退市，在长达八年的时间里，极尽造假之能事，通过一系列精心策划的系统性舞弊手段，从股市和银行骗取资金高达30多亿元，给投资者和债权人造成严重损失。

思考：分析达尔曼为何会遭退市？为什么上市公司需要定期披露其财务报告？

（资料来源：徐文丽. 2009. 中外经典财务案例与分析. 上海：上海大学出版社.）

案例2

* ST 花炮财务造假

2006年6月20日至9月11日，财政部驻湖南省财政监察专员办事处对湖南浏阳花炮股份有限公司（* ST花炮）及其下属8家子公司2005年度会计信息质量进行了现场检查。2006年10月19日，财政部对湖南浏阳花炮股份有限公司下发了《关于湖南浏阳花炮股份有限公司会计信息质量检查结论和处理决定的通知》，指出湖南浏阳花炮股份有限公司在会计核算、会计信息披露及会计基础性工作等方面都存在严重的问题。2007年7月9日，上证所发布了公开谴责* ST花炮的通知，指出，* ST花炮主要存在三项违规事实：信息披露不及时、披露虚假会计信息和业绩预告滞后。

2007年10月31日财政部发布第十三号会计信息质量检查公告，对* ST花炮的会计违规行为予以披露。根据十三号公告，* ST花炮虚列、多列业务收入

29 609.5万元，隐瞒、少计业务收入 13 187.39 万元，少计补贴收入 1 072.78 万元，账外账隐瞒收入 2 710.19 万元，虚列、多列投资损失 482.38 万元，不列、少列投资损失 24.41 万元，虚列、多列期间费用 5 894.02 万元，不列、少列期间费用 3 028.63 万元，虚列、多列业务成本 28 300.95 万元。不列、少列业务成本 10 390.87万元 。* ST 花炮通过这些手段虚增 2002～2004 年的利润，避免 2003 年、2004 年连续亏损。通过将以前年度发生的费用 1 859 万元及欠缴税款 786 万元推迟计入 2005 年度等方法增加 2005 年度亏损，人为调节各年度盈利数据，披露虚假财务信息。

鉴于* ST 花炮的上述行为，财政部已对* ST 花炮进行了罚款、补税、调账等处理处罚，对相关企业的法定代表人和财务负责人予以罚款、吊销会计从业资格证书等处罚，对应予追究刑事责任的责任人依法移送司法机关处理。

思考：会计造假手段主要有哪些，又是如何影响会计报告的。

（资料来源：刘浪. 2007. * ST 花炮财务造假查处　股价表现诡异逆市涨停. 第一财经网. 2007-11-09.）

阅读材料

企业会计准则——基本准则
企业会计准则第 30 号——财务报表列报
企业会计准则第 31 号——现金流量表
企业会计准则第 32 号——中期财务报告
企业会计准则第 34 号——每股收益
企业会计准则第 35 号——分部报告
企业会计准则第 36 号——关联方披露
葛家澍，杜兴强. 2004. 知识经济下财务会计理论与财务报告问题研究. 北京：中国财政经济出版社.
中华人民共和国财政部. 2006. 企业会计准则——应用指南. 北京：中国财政经济出版社.
中华人民共和国财政部会计司编写组. 2007. 企业会计准则讲解. 北京：人民出版社.

第十五章　会 计 调 整

　　通过本章学习，了解会计变更的种类及构成内容；掌握会计变更处理的国际惯例，即追溯调整法和未来适用法，并结合我国《企业会计准则》的规定，正确应用企业会计政策变更的追溯调整法；掌握各类会计差错的更正方法以及资产负债表日后事项的类别和调整事项的调整方法。

第一节　会计政策及其变更

一、会计政策与会计政策变更

　　（一）会计政策

　　会计政策是指企业在会计确认、计量和报告中所采用的原则、基础和会计处理方法。最典型的会计政策是会计方法。按照《企业会计准则》的规定，常见的重要的会计政策有：发出存货成本所采用的方法；投资性房地产的计量模式；收入的确认方法；借款费用的资本化和费用化；权益性投资的成本法和权益法；外币报表折算方法；金融工具的计量方法；经营租赁和融资租赁；企业合并的方法等。

　　（二）会计政策的变更

　　会计政策的变更是指企业对相同的交易或事项由原来的会计政策改用另一会计政策的行为。一般情况下，企业应在每期采用相同的会计政策，不应也不能随意变更会计政策。

　　企业只有在以下两种情况下才可以变更会计政策。

　　（1）依法变更，即当国家法律或会计准则等行政法规要求改变原会计政策、采用新的会计政策时，企业必须服从国家法规、会计准则的要求。

　　（2）自行变更，即当会计政策的变更能够使企业提供的有关财务状况、经营成果和现金流量信息更可靠、更相关时，应改变原有的会计政策。

二、会计政策变更的追溯调整法

　　追溯调整法指对某项交易或事项变更会计政策时，视同该交易或事项初次发生时即采用变更后的会计政策，并以此对财务报表相关项目进行调整的方法。会计政策变更累积影响数，是指按照变更后的会计政策对以前各期追溯计算的列报前期最早期初留存收益应有金额与现有金额之间的差额。

企业应将会计政策变更的累积影响数调整期初留存收益。留存收益包括当年和以前年度的未分配利润和按照相关法律规定提取并累积的盈余公积。调整期初留存收益，是指对期初未分配利润和盈余公积两个项目的调整。

如果提供比较财务报表，对于比较财务报表期间的会计政策变更，应当调整比较期间各期的净损益和有关项目，就像该政策在比较财务报表期间一直采用一样；对于比较财务报表期间以前的会计政策变更的累积影响数，应当调整比较财务报表最早期间的期初留存收益，财务报表其他相关项目的数字也作相应调整。

追溯调整法的运用通常由以下步骤构成：第一步，计算确定会计政策变更的累积影响数；第二步，进行相关的账务处理；第三步，调整财务报表相关项目；第四步，附注说明。

由于会计政策变更的累积影响数要调整留存收益，留存收益包括法定盈余公积、任意盈余公积以及未分配利润各项目，不考虑由于损益的变化而应当补分配的利润或股利。留存收益金额，都是指所得税后的净额。

三、会计政策变更的未来适用方法

按《企业会计准则第 28 号——会计政策、会计估计变更和差错更正》的规定，在当期期初确定会计政策变更对以前各期累积影响数不切实可行的，应当采用未来适用法处理。

未来适用法是指将变更后的会计政策应用于变更日及以后发生的交易或者事项，或者在会计估计变更当期和未来期间确认会计估计变更影响数的方法。也就是说，不计算会计政策变更的累积影响数，也不必调整变更当年年初的留存收益，只在变更当期采用变更后的会计政策。会计估计变更仅影响变更当期的，其影响数应当在变更当期予以确认；既影响变更当期，又影响未来期间的，其影响数应当在变更当期和未来期间予以确认。

第二节　会计估计及其变更

会计估计是指企业对不确定的交易或事项以其最近可利用的信息为基础所作的判断。通常需要进行会计估计的例子有：坏账损失的估计、存货发生损失的估计、固定资产使用年限的估计、收入确认完工百分比法的估计等。

会计估计变更是指由于资产和负债的当前状况及预期未来经济利益和义务发生了变化，从而对资产或负债的账面价值或者资产的定期消耗金额进行的重估和调整。

有时会计估计变更与会计政策变更难以区分。按《企业会计准则第 28 号——会计政策、会计估计变更和差错更正》的规定，企业难以对某项变更区分为会计政策变更或会计估计变更的，应当将其作为会计估计变更处理。

对于会计估计变更，企业应采用未来适用法。在会计估计变更当期及以后期间，采用新的会计估计，不改变以前期间的会计估计，也不调整以前期间的报告结果。为了使不同期间的财务报表能够可比，如果以前期间的会计估计变更的影响数计入日常经营活动损益，则以后期间也应计入日常经营活动损益；如果以前期间的会计估计变更的影响数计入特殊项目，则以后期间也应计入特殊项目。

第三节　前期差错更正

会计差错是指会计核算时，确认、计量、记录等方面出现的错误。对于发生的会计差错，企业应当区别不同情况，分别采用不同的方法进行处理。

一、当期差错

对于当期发生的会计差错，应当调整当期相关项目。对于年度资产负债表日至财务会计报告批准报出日之间发现的报告年度的会计差错及以前年度的非重要的会计差错，应当按照资产负债日后事项中的调整事项进行处理。对于年度资产负债表日至财务会计报告批准报出日之间发现的以前年度的重要会计差错，应当调整以前年度的相关项目。

二、前期差错

前期差错是指由于没有运用或错误运用以下两种信息，而造成前期财务报表遗漏或误报：第一，编报前期财务报表时能够合理预计取得并应当加以考虑的可靠信息；第二，前期财务报表批准报出时能够取得的可靠信息。

前期差错通常包括计算错误、应用会计政策错误、疏忽或曲解事实及舞弊产生的影响以及存货、固定资产盘盈等。

按《企业会计准则第 28 号——会计政策、会计估计变更和差错更正》的规定，企业应当采用追溯重述法更正重要的前期差错，但确定前期差错累积影响数不切实可行的除外。也就是说，前期差错的更正有无需重述和重新表述两种方法。

（一）前期差错无需重述

所谓无需重述前期差错，是指非重要的前期差错，直接计入发现当期净收益。

（二）前期差错重新表述

重新表述，即追溯重述法，是指在发现前期差错时，视同该项前期差错从未发生过，从而对财务报表相关项目进行更正的方法。

重新表述时，如果影响损益，应将其对损益的影响数调整发现当期的期初留存收益，财务报表其他相关项目的期初数也应一并调整；如不影响损益，应调整财务报表相关项目的期初数。

第四节　资产负债表日后事项

一、资产负债表日后事项的分类

资产负债表日后事项包括自年度资产负债表日至财务报告批准报出日之间发生的所有有利事项和不利事项。资产负债表日后事项不是在这个特定期间内发生的全部事项，而是与资产负债表日存在状况有关的事项，或虽然与资产负债表日存在状况无关，但对企业财务状况具有重大影响的事项。为了正确地理解资产负债表日后事项准则的内容，可以将年度资产负债表日至财务报告批准报出日之间发生的事项分为以下三类。

（1）资产负债表日后才发生的、不足以影响财务报告的使用者对企业财务状况和经营成果作出正确估计和决策的、企业经营过程中的日常业务，如购买材料、发放工资、计提折旧、支付费用等。

（2）对资产负债表日存在的情况提供进一步证据、据此可确定资产负债表日提供的财务信息是否与事实相符的事项，如已确定获得或支付的赔偿等。

（3）资产负债表日后才发生的、将影响财务报告的使用者对企业财务状况和经营成果作出正确估计和决策的事项，如发行股票和债券、举借巨额债务等。

以上三类事项是资产负债表日后期间发生的所有事项。其中，第一类与第三类的共同点是，二者均是资产负债表日后新发生的事项，与资产负债表日存在的状况无关，因此在会计处理上对两者的处理原则是相同的，即该如何确认、计量就如何确认、计量；两者的区别在于，后者的重要程度和对财务报告使用者的影响大于前者，因此在会计披露上对两者的处理原则是不同的，应对第三类事项在报告年度的财务报告中予以附注说明。

以上三类事项中的第二类与第三类，分别定义为"调整事项"和"非调整事项"，统称为"资产负债表日后事项"，但因前者与资产负债表日存在的状况有关，后者属于新发生的事项，则两者的会计处理是不同的。

二、资产负债表日后调整事项的会计处理方法

（一）调整事项的含义

调整事项是指由于资产负债表日后获得新的或进一步的证据，表明依据资产负债表日存在状况编制的财务报告已不再可靠，应依据新的证据对资产负债表日所反映的收入、费用、资产、负债以及所有者权益进行调整。调整事项的判断标准为："资产负债表日至财务报告批准报出日之间发生的，为资产负债表日已经存在的情况提供了新的或进一步的证据，有助于对资产负债表日存在情况有关的金额作出重新估计的事项。"企业应当根据调整事项的判断标准进行判断，以确定是否属于调整事项。调整事项的特点是：第一，在资产负债表日或以前已经存在，资产负债表日后得以证实的事项；第二，对按资产负债表日存在状况编制的财务报表产生重大影响的事项。常见的调整事项有以下几个方面。

（1）资产负债表日后诉讼案件结案，法院判决证实了企业在资产负债表日已经存在现时义务，需要调整原先确认的与该诉讼案件相关的预计负债，或确认一项新负债。这一调整事项是指，在资产负债表日以前，或资产负债表日已经存在的诉讼赔偿事项，资产负债表日至财务报告批准报出日之间提供了新的证据，即经过法院的判决，表明企业能够收到赔偿款或需要支付赔偿款，这一新的证据如果对资产负债表日所作的估计需要调整的，应对财务报表进行调整。

（2）资产负债表日后取得确凿证据，表明某项资产在资产负债表日发生了减值或者需要调整该项资产原先确认的减值金额。这一调整事项是指，在年度资产负债表日以前，或在年度资产负债表日，根据当时资料判断某项资产可能发生了减值，但没有最后确定是否会发生，因而按照当时最好的估计金额反映在财务报表中。但在年度资产负债表日至财务报告批准报出日之间所取得的新的或进一步的证据能证明该事实成立，即某项资产已经发生了减值，或者原先所确定的资产减值的金额不当，则应对资产负债表日所作的估计予以修正或者调整该项资产原先所确认的减值金额。

（3）资产负债表日后进一步确定了资产负债表日前购入资产的成本或售出资产的收入。这一调整事项是指，在资产负债表日以前或资产负债表日，根据合同规定所销售的商品已经发出，当时认为与该商品所有权相关的风险和报酬已经转移，货款能够收回，因而确认了收入并结转了成本，或者确认了相关资产的成本，并在财务报表上进行了反映，但在资产负债表日后至财务报告批准报出日之间所取得的证据表明，该批已确认销售的商品确实已经退回，应作为调整事项进行相关的账务处理，并调整资产负债表有关收入、费用、资产、负债、所有者权益等项目的数字。

（4）资产负债表日后发现了财务报表舞弊或差错。这一调整事项是指资产负

债表日后至财务报告批准报出日之间发生的属于资产负债表所属期间或以前期间存在的财务报表舞弊或重要会计差错，该财务报表舞弊或重要会计差错应当作为资产负债表日后调整事项，调整报告年度或中期财务报告中的相关项目的数字。

资产负债表日后事项的调整方法与前期差错重新表述方法是不同的。资产负债表日后事项的调整事项，主要调整的是资产负债表日编制的报告年度资产负债表有关项目的期末数、报告年度利润表及所有者权益变动表等有关项目的本年发生数；前期重要的会计差错的更正，主要是修改报告年度资产负债表有关项目的年初数、报告年度比较利润表中的发生额。

也就是说，资产负债表日后期间发现的财务舞弊或会计差错，应该分别采用以下方法进行处理：①属于资产负债表日后期间发生的财务报表舞弊或会计差错，在发现错误的当月予以更正，并不需要调整财务报表项目；②属于报告年度的财务报表舞弊或会计差错，无论是否重大财务报表舞弊或会计差错，均按资产负债表日后事项的调整事项的办法处理，即根据更正分录（调整分录）记账以后，对尚未报出的报告年度有关财务报表有关项目进行调整，包括资产负债表有关项目年末数的调整、利润表及所有者权益变动表有关项目本年发生数的调整；③属于报告年度以前年度的财务报表舞弊或会计差错，无论是否是重大财务报表舞弊或会计差错，均按资产负债表日后事项的调整事项的办法处理，即根据更正分录（调整分录）记账以后，对尚未报出的报告年度有关财务报表有关项目进行调整，包括资产负债表有关项目年末数的调整、利润表及所有者权益变动表有关项目本年发生数的调整，对于其中的重要会计差错，还应调整报告年度比较利润表有关项目有关会计差错发生期间的发生额。

（二）调整事项的处理方法

资产负债表日后发生的调整事项，应当如同资产负债表所属期间发生的事项一样，作出相关账务处理，并对资产负债表日已编制的财务报表作相应的调整。这里的财务报表包括资产负债表、利润表、所有者权益变动表、相关附注及现金流量表的补充资料内容，但不包括现金流量表正表。由于资产负债表日后事项发生在次年，上年度的有关账目已经结转，特别是损益类科目在结账后已无余额。因此，资产负债表日后发生的调整事项，应当分别按以下情况进行账务处理。

（1）涉及损益的事项，通过"以前年度损益调整"科目核算。调整增加以前年度收益或调整减少以前年度亏损的事项以及调整减少的所得税，记入"以前年度损益调整"科目的贷方；调整减少以前年度收益或调整增加以前年度亏损的事项以及调整增加的所得税，记入"以前年度损益调整"科目的借方。"以前年度损益调整"科目的贷方或借方余额，转入"利润分配——未分配利润"科目。

（2）涉及利润分配调整的事项，直接在"利润分配——未分配利润"科目核算。

(3) 不涉及损益及利润分配的事项，调整相关科目。

(4) 通过上述账务处理后，还应同时调整财务报表相关项目的数字，包括：资产负债表日编制的财务报表相关项目的数字（包括比较财务报表中应调整的相关项目的上年数）；当期编制的财务报表相关项目的年初数；经过上述调整后，如果涉及财务报表附注内容的，还应当调整财务报表附注相关项目的数字。

重点与难点

重点：会计政策的含义，会计政策变更的含义和条件，会计政策变更的会计处理方法（追溯调整法和未来适用法），会计政策变更的披露，会计估计和会计估计变更的含义，会计估计变更的会计处理方法，会计差错的种类，会计差错更正的会计处理方法，前期差错的披露，资产负债表日后事项的含义，调整事项的性质及内容，调整事项的会计处理方法，非调整事项及其会计处理方法，资产负债表日后事项的披露。

难点：会计政策变更的追溯调整法，会计政策变更的未来适用法，会计估计变更的会计处理方法，会计差错更正的会计处理方法，资产负债表日后调整事项的会计处理方法。

关键问题

1. 什么是会计政策？包括哪些内容？

2. 什么是会计政策变更？举例说明。

3. 在哪些情况下，企业可以变更会计政策？

4. 什么是追溯调整法？简述其调整步骤。

5. 什么是会计估计和会计估计变更？举例说明。

6. 什么是前期差错？如何进行更正？

7. 什么是资产负债表日后事项？资产负债表日后事项涵盖的期间是什么？

8. 资产负债表日后事项是如何分类的？

9. 简述资产负债表日后调整事项的内容。

10. 简述资产负债表日后非调整事项的内容。

真题实训及解析

一、真题实训（第 1、2 题为单项选择题，第 3～12 题为多项选择题，第 13～15 题为判断题，第 16 题为综合题）

▲1. 下列关于会计估计及其变更的表述中，正确的是（　　　　）。

A. 会计估计应以最近可利用的信息或资料为基础

B. 对结果不确定的交易或事项进行会计估计会削弱会计信息的可靠性

C. 会计估计变更应根据不同情况采用追溯重述或追溯调整法进行处理

D. 某项变更难以区分为会计政策变更和会计估计变更的，应作为会计政策变更处理

★2. 下列有关资产负债表日后事项的表述中，不正确的是（   ）。

A. 调整事项是对报告年度资产负债表日已经存在的情况提供了进一步证据的事项

B. 非调整事项是报告年度资产负债表日及之前其状况不存在的事项

C. 调整事项均应通过"以前年度损益调整"科目进行账务处理

D. 重要的非调整事项只需在报告年度财务报表附注中披露

★3. 下列各项中，属于会计政策变更的有（   ）。

A. 存货跌价准备由按单项存货计提变更为按存货类别计提

B. 固定资产的折旧方法由年限平均法变更为年数总和法

C. 投资性房地产的后续计量由成本模式变更为公允价值模式

D. 发出存货的计价方法由先进先出法变更为加权平均法

E. 应收账款计提坏账准备由余额百分比法变更为账龄分析法

★4. 在报告年度资产负债表日至财务报告批准报出日之间发生的下列事项中，属于资产负债表日后调整事项的有（   ）。

A. 发现报告年度财务报表存在严重舞弊

B. 发现报告年度会计处理存在重大差错

C. 国家发布对企业经营业绩将产生重大影响的产业政策

D. 发现某商品销售合同在报告年度资产负债表日已成为亏损合同的证据

E. 为缓解报告年度资产负债表日以后存在的资金紧张状况而发行巨额公司债券

★5. 甲公司 20×7 年度资产负债表日至财务报告批准报出日（20×8 年 3 月 10 日）之间发生了以下交易或事项：

（1）因被担保人财务状况恶化，无法支付逾期的银行借款，20×8 年 1 月 2 日，贷款银行要求甲公司按照合同约定履行债务担保责任 2 000 万元。因甲公司于 20×7 年年末未取得被担保人相关财务状况等信息，未确认与该担保事项相关的预计负债。

（2）20×7 年 12 月发出且已确认收入的一批产品发生销售退回，商品已收到并入库。

（3）经与贷款银行协商，银行同意甲公司一笔将于 20×8 年 5 月到期的借款展期 2 年。按照原借款合同规定，甲公司无权自主对该借款展期。

（4）董事会通过利润分配预案，拟对 20×7 年度利润进行分配。

（5）20×7 年 10 月 6 日，乙公司向法院提起诉讼，要求甲公司赔偿专利侵权损失 600 万元。至 20×7 年 12 月 31 日，法院尚未判决。经向律师咨询甲公司就该诉讼事项于 20×7 年度确认预计负债 300 万元。20×8 年 2 月 5 日，法院判决甲公司应赔偿乙公司专利侵权损失 500 万元。

（6）20×7 年 12 月 31 日，甲公司应收丙公司账款余额为 1 500 万元，已计提的坏账准备为 300 万元。20×8 年 2 月 26 日，丙公司发生火灾造成严重损失，甲公司预计该应收账款的 80% 将无法收回。

要求：根据上述资料，不考虑其他情况，回答下列问题。

（1）下列各项中，属于甲公司资产负债表日后调整事项的有（　　）。

A. 发生的商品销售退回

B. 银行同意借款展期 2 年

C. 法院判决赔偿专利侵权损失

D. 董事会通过利润分配预案中

E. 银行要求履行债务担保责任

（2）下列甲公司对资产负债表日后事项的会计处理中，正确的有（　　）。

A. 对于利润分配预案，应在财务报表附注中披露拟分配的利润

B. 对于诉讼事项，应在 20×7 年资产负债表中调整增加预计负债 200 万元

C. 对于债务担保事项，应在 20×7 年资产负债表中确认预计负债 2 000 万元

D. 对于应收丙公司款项，应在 20×7 年资产负债表中调整减少应收账款 900 万元

E. 对于借款展期事项，应在 20×7 年资产负债表中将该借款自流动负债重分类为非流动负债

★6. 甲公司经董事会和股东大会批准，于 20×7 年 1 月 1 日开始对有关会计政策和会计估计作如下变更：

（1）对子公司（丙公司）投资的后续计量由权益法改为成本法。对丙公司的投资 20×7 年年初账面余额为 4 500 万元，其中，成本为 4 000 万元，损益调整为 500 万元，未发生减值。变更日该投资的计税基础为其成本 4 000 万元。

（2）对某栋以经营租赁方式租出办公楼的后续计量由成本模式改为公允价值模式。该楼 20×7 年年初账面余额为 6 800 万元，未发生减值，变更日的公允价值为 8 800 万元。该办公楼在变更日的计税基础与其原账面余额相同。

（3）将全部短期投资重分类为交易性金融资产，其后续计量由成本与市价孰低改为公允价值。该短期投资 20×7 年年初账面价值为 560 万元，公允价值为 580 万元。变更日该交易性金融资产的计税基础为 560 万元。

（4）管理用固定资产的预计使用年限由 10 年改为 8 年，折旧方法由年限平

均法改为双倍余额递减法。甲公司管理用固定资产原每年折旧额为 230 万元（与税法规定相同），按 8 年及双倍余额递减法计提折旧，20×7 年计提的折旧额为 350 万元。变更日该管理用固定资产的计税基础与其账面价值相同。

（5）发出存货成本的计量由后进先出法改为移动加权平均法。甲公司存货 20×7 年年初账面余额为 2 000 万元，未发生遗失价损失。

（6）用于生产产品的无形资产的摊销方法由年限平均法改为产量法。甲公司生产用无形资产 20×7 年年初账面余额为 7 000 万元，原每年摊销 700 万元（与税法规定相同），累计摊销额为 2 100 万元，未发生减值；按产量法摊销，每年摊销 800 万元。变更日该无形资产的计税基础与其账面余额相同。

（7）开发费用的处理由直接计入当期损益改为有条件资本化。20×7 年发生符合资本化条件的开发费用 1 200 万元。税法规定，资本化的开发费用计税基础为其资本化金额的 150%。

（8）所得税的会计处理由应付税款法改为资产负债表债务法。甲公司适用的所得税税率为 25%，预计在未来期间不会发生变化。

（9）在合并财务报表中对合营企业的投资由比例合并改为权益法核算。

上述涉及会计政策变更的均采用追溯调整法，不存在追溯调整不切实可行的情况下，甲公司预计未来期间的应纳税所得额可以利用可抵扣暂时性差异。

要求：根据上述资料，不考虑其他因素，回答下列问题。

（1）下列各项中，属于会计政策变更的有（   ）。

A. 管理用固定资产的预计使用年限由 10 年改为 8 年

B. 发出存货成本的计量由后进先出法改为移动加权平均法

C. 投资性房地产的后续计量由成本模式改为公允价值模式

D. 所得税的会计处理由应付税款法改为资产负债表债务法

E. 在合并财务报表中对合营企业的投资由比例合并改为权益法核算

（2）下列各项中，属于会计估计变更的有（   ）。

A. 对丙公司投资的后续计量由权益法改为成本法

B. 无形资产的摊销方法由年限平均法改为产量法

C. 开发费用的处理由直接计入当期损益改为有条件资本化

D. 管理用固定资产的折旧方法由年限平均法改为双倍余额递减法

E. 短期投资重分类为交易性金融资产，其后续计量由成本与市价孰低改为公允价值

（3）下列关于甲公司就其会计政策和会计估计变更及后续的会计处理中，正确的有（   ）。

A. 生产用无形资产于变更日的计税基础为 7 000 万元

B. 将 20×7 年度生产用无形资产增加的 100 万元摊销额计入生产成本

C. 将 20×7 年度管理用固定资产增加的折旧额 120 万元计入年度损益

D. 变更日对交易性金融资产追溯调增其账面价值 20 万元，并调增期初留存收益 15 万元

E. 变更日对出租办公楼调增其账面价值 2 000 万元，并计入 20×7 年度损益 2 000 万元

（4）下列关于甲公司就其会计政策和会计估计变更后有关所得税会计处理的表述中，正确的有（　　）。

A. 对出租办公楼应于变更日确认递延所得税负债 500 万元

B. 对丙公司的投资应于变更日确认递延所得税负债 125 万元

C. 对 20×7 年度资本化开发费用应确认递延所得税资产 150 万元

D. 无形资产 20×7 年多摊销的 100 万元，应确认相应的递延所得税资产 25 万元

E. 管理用固定资产 20×7 年度多计提的 120 万元折旧，应确认相应的递延所得税资产 30 万元

▲7. 下列各项中，属于会计估计变更的有（　　）。

A. 固定资产折旧年限由 10 年改为 15 年

B. 发出存货计价方法由先进先出法改为加权平均法

C. 因或有事项确认的预计负债根据最新证据进行调整

D. 根据新的证据，使将用寿命不确定的无形资产转为使用寿命有限的无形资产

▲8. 下列各项中，属于会计政策变更的有（　　）。

A. 无形资产摊销方法由生产总量法改为年限平均法

B. 因执行新会计准则将建造合同收入确认方法由完成合同法改为完工百分比法

C. 投资性房地产的后续计量由成本模式改为公允价值模式

D. 因执行新会计准则对子公司的长期股权投资由权益法改为成本法核算

▲9. 下列各项中，属于会计估计变更的有（　　）。

A. 固定资产的净残值率由 8% 改为 5%

B. 固定资产折旧方法由年限平均法改为双倍余额递减法

C. 投资性房地产的后续计量由成本模式转为公允价值模式

D. 使用寿命确定的无形资产的摊销年限由 10 年变更为 7 年

▲10. 下列关于会计政策、会计估计及其变更的表述中，正确的有（　　）。

A. 会计政策是企业在会计确认、计量和报告中所采用的原则、基础和会计处理方法

B. 会计估计以最近可利用的信息或资料为基础，不会削弱会计确认和计量

的可靠性

　　C. 企业应当在会计准则允许的范围内选择适合本企业情况的会计政策，但一经确定，不得随意变更

　　D. 按照会计政策变更和会计估计变更划分原则难以对某项变更进行区分的，应将该变更作为会计政策变更处理

▲11. 下列关于会计政策及期变更的表述中，正确的有（　　）。

　　A. 会计政策涉及会计原则、会计基础和具体会计处理方法

　　B. 变更会计政策表明以前会计期间采用的会计政策存在错误

　　C. 变更会计政策能够更好地反映企业的财务状况和经营成果

　　D. 本期发生的交易或事项与前期相比具有本质差别而用新的会计政策，不属于会计政策变更

▲12. 下列关于资产负债表日后事项的表述中，正确的有（　　）。

　　A. 影响重大的资产负债表日后非调整事项应在附注中披露

　　B. 对资产负债表日后调整事项应当调整资产负债表日财务报表有关项目

　　C. 资产负债表日事项包括资产负债表日至财务报告批准报出日之间发生的全部事项

　　D. 判断资产负债表日后调整事项的标准在于该事项对资产负债表日存在的情况提供了新的或进一步的证据

▲13. 企业在报告年度资产负债表日至财务报告批准日之间取得确凿证据，表明某项资产在报告日已发生减值的，应作为非调整事项进行处理。（　　）

▲14. 初次发生的交易或事项采用新的会计政策属于会计政策变更，应采用追溯调整法进行处理。（　　）

▲15. 发现以前会计期间的会计估计存在错误的，应按前期差错更正的规定进行会计处理。（　　）

★16. 甲股份有限公司（简称甲公司）为上市公司，主要从事大型设备及配套产品的生产和销售。甲公司为增值税一般纳税人，适用的增值税税率为17%。除特别注明外，销售价格均为不含增值税价格。甲公司聘请丁会计师事务所对其年度财务报表进行审计。甲公司财务报告在报告年度次年的3月31日对外公布。

　　(1) 甲公司 20×7 年 1～11 月利润表如下

利润表

编制单位：甲公司　　　　　　　　20×7 年 11 月　　　　　　　　单位：万元

项　目	1～11 月累计数
一、营业收入	125 000
减：营业成本	95 000

续表

项　目	1～11 月累计数
营业税金及附加	450
销售费用	6 800
管理费用	10 600
财务费用	1 500
资产减值损失	800
加：公允价值变动收益	0
投资收益	0
二、营业利润	9 850
加：营业外收入	100
减：营业外支出	0
三、利润总额	9 950

(2) 甲公司 20×7 年 12 月与销售商品和提供劳务相关的交易或事项如下：

① 12 月 1 日，甲公司采用分期收款方式向 Y 公司销售 A 产品一台，销售价格为 5 000 万元，合同约定发出 A 产品当日收取价款 2 100 万元（该价款包括分期收款销售应收的全部增值税），余款分 3 次于每年 12 月 1 日等额收取，第一次收款时间为 20×8 年 12 月 1 日。甲公司 A 产品的成本为 4 000 万元。产品已于同日发出，并开具增值税专用发票，收取的 2 100 万元价款已存入银行。该产品在现销方式下的公允价值为 4 591.25 万元。

甲公司采用实际利率法摊销未实现融资收益。年实际利率为 6%。

② 12 月 1 日，甲公司与 M 公司签订合同，向 M 公司销售 B 产品一台，销售价格为 2 000 万元。同时双方又约定，甲公司应于 20×8 年 4 月 1 日以 2 100 万元将所售 B 产品购回。甲公司 B 产品的成本为 1 550 万元。同日，甲公司发出 B 产品，开具增值税专用发票，并收到 M 公司支付的款项。甲公司采用直线法计提与该交易相关的利息费用。

③ 12 月 5 日，甲公司向 X 公司销售一批 E 产品，销售价格为 1 000 万元，并开具增值税专用发票。为及早收回货款，双方合同约定的现金折扣条件为：2/10，1/20，n/30（假定计算现金折扣时不考虑增值税）。甲公司 E 产品的成本为 750 万元。

12 月 18 日，甲公司收到 X 公司支付的货款。

④ 12 月 10 日，甲公司与 W 公司签订产品销售合同。合同规定，甲公司向 W 公司销售 C 产品一台，并负责安装调试，合同约定总价（包括安装调试）为 800 万元（含增值税）；安装调试工作为销售合同的重要组成部分，双方约定 W 公司在安装调试完毕并验收合格后支付合同价款。甲公司 C 产品的成本为 600 万元。

12 月 25 日，甲公司将 C 产品运抵 W 公司（甲公司 20×8 年 1 月 1 日开始安装调试工作；20×8 年 1 月 25 日 C 产品安装调试完毕并经 W 公司验收合格；

甲公司 20×8 年 1 月 25 日收到 C 公司支付的全部合同价款）。

⑤ 12 月 20 日，甲公司与 S 公司签订合同。合同约定，甲公司接受 S 公司委托为其提供大型设备安装调试服务，合同价格为 80 万元。

至 12 月 31 日止，甲公司为该安装调试合同共发生劳务成本 10 万元（均为职工薪酬）。由于初次接受委托为其他单位提供设备安装调试服务，甲公司无法可靠确定劳务的完工程度，但估计已经发生的劳务成本能够收回。

⑥ 12 月 28 日，甲公司与 K 公司签订合同。合同约定，甲公司向 K 公司销售 D 产品一台，销售价格为 500 万元；甲公司承诺 K 公司在两个月内对 D 产品的质量和性能不满意，可以无条件退货。

12 月 31 日，甲公司发出 D 产品，开具增值税专用发票，并收到 K 公司支付的货款。由于 D 产品是刚试制成功的新产品，甲公司无法合理估计其退货的可能性。甲公司 D 产品的成本为 350 万元。

（3）12 月 5 日至 12 月 20 日，丁会计师事务所对甲公司 20×7 年 1～11 月的财务报表进行预审。12 月 25 日，丁会计师事务所要求甲公司对其发现的下列问题进行更正：

① 经董事会批准，自 20×7 年 1 月 1 日起，甲公司将信息系统设备的折旧年限由 10 年变更为 5 年。该信息系统设备用于行政管理，于 20×5 年 12 月投入使用，原价为 600 万元，预计使用年限为 10 年，预计净残值为零，采用年限平均法计提折旧，至 20×6 年 12 月 31 日未计提减值准备。

甲公司 1～11 月对该信息系统设备仍按 10 年计提折旧，其会计分录如下

借：管理费用　　　　　　　　　　　　　　　　　　55
　　贷：累计折旧　　　　　　　　　　　　　　　　　　　　55

② 20×7 年 2 月 1 日，甲公司以 1 800 万元的价格购入一项管理用无形资产，价款以银行存款支付。该无形资产的法律保护期限为 15 年，甲公司预计其在未来 10 年内会给公司带来经济利益。甲公司计划在使用 5 年后出售该无形资产，G 公司承诺 5 年后按 1 260 万元的价格购买该无形资产。

甲公司对该无形资产购入及该无形资产 2～11 月累计摊销，编制会计分录如下

借：无形资产　　　　　　　　　　　　　　　　　　1 800
　　贷：银行存款　　　　　　　　　　　　　　　　　　　1 800
借：管理费用　　　　　　　　　　　　　　　　　　150
　　贷：累计摊销　　　　　　　　　　　　　　　　　　　150

③ 20×7 年 6 月 25 日，甲公司采用以旧换新方式销售 F 产品一批，该批产品的销售价格为 500 万元，成本为 350 万元。旧 F 产品的收购价格为 100 万元。新产品已交付，旧产品作为原材料已入库（假定不考虑收回旧产品相关的税费）。

甲公司已将差价款 485 万元存入银行。

甲公司为此进行了会计处理，其会计分录为

借：银行存款　　　　　　　　　　　　　　　　485

　　贷：主营业务收入　　　　　　　　　　　　　　400

　　　　应交税费——应交增值税（销项税额）　　　85

借：主营业务成本　　　　　　　　　　　　　　350

　　贷：库存商品　　　　　　　　　　　　　　　350

借：原材料　　　　　　　　　　　　　　　　　100

　　贷：营业外收入　　　　　　　　　　　　　　100

④ 20×7 年 11 月 1 日，甲公司决定自 20×8 年 1 月 1 日起终止与 E 公司签订的厂房租赁合同。该厂房租赁合同于 20×4 年 12 月 31 日签订。合同规定，甲公司从 E 公司租用一栋厂房，租赁期限为 4 年，自 20×5 年 1 月 1 日起至 20×8 年 12 月 31 日止；每年租金为 120 万元，租金按季在季度开始日支付；在租赁期间甲公司不能将厂房转租给其他单位使用；甲公司如需提前解除合同，应支付 50 万元违约金。

甲公司对解除该租赁合同的事项未进行相应的会计处理。

（4）20×8 年 1 月至 3 月发生的涉及 20×7 年度的有关交易或事项如下：

① 20×8 年 1 月 15 日，X 公司就 20×7 年 12 月购入的 E 产品存在的质量问题，致函甲公司要求退货。经甲公司检验，该产品确有质量问题，同意 X 公司全部退货。

20×8 年 1 月 18 日，甲公司收到 X 公司退回的 E 产品。同日，甲公司收到税务部门开具的进货退出证明单，开具红字增值税专用发票，并支付退货款 1 160 万元。

X 公司退回的 E 产品经修理后可以出售，预计其销售价格高于其账面成本。

② 20×8 年 2 月 28 日，甲公司于 20×7 年 12 月 31 日销售给 K 公司的 D 产品无条件退货期限届满。K 公司对 D 产品的质量和性能表示满意。

③ 20×8 年 3 月 12 日，法院对 N 公司起诉甲公司合同违约一案作出判决，要求甲公司赔偿 N 公司 180 万元。甲公司不服判决，向二审法院提起上诉。甲公司的律师认为，二审法院很可能维持一审判决。

该诉讼为甲公司因合同违约于 20×7 年 12 月 5 日被 N 公司起诉至法院的诉讼事项。20×7 年 12 月 31 日，法院尚未作出判决。经咨询律师后，甲公司认为该诉讼很可能败诉，20×7 年 12 月 31 日确认预计负债 120 万元。

（5）除上述事项外，甲公司 12 月份发生营业税金及附加 50 万元，销售费用 800 万元，管理费用 1 000 万元，财务费用 120 万元，资产减值损失 500 万元，公允价值变动收益 30 万元，投资收益 60 万元，营业外收入 70 万元，营业外支出 150 万元。

（6）其他资料如下：

① 甲公司上述交易涉及结转成本的，按每笔交易结转成本。

② 资料（3）①中提及的信息系统设备 12 月份的折旧已正确计提，资料（3）②中提及的无形资产 12 月份的摊销已正确处理，资料（3）④中提及的计划终止租赁合同事项在 12 月份未进行会计处理。

③ 本题中不考虑除增值税外的其他相关税费。

④ 涉及以前年度损益调整的，均通过"以前年度损益调整"科目处理。

要求：

根据资料（2），编制甲公司 20×7 年 12 月份相关会计分录。

根据资料（3），在 12 月 31 日结账前对注册会计师发现的会计差错进行更正。

指出资料（4）中哪些事项属于资产负债表日后调整事项，并编制相关会计分录（不要求编制提取盈余公积和所得税相关的会计分录）。

填列甲公司 20×7 年度利润表相关项目金额。

二、参考答案及解析

1. A

【解析】选项 B，会计估计变更不会削弱会计信息的可靠性；选项 C，会计估计变更应采用未来适用法；选项 D，应该作为会计估计变更处理。

2. C

【解析】日后期间董事会通过的盈余公积计提方案属于调整事项，通过"利润分配"科目来核算。

3. ACD

【解析】选项 BE 属于会计估计变更。

4. ABD

【解析】选项 CE 属于日后非调整事项。

5. （1）ACE

【解析】选项 BD 为资产负债表日后非调整事项。

（2）ABC

【解析】选项 A 中对于董事会提出的利润分配预案应该作为日后非调整事项在资产负债表中予以披露；选项 B，题目并没有说明甲公司是否还要上诉，从出题者的意图来看，是少确认了 200 万元的预计负债，因此应该补确认上；选项 D，火灾是在 20×8 年发生，故不能调整 20×7 年度的报表项目；选项 E，属于非调整事项，不能调整报告年度相关项目。

6. （1）BCD

【解析】A 选项为会计估计变更，E 选项不属于政策变更，也不属于估计变更。

（2）BD

【解析】A 选项属于采用新的政策，选项 CE 属于政策变更。

（3）ABCD

【解析】E 选项属于政策变更，应该调整期初留存收益，而不是调整当年的损益。

（4）ACDE

【解析】对于 A 选项，变更日投资性房地产的账面价值为 8 800 万元，计税基础为 6 800 万元，应该确认递延所得税负债＝2 000×25％＝500（万元）；选项 C，应确认递延所得税资产＝1 200×50％×25％＝150（万元）；选项 D，应确认递延所得税资产100×25％＝25（万元）；选项 E，20×7 年度对于会计上比税法上多计提的折旧额应该确认递延所得税资产＝120×25％＝30（万元）。

7. ACD

【解析】考核的是会计估计的判断。选项 B 属于政策变更。

8. BCD

【解析】选项 A 属于会计估计变更。

9. ABD

【解析】选项 C 属于会计政策变更。

10. ABC

【解析】按照会计政策变更和会计估计变更划分原则难以对某项变更进行区分的，应将该变更作为会计估计变更处理。

11. ACD

【解析】会计政策变更并不是意味着以前的会计政策是错误的，而是采用变更后的会计政策会使得会计信息更加具有可靠性和相关性，所以选项 B 不正确。

12. ABD

【解析】资产负债表日后事项包括资产负债表日至财务报告批准报出日之间发生的有利或不利事项。也就是说，资产负债表日后事项仅仅是指对报告年度报告有关的事项，并不是在此期间发生的所有事项，所以选项 C 不正确。

13. ×

【解析】此种情况下应作为调整事项处理。

14. ×

【解析】初次发生的交易或事项采用新的会计政策，属于新的事项。

15. √

【解析】发现以前会计期间的会计估计存在错误的，也就是说发现以前滥用会计估计变更，应该作为前期会计差错，按照前期会计差错进行更正。

16. 参考答案

(1) ①12 月 1 日

借：银行存款 2 100
 长期应收款 3 750
 贷：主营业务收入 4 591.25
 应交税费——应交增值税（销项税额） 850
 未实现融资收益 408.75

借：主营业务成本 4 000
 贷：库存商品 4 000

12 月 31 日

借：未实现融资收益 16.71
 贷：财务费用 [(3 750－408.75)×6%/12] 16.71

②借：银行存款 2 340
 贷：其他应付款 2 000
 应交税费——应交增值税（销项税额） 340

借：发出商品 1 550
 贷：库存商品 1 550

12 月 31 日

借：财务费用 25
 贷：其他应付款 25

③借：应收账款 1 170
 贷：主营业务收入 1 000
 应交税费——应交增值税（销项税额） 170

借：主营业务成本 750
 贷：库存商品 750

12 月 18 日收到货款

借：银行存款 1 160
 财务费用 10
 贷：应收账款 1 170

④借：发出商品 600
 贷：库存商品 600

⑤借：劳务成本 10
 贷：应付职工薪酬 10

借：应收账款　　　　　　　　　　　　　　　　10

　　贷：主营业务收入　　　　　　　　　　　　　　　10

借：主营业务成本　　　　　　　　　　　　　　10

　　贷：劳务成本　　　　　　　　　　　　　　　　10

⑥ 借：银行存款　　　　　　　　　　　　　　　585

　　　贷：应交税费——应交增值税（销项税额）　　　85

　　　　　预收账款　　　　　　　　　　　　　　　500

借：发出商品　　　　　　　　　　　　　　　　350

　　贷：库存商品　　　　　　　　　　　　　　　　350

（2）

① 借：管理费用　　　　　　　　　　　　　　68.75

　　　贷：累计折旧 ［(600-600/10)/4/12×11-55]　　68.75

② 借：累计摊销　　　　　　　　　　　　　　　　60

　　　贷：管理费用 ［150-(1 800-1 260)/5/12×10]　　60

③ 借：营业外收入　　　　　　　　　　　　　　100

　　　贷：主营业务收入　　　　　　　　　　　　　100

④ 借：营业外支出　　　　　　　　　　　　　　50

　　　贷：预计负债　　　　　　　　　　　　　　　50

（3）① 调整事项

借：以前年度损益调整——主营业务收入　　　1 000

应交税费——应交增值税（销项税额）　　　170

　　贷：其他应付款　　　　　　　　　　　　　1 160

　　　　以前年度损益调整——财务费用　　　　　10

借：库存商品　　　　　　　　　　　　　　　750

　　贷：以前年度损益调整——主营业务成本　　　　750

借：其他应付款　　　　　　　　　　　　　1 160

　　贷：银行存款　　　　　　　　　　　　　　1 160

② 非调整事项

借：预收账款　　　　　　　　　　　　　　　500

　　贷：主营业务收入　　　　　　　　　　　　　500

借：主营业务成本　　　　　　　　　　　　　350

　　贷：发出商品　　　　　　　　　　　　　　　350

③ 调整事项

借：以前年度损益调整——营业外支出　　　　　60

　　贷：预计负债　　　　　　　　　　　　　　　60

（4）填列甲公司 20×7 年度利润表相关项目的金额

利润表（部分项目）

编制单位：甲公司 　　　　　　　20×7 年度 　　　　　　　单位：万元

项　目	金　额
一、营业收入	129 701.25 (125 000＋4 591.25＋1 000＋10＋100－1 000)
减：营业成本	99 010 (95 000＋4 000＋750＋10－750)
营业税金及附加	500 (450＋50)
销售费用	7 600 (6 800＋800)
管理费用	11 608.75 (10 600＋1 000＋68.75－60)
财务费用	1 628.29 (1 500＋120－16.71＋25＋10－10)
资产减值损失	1 300 (800＋500)
加：公允价值变动收益	30 (0＋30)
投资收益	60 (0＋60)
二、营业利润	8 144.21
加：营业外收入	70 (100＋70－100)
减：营业外支出	260 (0＋150＋50＋60)
三、利润总额	7 954.21

案例实训

案例 1

蓝 田 股 份 业 绩 之 谜

对于 ST 生态农业的 15 万名投资者来说，2002 年上半年坏消息不断：先是 ST 生态 2001 年年报显示，"三连亏"成为定局，接着是公司暂停上市。根据有关规定，如果 ST 生态 2002 年中报不能实现扭亏，那么公司将摘牌退市。熟悉 ST 生态背景的人都知道，ST 生态就是更名前的蓝田股份，蓝田股份曾经创造了中国股市长盛不衰的绩优神话。

仅在半年前，蓝田股份还是中国证券市场上一只老牌的绩优股，1996 年发行上市以来，在财务数字上一直保持着神奇的增长速度：总资产规模从上市前的 2.66 亿元发展到 2000 年年末的 28.38 亿元，增长了 10 倍，历年年报的业绩都在每股 0.60 元以上，最高达到 1.15 元，即使遭遇了 1998 年特大洪灾之后，每股收益也达到了不可思议的 0.81 元，创造了中国农业企业罕见的"蓝田神话"，被称为"中国农业第一股"。

蓝田股份 2000 年年报显示：蓝田的固定资产已达 21.69 亿元，占总资产的 76.4%，公司经营收入和其他资金来源大部分转化为固定资产。蓝田真的把这么多的钱作为固定资产投入扔到水里去了吗？如果这些固定资产投入是虚假的，那资金又转移到哪里去了呢？按蓝田公布的数据：饮料的毛利率达 46%，而承德露露的毛利率不足 30%；蓝田又一次创造出了同行业两倍以上的利润率。2000 年，蓝田靠卖野莲汁、野藕汁等饮料收入 5 亿多元，如果数字是真的，意味着蓝田一年卖了两三亿罐饮料。按蓝田公布的财务数据：它的主营业务收入高得让人难以置信，而它的应收账款又低得让人不可思议。公司 2000 年主营业务收入是 18.4 亿元，而应收账款只有区区 800 多万元。

真正揭开蓝田业绩之谜的是 ST 生态 2001 年年报。三年来的财务指标来了一个"大变脸"：主营业务收入，1999 年调整前是 18.5 多亿元，调整后是 2 400 多万元，2000 年调整前是 18.4 多亿元，调整后不到 4 000 万元，2001 年是 5 500 多万元，调整后的主营业务收入不到调整前的零头。净利润，1999 年调整前是 5.1 多亿元，调整后是负的 2 200 多万元，2000 年，调整前是 4.3 多亿元，调整后是亏损 1 000 多万元，2001 年是亏损 8 000 多万元。每股收益，1999 年调整前是 1.15 元，调整后是 −0.004 9 元，2000 年调整前是 0.97 元，调整后是 −0.023 9 元，2001 年是 −0.18 元。净利润和每股收益调整后来了一个"乾坤大挪移"，数据全都由正变负了，蓝田股份也由一只"绩优股"变成了"垃圾股"。

思考：蓝田股份的财务数据中有哪些不合理之处？什么是会计调整？在哪些情况下需要进行会计调整？

（资料来源：梁军. 2002. 神话是如何凋零？蓝田股份业绩之谜曝光. http：// finance. sina. com. cn. 2002-07-05.）

案例 2

哈尔滨空调会计估计变更案例

哈尔滨空调（简称哈空调）是国内最大的电站空冷器、石化空冷器、电站（核电站）空气处理机组专业生产厂家和出口基地，全国最大 500 家机械工业企业之一。公司是 1993 年 3 月由哈尔滨空气调节机厂整体改制、以定向募集方式成立的股份有限公司，并于 1993 年 6 月 25 日依法注册登记，注册资本 5 106 万元。1999 年，公司上市公开募集 3 000 万公众股，成为上市公司。

2007 年 7 月 31 日，哈空调发布了 2007 年半年度报告，报告就会计估计变更事项说明如下：本公司自 2007 年 1 月 1 日起变更应收账款坏账准备的计提方法，由账龄分析法改为迁移模型法，变更依据为《企业会计准则——应用指南》。会计估计变更导致当期净利润增加 28 165 481.77 元。

在哈空调 2007 年年度报告中，有一张按新旧会计估计政策计提坏账准备的对比表。在这张对比表上，应收账款从 2006 年的 5.68 亿元增加到 2007 年的

7.28亿元，整整增加了1.60亿元，而坏账准备却从2006年的4700多万元下降到2007年的1400多万元，下降了3300多万元。两种会计估计方法竟然造成如此大的差异，实在令人费解。

公司自2007年1月1日起对应收账款坏账准备的计提方法进行了变更，由账龄分析法变更为迁移模型法，原因：①公司主要产品的用户多为列入国家计划的重点电站、石化等新建项目或改扩建项目，建设资金有保证；②产品合同交易金额较大；③产品结算周期较长，一般为2～3年，有的更长一些。

基于上述情况，公司实际发生应收账款坏账损失的情况较少，而应收账款按账龄分析法计提坏账准备数额较大。经统计，2007年以前，公司实际发生应收账款坏账损失年平均损失率为0.85%，2007年，按迁移模型法计提坏账准备综合损失率为0.95%，按账龄分析法计提坏账准备综合损失率为7.09%，显然按迁移模型法计提应收账款坏账准备更符合公司的实际情况。

哈空调年报有以下几点疑问。

(1) 按公告说明，哈空调2007年以前年度的平均坏账损失率为0.85%，而按账龄分析法将达到7.09%，所以不符合实际情况。但是哈空调应收账款在2007年大幅上升，对于这些新增账项是否可以以2007年前的平均损失率为依据，说明它们的坏账可能性很小？尤为奇怪的是，哈空调的2007年半年报中又提到"公司经营中出现的问题与困难：报告期内，公司经营性现金净流量同比增长131 052 181.67元，增幅为198.16%，但由于大量货款有待收回，公司仍然面临资金方面的压力，对此，公司已经采取了有效措施，将计划和责任落实到个人，积极回收货款。"也就是说，应收账款大幅上升，对于其账款的回收只是依赖于未来个人的回收能力，公司也没有确定的把握。

(2) 哈空调在计提坏账准备时，采用个别方式测试和组合方式测试，将应收账款中单项金额较大的前十户列为单项金额重大的项目，又将其中发生减值的单独列出，未发生减值的重大项目与其他款项一起应用迁移模型法计提。哈空调2007年中报的应收账款中单项金额重大的应收账款为2.74亿元，占所有应收账款的37.65%，也说明，这些项目的坏账计提对坏账准备金额影响非常重大。那么，对于这些重大的项目，哈空调是如何单独计提的呢？年报中有这样一条说明"单项金额重大的应收账款、其他应收款，单独进行减值测试。有客观证据表明其发生了减值的，根据其未来现金流量现值低于其账面价值的差额，确认减值损失，计提坏账准备，以后如有客观证据表明价值已恢复，且客观上与确认该损失后发生的事项有关，原确认的减值损失予以转回，计入当期损益。"这说明，这些金额重大的应收账款是否计提坏账准备，只能等客观证据出现时才能判定。

(3) 为了验证哈空调计提坏账准备的合理性，有学者从万德数据库提取了同类上市公司共计62个样本，在剔除了数据不全的样本后还余下26个全样本。计算这 26 个样本的 2006 年、2007 年的综合坏账准备计提率，发现同行业中 2006 年的平均综合坏账准备计提率为 14.66％，2007 年度的平均综合坏账准备计提率为 15.42％，并没有发生明显的变化，大大高于哈空调 2007 年的坏账准备计提率 0.95％。哈空调的坏账准备计提率为何与同行的差异如此之大？这值得深思。

根据《企业会计准则第 22 号——金融工具确认和计量》，"商业银行采用组合方式对贷款进行减值测试的，可以根据自身风险管理模式和数据支持程度，选择合理的方法确认和计量减值损失。"而相关资料对其中"合理的方法"的解释中提到了迁移模型法、滚动率模型法等。

《巴塞尔新资本协议》和新《企业会计准则》相关解释中所提到的迁移模型法是针对金融企业信用风险的一种内部计量方法。没有相关的证据或研究说明金融业的这种信用评级法适用于传统机械工业企业。坏账备抵是有约定俗成的规定的。完全打破这样的规定，采用业界从来没有听说过的计提方法，有滥用会计估计变更之嫌。

哈空调的会计估计变更为哈空调业绩创造了一系列的"神话"。2007 年 6 月 26 日预报 100％～200％增长率，2007 年 7 月 31 日实际公告 171.34％增长率，2007 年 10 月 10 日预报 300％～400％增长率，2007 年 10 月 31 日实际公告 409.11％增长率，2008 年 1 月 28 日预报 100％以上增长率，2008 年 3 月 11 日实际公告 118.98％增长率。

然而，如果按原有的账龄分析法计提坏账准备，实际增长率将大打折扣，最多不超过 84％。而且哈空调 2007 年 6 月开始的公告和资料显示：哈空调的第一大控股股东是哈尔滨工业资产经营有限责任公司，拥有哈空调 44.54％的股票。哈空调于 2006 年制定并公布股权分置改革方案，在 2007 年 8 月 31 日，哈空调公布了其有限售条件的流通股上市的公告："本次有限售条件的流通股 12 286 560 股将于 2007 年 9 月 5 日起上市流通。"在上述的公告中，哈空调的限售股于 9 月 5 日开始上市流通，然而事实上，哈空调的真正减持却始于三个月之后的圣诞节。

回顾哈空调这半年多的信息披露情况发现，在第一大股东真正减持之前，哈空调用整整半年时间做足了业绩，从 2007 年 6 月 26 日开始的三次预增公告、半年度报告、三季度报告及年度报告，其中包含的净利润增长率超过 400％的天文数字，无一不给中小投资者在二级市场买入股票充分的信心，于是，哈空调的股价从 2007 年 6 月的 10.58 元一路飙升到 2008 年的 29.78 元。

正因为会计估计不规范地运用，导致了大股东利用会计信息的优势，获取了本不该获取的利益。

思考：从上述案例可以看出，哈空调借用迁移模型法，大大调增了净利润，所造成的后果是中小投资者在利用消息和市场炒作的推动下进入股市，使股价一路走高，大股东在股价高位减持后，股价回落，中小投资者为大股东减持买单。请根据案例分析哈空调是如何利用会计估计调整制造利润神话的，为什么说其做法有滥用会计估计变更之嫌？

（资料来源：叶建芳，胡生慧. 2008. 新会计准则下上市公司会计. 报表案例分析（七）应收账款的会计估计变更与披露——以哈空调使用"迁移模型法"为例. 财政监督，（20）：26-28. ）

阅读材料

企业会计准则第 28 号——会计政策、会计估计变更和差错更正

企业会计准则第 29 号——资产负债表日后事项

中华人民共和国财政部. 2006. 企业会计准则——应用指南. 北京：中国财政经济出版社.

中华人民共和国财政部会计司编写组 . 2007. 企业会计准则讲解. 北京：人民出版社.

综 合 实 训

实训目的：

掌握企业日常经济业务的会计核算，掌握资产负债表、利润表、现金流量表和所有者权益变动表的编制方法。

实训资料：

苏达公司为一般纳税人，增值税率为 17%，所得税率 33%。该公司 20×8 年 12 月 31 日的资产负债表有关资料如表 1 所示。该公司 20×9 年发生如下经济业务：

（1）公司将要到期的一张面值为 10 万元的无息银行承兑汇票，连同解讫通知和进账单交银行办理转账。收到银行盖章退回的进账单一联。款项银行已收妥。

（2）购入原材料一批，增值税专用发票上注明的原材料价款 500 万元，增值税额 85 万元，货款尚未支付，材料已经到达。该企业材料按实际成本核算。

（3）公司将持有的一笔交易性金融资产 30 万元（A 公司股票）转让，转让所得 33 万元，全部存入银行，转让时该交易性金融资产的账面价值为 30 万元。

（4）销售产品一批，产品成本 200 万元，销售货款 800 万元，增值税专用发票上注明的增值税额 136 万元。产品已经发出，货款已经收到，存入银行。

（5）收到银行通知，用银行存款支付到期的商业承兑汇票 60 万元。

（6）归还短期借款本金 25 万元，利息 1.25 万元（已计提）。

（7）提取现金 65 万元，准备发放工资。

（8）支付工资 65 万元，其中包括支付给在建工程人员的工资 5 万元。

（9）分配应支付的职工工资 60 万元（不包括在建工程应负担的工资）。其中，支付生产工人工资 40 万元，厂部管理人员工资 10 万元，销售人员工资 10 万元。

（10）提取职工福利费 8.4 万元（不包括在建工程应负担的福利费 0.7 万元），其中，生产工人福利费 5.6 万元，厂部管理人员福利费 1.4 万元，销售人员福利费 1.4 万元。

（11）工程应付工资 5 万元，应付福利费 0.7 万元。

（12）销售原材料一批，原材料成本 5 万元，销售货款 9 万元，增值税专用发票上注明的增值税额 1.53 万元。材料已发出，款项尚未收到。

（13）公司对 B 企业投资，占 B 企业有表决权资本的比例为 40%，长期股权投资按权益法核算，本年度 B 企业实现净利润 100 万元，分派现金股利 37.5 万元。B 公司各项可辨认资产、负债的公允价值与其账面价值相同，苏达公司与 B 公司的会计年度及采用的会计政策相同，双方未发生任何内部交易，苏达公司按照 B 公司的账面净损益和持股比例计算确认投资收益。

（14）应交城市维护建设税 3 万元，其中，销售产品应交 2 万元，其他销售应交 1 万元。应交教育费附加 2 万元，其中，销售产品应交 1.5 万元，其他销售应交 0.5 万元。

（15）向银行借入短期借款 20 万元，年度内实际支付利息 1 万元。

（16）一张已到期、价值为 5.47 万元的商业汇票因对方无款支付，转作应收账款，该汇票未计提坏账准备。

（17）提取应收账款坏账准备 4 万元。

（18）1 月 1 日购入乙公司当日发行的面值 50 万元、期限 5 年、票面利率 6%、每年 12 月 31 日付息、到期还本的债券作为持有至到期投资，实际支付的购买价款为 52.8 万元。年终按规定支付债券利息，并摊销债券溢价，经测算，实际利率为 4.72%（精确到元）。

（19）提取折旧 50 万元，其中，应计入制造费用的折旧为 30 万元，应计入管理费用的折旧为 20 万元。

（20）用银行存款购入不需要安装的固定资产，价款 1 000 万元，增值税进项税额 170 万元。款项已支付，设备已交付使用。

（21）向银行借入长期借款 900 万元，已存入银行。另偿还长期借款本金 40 万元。

（22）出售设备一台，原价 550 万元，已提折旧 200 万元，出售所得收入 300 万元，发生清理费用 10 万元。款项均以银行存款收支。设备已清理完毕。

（23）用银行存款支付出包工程款 500 万元。

（24）提取已交付使用项目的应付债券利息 6 万元。

（25）在建工程完工交付使用，价值 520 万元。

（26）摊销无形资产价值 2 万元计入当期管理费用。

（27）公司出售一台不需用设备，收到价款 30 万元，该设备原价 40 万元，已提折旧 15 万元。该设备已由购入单位运走。

（28）计提固定资产减值准备 50 万元。

（29）结转生产成本，本期生产产品全部完工入库，假设没有期初在产品。

（30）计算应交所得税 1 241 230.5 元（假设不考虑税收调整项目，本年利润总额即为应纳税所得额）。本年实际交纳所得税 150 万元；增值税 48.38 万元；城市维护建设税 3 万元。

（31）结转本年利润。

（32）提取法定盈余公积 372 369 元，提取任意盈余公积 186 185 元，宣告发放现金股利 49.75 万元。

表1 资产负债表

编制单位：苏达公司 　　　　　　　　　20×8 年 12 月 31 日 　　　　　　　　　单位：元

资产	期末余额	年初余额	负债和股东权益	期末余额	年初余额
流动资产：			流动负债：		
货币资金	2 500 000		短期借款	1 300 000	
交易性金融资产	400 000		交易性金融负债	0	
应收票据	200 000		应付票据	800 000	
应收账款	150 000		应付账款	500 000	
预付款项	10 000		预收账款	20 000	
应收利息	0		应付职工薪酬	20 000	
应收股利	0		应交税费	1 050 000	
其他应收款	20 000		应付利息	12 500	
存货	1 150 000		应付股利	0	
一年内到期的非流动资产	0		其他应付款	10 000	
其他流动资产	0		一年内到期的非流动负债	0	
流动资产合计	4 430 000		其他流动负债	0	
非流动资产：			流动负债合计	3 712 500	
可供出售金融资产	0		非流动负债：		
持有至到期投资	120 000		长期借款	2 300 000	
长期应收款	0		应付债券	1 000 000	
长期股权投资	1 000 000		长期应付款	0	
投资性房地产	0		专项应付款	0	
固定资产	12 000 000		递延所得税负债	0	
在建工程	850 000		其他非流动负债	0	
工程物资	0		非流动负债合计	3 300 000	
固定资产清理	0		负债合计	7 012 500	
无形资产	100 000		股东权益：		
开发支出	0		实收资本（或股本）	10 000 000	
商誉	0		资本公积	0	
长期待摊费用	0		减：库存股	0	
递延所得税资产	0		盈余公积	837 500	
其他非流动资产	0		未分配利润	650 000	
非流动资产合计	14 070 000		股东权益合计	11 487 500	
资产总计	18 500 000		负债和股东权益总计	18 500 000	

实训要求：

1. 根据上述资料编制会计分录；

2. 编制 20×9 年 12 月 31 日的科目余额表和比较资产负债表；

3. 编制 20×9 年度利润表；

4. 编制 20×9 年现金流量表；

5. 编制 20×9 年所有者权益变动表。

主要参考文献

陈立军,崔凤鸣. 2007. 中级财务会计习题与案例. 大连:东北财经大学出版社.

程春晖. 2000. 全面收益会计研究. 大连:东北财经大学出版社.

杜兴强. 2008. 中级财务会计学学习指导书. 北京:高等教育出版社.

葛家澍. 2003. 财务会计的本质、特点及其边界. 会计研究, (3):3-7.

葛家澍,杜兴强. 2003. 财务会计概念框架与会计准则问题研究. 北京:中国财政经济出版社.

葛家澍,杜兴强. 2004. 知识经济下财务会计理论与财务报告问题研究. 北京:中国财政经济出版社.

葛家澍,杜兴强. 2007. 中级财务会计学. 3版. 北京:中国人民大学出版社.

葛家澍,林志军. 2002. 现代西方会计理论. 厦门:厦门大学出版社.

李延喜. 2010. 财务会计. 大连:东北财经大学出版社.

刘永泽,陈立军. 2010. 中级财务会计. 2版. 大连:东北财经大学出版社.

罗伯特N. 安东尼. 2005. 美国财务会计准则的反思. 李勇,许辞寒,邹舢,译. 北京:机械工业出版社.

王棣华,刘建丽. 2008. 四川长虹应收账款管理案例分析. 航天工业管理, (2):38-41.

王文丽. 2009. 会计学习题与案例. 北京:中国海关出版社.

威廉R. 斯科特. 2008. 财务会计理论. 陈汉文,夏文贤,陈靖,译. 北京:机械工业出版社.

徐文丽. 2009. 中外经典财务案例与分析. 上海:上海大学出版社.

中华人民共和国财政部. 2001. 企业会计制度. 北京:经济科学出版社.

中华人民共和国财政部. 2006. 企业会计准则. 北京:经济科学出版社.

中华人民共和国财政部. 2007. 企业会计准则——应用指南. 北京:中国财政经济出版社.

中华人民共和国财政部会计司编写组. 2007. 企业会计准则讲解. 北京:人民出版社.